Harry Rowohlt

Ein gut übersetztes Leben

TOMASZ MAŁYSZEK

Harry Rowohlt

Ein gut übersetztes Leben

LEIPZIGER UNIVERSITÄTSVERLAG 2023

Bibliografische Information der Deutschen Nationalbibliothek

Die Deutsche Nationalbibliothek verzeichnet diese Publikation in der Deutschen Nationalbibliografie; detaillierte bibliografische Daten sind im Internet über http://dnb.d-nb.de abrufbar.

Covergestaltung unter Verwendung einer Zeichnung von Hanna Małyszek

Lektorat: Julia Sänger
Umschlaggestaltung und Satz: Annett Jana Berndt, Grafikdesign
Druck: docupoint GmbH, Barleben
ISBN 978-3-96023-534-7

Inhalt

Vorwort ... 7

1. Stunde Null 1945–1950 ... 15
2. Erziehung und Umerziehung 1951–1960 ... 27
3. Lebenspraxis und Berufspraktikum 1961–1970 ... 39
4. Aufgabe des Übersetzers 1971–1980 ... 59
5. Die Geburt des Großen Bären 1981–1990 ... 75
6. Auf der Bühne 1991–2000 ... 99
7. Bilanz des Kampfes 2001–2010 ... 129
8. Kolumnist und Kommunist 2011–2015 ... 159

Schlusswort ... 175

Literaturverzeichnis ... 183
Personenregister ... 201

Vorwort

In einem Interview aus dem Jahr 2012 spricht Harry Rowohlt ausführlich über seine Altbauwohnung in Hamburg-Eppendorf, die er als „Knochenwohnung“ bezeichnet. Die genaue Beschreibung gibt ein Gefühl für die Atmosphäre:

> Ein langer Flur, an einem Ende die Schlafzimmer, am anderen Wohn-, Ess- und Arbeitszimmer. Bilder an allen Wänden. In den zwei Klos – eines Pink-Rot, das andere Blau-Gold –, zeigt sich der ungestüme Gestaltungswille des Künstlers, der sich farblich ausgetobt hat. In der Küche braut der Autor der legendären Zeit-Kolumne *Pooh's Corner* seinen Ostfriesentee. Eine Mischung aus schwarzen Blättern, Minze aus dem eigenen Hintergarten, Honig und Limettensaft. Den lässt er richtig lange ziehen. „Dann wird er morastig und schmeckt außer mir nur Russen. […] Weil die Wohnung gleich links im Parterre ist, bin ich ehrenamtlicher Hausmeister. Ich nehme die Post der Mitbewohner immer entgegen, bis ich dann richtig laut werde und den Leuten sage, ihr könnt mich am Arsch lecken. Ich kann doch nicht wochenlang durchs Haus stapfen und Pakete verteilen“, poltert er.[1]

Die obige Beschreibung zeigt, wie offen Harry Rowohlt in Interviews war. Er informierte die Leser sogar über die Einzelheiten seines Wohnumfelds, die von Personen des öffentlichen Lebens normalerweise peinlich genau verheimlicht werden. Es ist daher schwierig, eine aufschlussreiche Geschichte eines Mannes zu schreiben, der in Kolumnen, Interviews, Briefen und Begegnungen mit Lesern fast alles über sich selbst gesagt hat und dessen Werk, auch das autobiografische, populär war und durch Übersetzungen, Hörbücher und zahlreiche Begegnungen mit Lesern große Anerkennung fand. Er war eine Person von markantem Äußerem und auch durch seine Ansichten, das Milieu, in dem er sich bewegte und die Einschätzungen seiner Anhänger, die anlässlich runder Jahrestage ihm gewidmete Gedenkbände herausgaben, gekennzeichnet.

---

1 *Frühstück mit Harry Rowohlt* (06.04.2012), in: https://kurier.at/stars/fruehstueck-mit-harry-rowohlt/773.299 (abgerufen am 25.06.2022).

Harry Rowohlt war zu Lebzeiten ein Objekt der Verehrung seiner Fans, darunter nicht nur Erwachsene, sondern auch Kinder, die seine Übersetzungen lasen. Die hochgeschätzte Übersetzungstätigkeit Rowohlts zeigt hervorragend ein Cartoon des Zeichnerduos Hauck & Bauer, in dem ein Buchhandlungskunde zum anderen sagt: „Das Buch musst Du in der Übersetzung von Harry Rowohlt lesen. Im Original geht da viel verloren.“[2]

Obwohl Rowohlts Leben und Werk äußerst vielfältig waren, gibt es bisher kein Buch in deutscher Sprache, das die Fragen rund um seine journalistische und sonstige berufliche Tätigkeit zusammenfasst. Das Buch *Der Harry-Rowohlt-Rabe* (2005) erfüllt diese Aufgabe nur in sehr begrenztem Umfang, enthält dafür aber viele Fotos.[3]

Unter unzähligen Talenten von Harry Rowohlt sollte man auch auf eine gewisse natürliche Begabung hinweisen, die er auf all diesen Gebieten einsetzen konnte: Dieser Vorleser, Publizist, Übersetzer, Autor war ein „Paganini der Abschweifung“[4]. So wurde er zumindest in einem *FAZ*-Artikel beschrieben. Abschweifende Tendenzen sind die Essenz der Poetik vieler Schriftsteller, die gern Anekdoten erzählen. Zum Beispiel schrieb Saša Stanišić über sich selbst: „Ich werde einige Male ansetzen und einige Enden finden, ich kenne mich doch. Ohne Abschweifung wären meine Geschichten überhaupt nicht meine. Die Abschweifung ist Modus meines Schreibens. *My own adventure.*“[5] Rowohlt verwandte dieselbe Art des Schreibens lange vor Stanišić. Auf diese Weise erzählte er seine eigene Geschichte, obwohl in diesem Fall vielleicht das englische Wort „story“ verwendet werden sollte, denn er war ein Kind der Zeit der Amerikanisierung der Kultur und der „Umerziehung” (Re-Education) der Deutschen und das Wort „Geschichte“ bekam nach dem Zweiten Weltkrieg eine neue Bedeutung. „Story” bezieht sich hier sowohl auf die Popularität der Kurzgeschichte als Genre als auch auf die Marktposition der populären Zeitschrift *story*,

---

2 https://schauburgorbiter.wordpress.com/2015/06/16/das-buch-must-du-in-der-ubersetzung-von-harry-rowohlt-lesen-im-original-geht-da-viel-verloren-sagt-in/ (abgerufen am 25.06.2022)

3 Vgl. Heiko Arntz/Gerd Haffmans (Hrsg.), *Der Harry-Rowohlt-Rabe*, Frankfurt/Main 2005. Vgl. auch: Tomasz Małyszek, *Harry Rowohlt i Caspar von Schrenck-Notzing. Zderzenie dwóch narracji o Niemcach po 1945 roku*, Kraków 2021.

4 https://www.faz.net/aktuell/feuilleton/harry-rowohlt-zum-sechzigsten-paganini-der-abschweifung-1212573.html (abgerufen am 25.06.2022)

5 Saša Stanišić, *Herkunft*, München 2019, S. 36.

> eine echte Neuschöpfung mit dem Untertitel *Erzähler des Auslands. Ein monatliches Leseheft*, mit Heinrich Maria Ledig-Rowohlt, dem Stiefbruder von Harry Rowohlt, als Herausgeber. Das Konzept des Magazins bot in einem bestimmten Rahmen vielversprechende Möglichkeiten. Dies wird durch die Formel für den Umfang der aufeinanderfolgenden Ausgaben des Magazins gut beschrieben: „Jedes Heft der *Story* (mit 32 Seiten) entspricht dem Umfang eines 168seitigen Buches. Gesammelt und später gebunden werden sie zu einem billig erworbenen Schatz der modernen Weltliteratur." *Story* war auf Zeitungspapier gedruckt und erzielte Auflagen von 100 000 Exemplaren.[6]

Die Zeitschrift leistete einen wichtigen Beitrag zur Verwestlichung der deutschen Kultur und gab den Deutschen die Literatur der Welt zurück. Bald wurden ähnliche Geschichten auch von Harry Rowohlt entdeckt, der sie in den folgenden Jahrzehnten aus dem Englischen/Amerikanischen ins Deutsche übersetzte.

Außerdem spielte Rowohlt einen Obdachlosen in der Fernsehserie des WDR *Lindenstraße* und führte jahrelang (von 1989 bis 2013) die *Zeit*-Kolumne *Pooh's Corner*, die durch sein Interesse an Alan Alexander Milnes Kinderbuch *Pu der Bär* stimuliert wurde. Hier kommentierte er verschiedene Kulturereignisse, rezensierte Filme und Bücher, hauptsächlich aber diente *Pooh's Corner* von Anfang an als eine Erweiterung der Reflexionen aus Rowohlts Briefen und Interviews. In seinen Kolumnen beschrieb er den deutschen Kulturbetrieb aus der Sicht des Bären Pu. Für viele Leser waren seine selbstreferenziellen Einwürfe und eingeklammerten Kolumnen der Höhepunkt beim Lesen.

Lange vor dem Hörbuch-Boom in Deutschland wurde Harry Rowohlt zum beliebtesten Vorleser des Landes. Seine Lesungen waren ein gutes Beispiel für persönliche Abschweifungen, wenn er die Geschichten anderer erzählte. Die gemeinsam mit Ralf Sotscheck verfassten Memoiren *In Schlucken-zwei-Spechte*[7] und die drei Bände der *Nicht weggeschmissenen Briefe*[8] zeigen den „Paganini der Abschweifungen", der sich in der Rolle des Übersetzers und Lesers ebenso wohlfühlt wie in der

---

6 Marion Janzin/Joachim Güntner, *Das Buch vom Buch: 5000 Jahre Buchgeschichte*, Hannover 2007, S. 416.

7 Harry Rowohlt/Ralf Sotscheck, *In Schlucken-zwei-Spechte. Harry Rowohlt erzählt Ralf Sotscheck sein Leben von der Wiege bis zur Biege*, Berlin 2009.

8 1) Harry Rowohlt, *Der Kampf geht weiter! Nicht weggeschmissene Briefe I*, 2. Auflage, Zürich, Berlin 2005/2017, 2) Harry Rowohlt, *Gottes Segen und Rot Front. Nicht weggeschmissene Briefe II*, Zürich 2009, 3) Harry Rowohlt, *Und tschüs. Nicht weggeschmissene Briefe III*, Zürich, Berlin 2016.

des Autobiografen. Harry Rowohlt bevorzugte den rätselhaften Witz, die Abschweifungen, für die er berühmt war. Seine posthume Berühmtheit ist auch auf das Schreiben von Briefen zurückzuführen, eine heute nahezu ausgestorbene Form der Kommunikation, denn E-Mail und Chatrooms haben den klassischen Brief längst überflüssig gemacht.

Sotschecks autobiografisches Interview mit Rowohlt, *In Schlucken-zwei-Spechte*, ist insofern ein besonderer Text, als er Umgangssprache und Schriftsprache mischt und vor allem die Anekdote als episodisches Erzählmittel ausgiebig nutzt. In solchen Situationen hält die Peripherie Einzug in die Haupterzählung, unterbricht sie und ermöglicht Sprünge zu entfernten Ereignissen, verlangsamt aber gleichzeitig die Chronologie der Ereignisse und verlangt, dass man sich an die Umgangssprache gewöhnt, in der sich Figuren und Handlungen vermischen, die dem Leser nicht unbedingt klar sind. Wie Elisabeth Tilmann in ihrem Artikel *Palaver und Parlando. Harry Rowohlts erzählte, geschriebene und gelesene Anekdoten* (2022) beweist, war es vor allem der umgangssprachliche Stil, der bei der Veröffentlichung einiger Rowohlt-Texte Probleme bereitete:

> Die erste Auflage seiner Autobiographie sei derart voller Satzfehler, dass sich die Beteiligten darauf geeinigt hätten, diesen Umstand damit zu erklären, dass „die Tonbandmitschnitte von drei polnischen Spargelstecherinnen, die keine Silbe Deutsch können, rein phonetisch" und „in der Nachsaison" abgetippt worden seien.[9]

Erfahrungen aus verschiedenen Bildungseinrichtungen vermischen sich in Rowohlts Texten mit den Auswirkungen der Erziehung durch seinen Vater, der ihm viele interkulturelle Kompetenzen vermittelt hat. Spuren davon finden sich noch viel später in Rowohlts Briefen, etwa in einem Schreiben vom 24.09.1974 an Dan McCall, den amerikanischen Autor, dessen Text *Jack the Bear* (1974, deutsche Ausgabe unter dem Titel *Jack der Bär* 1975) Rowohlt übersetzt hat, oder in einem Brief vom 30.10.1974, in dem er dem Autor schreibt, der vom deutschen Verlag vorgeschlagene Untertitel *Geschichte einer amerikanischen Familie* sei „unglaublich".

In McCalls Roman war der Vater (die „Dad"-Figur) ein infantiler und „abgewrackter Fernsehclown", von dem sich Jack befreien wollte. Seine Rebellion gegen

---

9 Elisabeth Tilmann, *Palaver und Parlando. Harry Rowohlts erzählte, geschriebene und gelesene Anekdoten*, in: Christian Moser/Reinhard M. Möller (Hrsg.), *Anekdotisches Erzählen: Zur Geschichte und Poetik einer kleinen Form*, Berlin, Boston 2022, S. 361–377.

die verlorene Autorität des Vaters entsprach dem Geist der Umerziehung, die den Deutschen nach dem Krieg von den Amerikanern verordnet wurde. Obwohl Rowohlt den Untertitel ablehnte, entdeckte er „eine schöne Parallele“ zwischen sich selbst und Jack.[10] McCall hat in seiner Anti-Erzählung der typischen amerikanischen Familie deren Niedergang aufgezeigt. Da die Deutschen als „Kolonie“ der Amerikaner sogar Mitglied der European Rodeo Association wurden, konnten sie auf diesen Stoff für ihre eigene Geschichte zurückgreifen, die im Übrigen der von Rowohlt ähnelt.

Nach Rowohlts Tod erschienen Nachrufe, in denen er als Lesekünstler, Kolumnist, Gelegenheitsschauspieler, Schriftsteller, Rezitator, Autor, Vortragskünstler oder Vortragsartist, Conférencier, Hörbuchsprecher, Vorleser, Erzähler und Journalist beschrieben wurde. Er war ein Multitalent und präsentierte sich zudem als Botschafter des irischen Whiskeys. Darüber hinaus fungierte er in der Öffentlichkeit als Briefschreiber, als Meister der Abschweifung und vor allem immer als ein Übersetzer, „den man nicht redigiert“. Dieses letzte Zitat stammt aus einer amüsanten Geschichte, die Thomas Bodmer in dem Band *Der Große Bär und seine Gestirne: Freunde und Weggefährten grüßen, dichten und malen zum 60. Geburtstag von Harry Rowohlt* (2005) erzählt hat. Ende 1979/Anfang 1980 war Bodmer Lektor bei Diogenes. Damals bekam er Rowohlts Übersetzung der Geschichtensammlung *First Love, Last Rites* von Ian McEwan. Er nahm Korrekturen im Manuskript vor und wurde von einem anderen Verlagslektor und Verleger, Gerd Haffmans, gewarnt: „‚Bist du wahnsinnig?‘, rief Haffmans, als hätte ich ein Sakrileg begangen: ‚Harry Rowohlt redigiert man nicht!‘“[11]

Nach der Galerie der Gratulanten in dem Band *Der Große Bär und seine Gestirne* zu urteilen, kannten viele Menschen Harry Rowohlt sehr gut. Dies könnte der Fall sein, zumal die Texte des Bandes die Vermischung von sozialen und beruflichen Kontakten zeigen. Jeder kannte Rowohlt auf seine Weise, jeder wusste etwas über einen Teil seiner Persönlichkeit und seines Wirkens, aber erst die Vogelperspektive auf Rowohlts Leben erlaubt es, aus diesen individuellen, subjektiven Einschätzungen Verallgemeinerungen zu ziehen. Die subjektive Dimension der individuellen Ver-

---

10 Vgl. Harry Rowohlt, Brief an Dan McCall (30.10.1974), in: Harry Rowohlt, *Der Kampf geht weiter! Nicht weggeschmissene Briefe I*, Zürich, Berlin 2017, S. 76–77, hier S. 77.

11 Thomas Bodmer, *„Sálü, Schafseckel“*, in: *Der Große Bär und seine Gestirne: Freunde und Weggefährten grüßen, dichten und malen zum 60. Geburtstag von Harry Rowohlt.* Eingesammelt und zusammengetragen von Anna Mikula und Peter Haag, Zürich 2005, S. 15–16, hier S. 15.

trautheit mit Rowohlt wurde von Franziska Augstein sehr gut vermittelt: „Harry kenne ich eigentlich nicht, das aber schon sehr lange.“[12]

Einige beschrieben Rowohlt im Vergleich mit anderen Menschen oder einfach mit ihren Vorstellungen vom Durchschnittsdeutschen. Der erste Fall wird durch die Aussage von Wiglaf Droste sehr gut charakterisiert: „Gegen den hobbithaften, defensiven Charmeur Sotscheck wirkt Harry Rowohlt grimmig bis zur arnoschmidthaften Menschenfeindlichkeit.“[13] Eine andere Geschichte betrifft unter anderem Anne Clune, die ein Buch über Flann O'Brien veröffentlicht hat:

> Ich weiß nicht, was Harry erwartete, nachdem er mich wegen ein paar besonders obskurer idiomatischer Wendungen in dem Roman kontaktiert hatte. Ich hatte jedenfalls nicht ihn erwartet: keinen großen, langhaarigen, bärtigen Typen mit Jeanskleidern, Cowboystiefeln, einer schleppenden, tiefen Stimme und einem allem Anschein nach bodenlosen Fassungsvermögen für Guinness. [...] Harry entsprach kein bißchen meinem Deutschenbild. Er war zu unkonventionell, zu anarchisch, zu ... irisch.[14]

Die vielleicht beste Zusammenfassung von Rowohlts beruflicher Tätigkeit lieferte Manfred Bissinger in der genannten Festschrift: „Und sicher ist jeder der angeführten Superlative eher noch untertrieben. Ist er doch der faszinierende Vorleser, der Spitzen-Feuilletonist, der kongeniale Gelegenheits-Schauspieler, der geile Übersetzer. Was er sich vornimmt, wird eben zum *Masterpiece.*“[15]

Trotz der vielen biografischen Texte über Rowohlt bleibt die beste Quelle für das Wissen über ihn sein veröffentlichtes autobiografisches Erbe. Natürlich hat er nur so viel über sich und seine Angehörigen preisgegeben, wie er wollte, und das sollte respektiert werden. Die chronologische Anordnung der Briefe, Kolumnen und Interviews bedeutet jedoch nicht unbedingt eine Transparenz, die einen Blick aus der Vogelperspektive und eine Kontextualisierung des Lebens des Protagonisten ermöglicht. Die Verwendung des Quellenmaterials führt also nicht nur zu einer

---

12 *Der Große Bär und seine Gestirne. Freunde und Weggefährten grüßen, dichten und malen zum 60. Geburtstag von Harry Rowohlt*, S. 9.

13 Ebenda, S. 41.

14 Ebenda, S. 33.

15 Manfred Bissinger, *Wie Harry R. den Hühnerkalender rettete*, in: *Der Große Bär und seine Gestirne: Freunde und Weggefährten grüßen, dichten und malen zum 60. Geburtstag von Harry Rowohlt*, S. 11–14, hier S. 11.

Neuschreibung des Stoffes, sondern auch dazu, ihn zu neuen, mitunter weit zurückliegenden Sinnzusammenhängen zu verknüpfen und Rowohlts Leben und Werk in den größeren Zusammenhang der Existenz von Westdeutschland und der DDR zu stellen.

Außerdem haben viele der in Rowohlts Texten auftretenden Personen klärungsbedürftige Namen, denn obwohl sie in Neben- oder Haupthandlungen auftauchen, ist es oft unmöglich, ihre Beziehung zu Rowohlt zu erraten, ohne ihren Beruf zu kennen. Ein weiterer Aspekt ist die Frage der Übersetzungen und der Arbeit mit Autoren, deren Namen ebenfalls entschlüsselt werden mussten. Auch wenn die Frage ihrer Popularität hier durch die Entscheidung der Verlage, ihre Texte zu übersetzen, geklärt ist, sind einige dieser Autoren, insbesondere der Kinder- und Jugendliteratur, der breiten Öffentlichkeit nicht bekannt.

Ein weiteres Problem ist die Beschreibung von Personen und Situationen, die nicht direkt mit Rowohlts Arbeit zu tun haben, obwohl sie in seinem unmittelbaren Umfeld präsent waren. Ein gutes Beispiel für die Behandlung sehr privater Themen ist die Beschreibung der vorehelichen Beziehung von Harry Rowohlt und seiner Frau. Sie enthält nur die Informationen, die Rowohlt wirklich öffentlich machen wollte, ohne die Privatsphäre seiner Frau zu verletzen, aber gleichzeitig zeigen diese kurzen Passagen sehr gut die Interaktionen der Familie Rowohlt, die an einer chronologisch passenden Stelle in diesem Text gründlicher behandelt werden.

1. Stunde Null

1945–1950

Der Nullpunkt 1945 bedeutete für Deutschland das Ende der Zeit des Nationalsozialismus und den Beginn der Besatzung durch die Alliierten. Die Deutschen mussten sich an eine neue Lebensweise gewöhnen, die man unter vielen Aspekten zunächst als vorindustriell bezeichnen könnte. Beton und Ziegel aus den Trümmern waren mit einer tödlichen Saat aus Bomben und Minen gefüllt. Den nicht zum geplanten Zeitpunkt explodierten Minen oder Fliegerbomben fielen oft spielende Kinder zum Opfer. Zum Beispiel kamen in der Gemeinde Venningen bei Edenkoben am 9. April 1946 zwei fünf- und sechsjährige Jungen ums Leben, als sie „eine dort vorgefundene alliierte 100 kg Fliegerbombe unbeabsichtigt zur Detonation brachten“[1]. Dennoch wollten die Menschen das Leben irgendwie genießen, und so war die Mentalität der Besiegten voller Widersprüche. Tanzbars erlebten einen Boom und in den Ruinen waren Swing-Rhythmen zu hören. Trotz des Fraternisierungsverbots entwickelten sich unzählige Liebesbeziehungen zwischen den Besatzern und deutschen Frauen.

Fast jede zweite Wohnung in Deutschland war zerstört. Allein in Berlin arbeiteten über 50.000 Trümmerfrauen an der Beseitigung der Schuttberge. Wenige dachten damals an hohe Kultur, weil der „Hungerengel“ vor der Tür stand. Deutsche Dichter wollten Nahrung statt Geld als Bezahlung. „Das Honorar für die 1948 in der Schweiz erschienene Buchausgabe der *Statischen Gedichte* wurde auf Gottfried Benns Wunsch mit ‚Liebesgabenpaketen‘ verrechnet.“[2] Für seinen Gedichtband erhielt er ein Kilo Fett und 2,5 Kilo Zucker.

---

1 Falko Heinz, *Landau in der Pfalz unter französischer Besatzung 1945–1949*, Frankfurt am Main 2008, S. 253.

2 Ralf Schnell, *Geschichte der deutschsprachigen Literatur seit 1945*, 2. Auflage, Stuttgart 2003, S. 65.

Zu dieser Zeit schien der klassische Konservatismus keine Zukunft zu haben, während der Kommunismus in Ost- und Mitteleuropa triumphierte. Die Sterne schienen nicht günstig für die Deutschen zu stehen, als Harry Rowohlt, eigentlich Harry Rupp, am 27. März 1945 in Hamburg zur Welt kam. Im Buchinterview *In Schlucken-zwei-Spechte* (2002) erzählte er davon im Kontext der Bombardierungen der Stadt durch die Alliierten: „Ich wurde in der Hochallee 1 in Hamburg 13 geboren. Im Luftschutzkeller, als Zehn-Monats-Kind."[3] Seine Mutter Maria Pierenkämper verdiente ihren Lebensunterhalt als Schauspielerin. Gerade nach dem Krieg war es für sie nicht einfach, ein kleines Kind zu versorgen, wie Harry Rowohlt 2005 in einem Interview mit der Zeitung *Die Zeit* zugab:

> Meine Mutter war unterernährt, als sie mich austrug, und ich in meinen ersten Lebensjahren ebenfalls. Weshalb mir plötzlich die Zähne ausgefallen sind, wunderbare Zähne, ohne Karies, ohne alles, weil die Knochen zu bröselig sind. Vor drei Jahren hab ich Zähne gespuckt wie 'ne Popcornmaschine. Auch dies verdanken wir unserem Führer.[4]

Nach drei gescheiterten Ehen ging Maria Pierenkämper endlich eine neue Beziehung mit dem Verleger Ernst Rowohlt ein, durch die sie und ihr gemeinsames Kind Harry in Kontakt mit der angelsächsischen Literatur kamen, die später im Rowohlt Verlag erschien.

Die Situation seines Vaters Ernst und des ganzen Unternehmens war genauso kompliziert wie die Lage vieler anderer Verlagshäuser in Deutschland nach 1933. In der Zeit des Nationalsozialismus publizierte Rowohlt bis 1938 verschiedene Bücher, vor 1933 hatte der Verlag auch „nazikritische Schriften" im Programm gehabt. „War der Verleger Ernst Rowohlt ein Anhänger der Nationalsozialisten? [...] War Rowohlt ein Nazi-Verlag? [...] War Ernst Rowohlt deshalb ein Antisemit? Auf diese Fragen kann nur entschieden mit Nein geantwortet werden"[5], schrieb David Oels in seiner Monografie über den Verlag.

---

3 Harry Rowohlt/Ralf Sotscheck, *In Schlucken-zwei-Spechte. Harry Rowohlt erzählt Ralf Sotscheck sein Leben von der Wiege bis zur Biege*, Berlin 2009, S. 14.

4 *Eins in die Fresse.* Ein Interview mit Harry Rowohlt. Von Wolfram Runkel/Christof Siemens, DIE ZEIT 23.03.2005 Nr. 13, in: https://www.zeit.de/2005/13/Harry_Rowohlt/komplettansicht (abgerufen am 10.09.2022).

5 David Oels, *Rowohlts Rotationsroutine. Markterfolge und Modernisierung eines Buchverlags vom Ende der Weimarer Republik bis in die fünfziger Jahre*, Essen 2013, S. 7.

Tatsächlich wurde Ernst Rowohlt 1938 „wegen politischer Unzuverlässigkeit"[6] aus der Reichsschrifttumskammer ausgeschlossen, was für ihn gleichzeitig ein Berufsverbot bedeutete. Nach dem offiziellen Bericht war der Grund für diese Entscheidung die „Tarnung jüdischer Autoren". Der Verleger emigrierte damals zu seiner Ehefrau nach Brasilien, kehrte aber schon im Jahr 1940 nach Deutschland zurück. Dabei konnte es sich um eine Übernahme der Kontrolle über das Erbe der ein Jahr zuvor verstorbenen Mutter oder um eine Selbstbehauptung als Soldat vor dem vermeintlichen endgültigen Sieg Deutschlands handeln, weil Ernst Rowohlt nicht als Feigling gelten wollte. Er wurde in die Wehrmacht berufen und diente in einer Propagandatruppe in Griechenland („Sonderstab F") und im Kaukasus[7], wurde jedoch am 30. Juli 1943 abermals wegen „politischer Unzuverlässigkeit" aus der Armee ausgeschlossen. Ende 1944 wurde er Mitglied des Volkssturms und überlebte so den Krieg.

In den 1930er-Jahren hatte Ernst Rowohlt Probleme, weil er sich mehrmals für verfolgte Autoren einsetzte. Im Jahr 1933 standen 46 Titel des Rowohlt-Verlags auf dem Index verbotener Bücher, was einen negativen Einfluss auf die Marktposition der Firma hatte. 1936 bekam Rowohlt nach der Veröffentlichung einer Biografie von Adalbert Stifter, die von einem jüdischen Autor aus der Schweiz abgefasst wurde, Berufsverbot. Konkret handelte es sich um das Buch *Adalbert Stifter: Geschichte seines Lebens* von Urban Roedel. Kurz danach reiste Rowohlt über die Schweiz und Frankreich nach Brasilien.

Im Jahr 1945 wurde Deutschland von den Alliierten aufgeteilt. Im Juli 1945 war Berlin schon ein Mosaik von Besatzungszonen. Auch wurde ein Index verbotener Bücher eingeführt. Im britischen Sektor waren in den Jahren 1945–1949 sogar Grimms Märchen verboten, weil sie in den Augen der Alliierten zur Quelle preußischer Brutalität geworden waren.[8] Die Alliierten entschieden, wie man mit den besiegten Deutschen umgehen sollte, aber das bedeutete noch nicht den Erfolg des ursprünglichen Plans der Amerikaner und Franzosen, dem zufolge Deutschland „auf dem Niveau einer vorindustriellen Gesellschaft belassen werden sollte"[9].

---

6 Gustav Frank/Stefan Scherer (Hrsg.), *Hans-Fallada-Handbuch*, Berlin, Boston 2019, S. 34.

7 Vgl. David Oels, *Rowohlts Rotationsroutine. Markterfolge und Modernisierung eines Buchverlags vom Ende der Weimarer Republik bis in die fünfziger Jahre*, S. 7.

8 Vgl. Maria Tatar, *Grimms Märchen*, in: Etienne François/Hagen Schulze (Hrsg.), *Deutsche Erinnerungsorte I*, München 2009, S. 275–289, hier S. 281–282.

9 John Andreas Fuchs, *The Making of Democrats: Die US-amerikanische Bildungsarbeit in Nachkriegsdeutschland*, in: *Forum für osteuropäische Ideen- und Zeitgeschichte*, 18. Jahrgang (2014), H. 1, S. 127–139, hier S. 127.

Rowohlts Verlag hatte in den 1940er-Jahren gute Kontakte mit dem Aufbau Verlag, deshalb konnte das Unternehmen auch in Ost-Berlin aktiv sein und Werke ostdeutscher Autoren wie *Das siebte Kreuz* (Mexiko 1942) von Anna Seghers oder *Stalingrad* (1945) von Theodor Plievier ins Verlagsprogramm aufnehmen. Rowohlt veröffentlichte damals Texte von Albert Camus und Jean Paul Sartre. Auch der Rowohlt Theater Verlag erzielte Erfolge auf dem Buchmarkt.[10]

In den westlichen Besatzungszonen wurde die Vielfalt der deutschen politischen Aktivitäten nur begrenzt kontrolliert, weshalb Ende 1945 die bayerische FDP und kurz darauf die CDU gegründet werden konnten. Zu den Prioritäten der Alliierten gehörten die Ausrottung der nationalsozialistischen Tendenzen und die Demokratisierung des deutschen Volkes. Zu diesem Zweck wurden bereits im Sommer 1945 die ersten Amerikahäuser eingerichtet, im gleichen Jahr begann die Entnazifizierung. In einigen Schulen gehörten bis zu 60 Prozent der Lehrer während der NS-Zeit der NSDAP an. Obwohl die Deutschen mit der Vergangenheit konfrontiert wurden, kann die Politik der westlichen Alliierten, insbesondere der Amerikaner, gegenüber der besetzten Bevölkerung als Einsatz von „sanfter Macht" („soft power") bezeichnet werden. „Mit diesem Begriff ist gemeint, dass die Werte und Prioritäten, die politische Tagesordnung und die gesellschaftliche Ordnung der USA als attraktiv und nachahmenswert angesehen wurden."[11]

Mit amerikanischer Unterstützung erschien im Jahre 1946 die erste Nummer der Zeitschrift *Der Ruf* mit dem Untertitel *Unabhängige Blätter der jungen Generation*, in der Gedichte, Reportagen und Prosa veröffentlicht wurden. Darin wunderte sich Hans Werner Richter: „Warum schweigt die junge Generation?" Ein Begründer dieser Zeitschrift in amerikanischer Lizenz war auch Alfred Andersch.

Immer mehr Schriftsteller kamen nach Deutschland zurück. Einige ließen sich in den westlichen Sektoren nieder, andere, wie Johannes R. Becher, Anna Seghers und Bertolt Brecht, wählten die sowjetische Besatzungszone. In die Heimat kamen entweder diejenigen Autoren, die schon mit der Vivisektion der deutschen Seele angefangen hatten oder diejenigen, die mit der Politik der „sanften Seelen" nichts zu tun haben wollten. Die Kultur- und Sozialpolitik der Amerikaner in Deutschland war mit einem schwer zu überwindenden Paradox verbunden: „Der Antikommunismus

10 Vgl. Tobias Schmitt, *Die Verlage S. Fischer und Rowohlt im Vergleich: Belletristik und Verlegerpersönlichkeiten im Wandel der Zeit*, Hamburg 2013, S. 76–78.

11 Wilfried von Bredow, *Die Außenpolitik der Bundesrepublik Deutschland: Eine Einführung*, Wiesbaden 2006, S. 116.

der US-Behörden richtete sich in den folgenden Jahren zunehmend gegen amerikanische Autoren. So durften die Werke Howard Fasts und Louis Adamics nicht mehr übersetzt werden, weil sie der Kommunistischen Partei der USA angehört oder nahegestanden haben sollen [...].“[12]

Der Rowohlt Verlag hat dabei eine sehr wichtige Rolle gespielt. Heinrich Maria Ledig-Rowohlt, der (zunächst noch nicht anerkannte illegitime) älteste Sohn und spätere Nachfolger von Ernst Rowohlt, war seit 1931 im Verlag seines Vaters als Pressechef tätig. Zuvor war er als Soldat im Krieg schwer verwundet worden, gründete aber dennoch mit seinem Vater zum dritten Mal einen Verlag, diesmal in Hamburg und Stuttgart. Nach dem Krieg druckten sie Bücher im Zeitungsformat unter dem Namen „Rowohlts Rotations Romane“ („rororo“). Das garantierte dem Verlag sehr schnell einen millionenfachen Absatz,[13] obwohl Rowohlt durch die Währungsreform bald wieder in finanzielle Schwierigkeiten geriet. Die oben genannten Veröffentlichungen wurden zu seiner Rettung. Ledig-Rowohlt brachte die Idee aus Amerika mit, Bücher von Hemingway, Green, Sartre, Camus und anderen Autoren, deren Werke in Deutschland noch nicht veröffentlicht worden waren, hier bekannt zu machen.

Unter der Ägide der Amerikaner entstanden damals neue kulturelle Publikationen, z. B. die Kriegsgefangenenzeitschrift *Der Ruf*, und aus diesen Initiativen gingen weitere hervor. Einer der wichtigsten Aspekte der Re-Education der Deutschen war die Personalpolitik in den Medien. Das Umerziehungsprogramm für Deutsche wie Alfred Andersch, die dann in *Der Ruf* tätig waren, fand im Camp von Fort Getty in Rhode Island statt.[14] Weitgehende Folgen dieser Politik waren mit der Dominanz der liberalen und linken Strömungen in der Nachkriegsgeschichte der BRD verbunden.

Dies war jedoch nicht mit der Situation im sowjetisch kontrollierten Teil Deutschlands vergleichbar, wo die „neuen Deutschen“ im Kult des kommunistischen Diktators Stalin erzogen wurden. Harry Rowohlt erinnerte sich 1992 in *Pooh's Corner* an die Zeit, als er, ein achtjähriger Junge, von Stalins Tod erfuhr. In der DDR schrieb Johannes R. Becher 1953 Texte, in denen er sich liebevoll an den Diktator

---

12 Daniel Haufler, *Amerika, hast du es besser? Zur deutschen Buchkultur nach 1945*, in: Konrad Jarausch/Hannes Siegrist (Hrsg.), *Amerikanisierung und Sowjetisierung in Deutschland 1945–1970*, Frankfurt am Main, New York 1997, S. 387–408, hier S. 394.

13 Uwe Wittstock, *So abenteuerlich ging es bei Rowohlt zu*, in: https://www.welt.de/kultur/article1780822/So-abenteuerlich-ging-es-bei-Rowohlt-zu.html (abgerufen am 25.06.2022).

14 Vgl. Caspar von Schrenck-Notzing, *Charakterwäsche. Die Re-education der Deutschen und ihre bleibenden Auswirkungen*, Graz 2015, S. 193–194.

wandte: „Stalin – du Welt im Licht". Rowohlt berichtete, dass „Stalin wie der liebe Gott durch die ganze Welt stapft und sich in alle Herzen fräst"[15].

Die Frage der Auswanderung und Rückkehr bzw. der sogenannten „inneren Emigration" war zu dieser Zeit sehr umstritten, auch innerhalb der Kulturindustrie, die durch Verlage und Großverleger wie die Familie Rowohlt vertreten war. Ernst Rowohlt hätte den Krieg in Brasilien verbringen können und nicht nach Deutschland zurückkehren müssen, meldete sich aber 1940 als Wehrmachtsoffizier.

In seinem *Memorandum* (1946) beschrieb Ernst Rowohlt diese Entscheidung als eine moralisch und praktisch begründete Tat:

> Meine Rückkehr nach Deutschland erfolgte aus dem Gefühl heraus, dass ich, wenn ich überhaupt als leidenschaftlicher Verleger in Deutschland nach dem Zusammenbruch des Dritten Reiches mich betätigen wollte, ich den Kontakt mit dem deutschen Volke auch in dem größten Elend wieder aufzunehmen hätte. Ende Dezember 1940 kehrte ich nach Berlin zurück, wurde am 10. Februar 1941 zum Militär eingezogen und dort wiederum Ende Juni 1943 als „politisch unzuverlässig" vom Militär entlassen.[16]

Er wiederholte diese Gedanken noch einmal mit anderen Worten, aber mit derselben Intention: „Ich war überzeugt, daß das Ende des Krieges und des Naziregimes bald eintreten würde. Ich hatte die Idee, daß ich als Verleger aus Leidenschaft das deutsche Schicksal bis zum bitteren Ende miterleben mußte, wenn ich mich späterhin als deutscher Verleger wieder betätigen wollte."[17]

Nach dem Krieg erhielt Heinrich Maria Ledig-Rowohlt von den britischen Behörden die Lizenz für den Verlag und konnte ihn wiedereröffnen. In ganz Deutschland kam es langsam und unumkehrbar zur Erneuerung des kulturellen und gesellschaftlichen Lebens. Obwohl die Versorgung mit Papier nur bescheiden war, begann man in Hamburg die Wochenzeitung *Die Zeit* herauszugeben. Im Jahr 1948 fehlte es

---

15 Harry Rowohlt, *Atropin und weiße Rosen*, in: Harry Rowohlt, *Pooh's Corner. Meinungen eines Bären von sehr geringem Verstand. Gesammelte Werke 1989–1996*, Zürich, Berlin 2009/2015, S. 156–163, hier S. 157–158.

16 Ernst Rowohlt, *Memorandum, März 1946*, in: Hermann Gieselbusch/Dirk Moldenhauer/Uwe Naumann/Michael Töteberg (Hrsg.), *100 Jahre Rowohlt. Eine illustrierte Chronik*, Reinbek bei Hamburg 2008, S. 137–138.

17 *Memorandum Rowohlts für die Information Control vom 16.11.1945*. Zit. nach: Ursula Reinhold, *RoRoRo-Bücher für alle*, in: Ursula Heukenkamp (Hrsg.), *Unter Notdach: Nachkriegsliteratur in Berlin 1945–1949*, Berlin 1996, S. 197–218, hier S. 200.

an Papier für den Druck neuer Geldscheine im Rahmen der Währungsreform, aber „die Druckmaschinen waren vorbereitet“[18].

In *Pooh's Corner* wies Harry Rowohlt auf die entscheidende Rolle von Ernst Rowohlt in seiner Weiterbildung hin:

> Inzwischen hatte ich auch meinen Vater Ernst kennengelernt. Der war erst mal entsetzt gewesen, weil ich nie ‚Scheiße' sagte, und zwar nicht aus Gesittung, sondern weil ich das Wort noch nie gehört hatte. In einem crash course brachte er mir also ScheißePisseKackeArsch bei, und zu Tante Renate, der Kindergärtnerin, die mich entsetzt fragte, woher ich denn solche schrecklichen Wörter wisse, sagte ich stolz: „Von meinem Vater.“ Außerdem brachte er mir *richtige* Kinderbücher mit: Eigentlich alles, was von Walter Trier illustriert worden war; wenn ich es recht bedenke, kein schlechtes Auswahlkriterium, nämlich Erich Kästner und Mark Twain und so.[19]

Nicht ohne Bedeutung für die Re-Education war die Rolle der Klassiker der Jugendliteratur aus Deutschland und den USA. Das hing mit einer gewissen Mode der angelsächsischen Kultur zusammen, die in Westdeutschland durch das Umerziehungsprogramm stimuliert wurde. Twain war für den zukünftigen Übersetzer keine schlechte Lektüre, denn dieser zeigte sein Interesse an der deutschen Kultur gern in der Öffentlichkeit, unter anderem am 21. November 1897, als er im Presseclub in Wien einen humorvollen Vortrag mit dem Titel *Die Schrecken der deutschen Sprache* hielt. Amüsante Vorschläge zur „Verbesserung“ der deutschen Sprache, ganz im spöttischen Stil von Harry Rowohlt, fanden sich auch in seinem Aufsatz *Die schreckliche Deutsche Sprache* (1880).

Da in Deutschland der Kinder- und Jugendliteratur eine besondere Rolle zugeschrieben wurde, erstaunt Rowohlts Interesse an Milnes Kinderbuch *Pu der Bär* nicht. Rowohlt schrieb in dem Aufsatz *Ru(h)m für Bären & Poeten* auch über die Einstellung seines Vaters zur Lektüre des Sohnes. Dabei ging es insbesondere um die Klassiker der englischsprachigen Kinderliteratur aus den USA und Deutschland: „In den Ferien, im Harz, schenkte mir mein Vater *Onkel Toms Hütte* und *Emil und*

---

18 Gunther Mai, *Der Alliierte Kontrollrat in Deutschland 1945–1948: Alliierte Einheit – deutsche Teilung?*, München, Wien 1995, S. 291.

19 Harry Rowohlt, *Ru(h)m für Bären & Poeten*, in: Harry Rowohlt, *Pooh's Corner. Meinungen eines Bären von sehr geringem Verstand. Gesammelte Werke 1989–1996*, S. 301–310, hier S. 306.

die drei Zwillinge, das einzige Kinderbuch von Erich Kästner, das ich noch nicht kannte […].“[20] Jahre später behandelte Rowohlt einige dieser Bücher mit Zurückhaltung, aber damals waren sie ihm wichtig, z. B. der Roman der amerikanischen Schriftstellerin Marjorie Kinnan Rawlings über einen dreizehnjährigen Jungen, der auf einer Farm in den weiten Wäldern des US-Bundesstaates Florida lebt und eine einzigartige Freundschaft zu einem gefundenen Reh verspürt: „Frühling des Lebens von Marjorie Kinnan Rawlings. Um dieses Mistding ungestört lesen zu können, habe ich auf einen alten Leiterwagen […] einen Aufbau draufgezimmert […].“[21] Der Vater überwachte regelmäßig das Lesen seines Sohnes und reagierte impulsiv, als er seine Unwissenheit entdeckte: „Und dann war mein Vater wieder entsetzt: Ich kannte nichts von Karl May!“[22] Die Lektüreliste des jungen Harry Rowohlt wurde damals zweifellos von realistischer Prosa dominiert und der zauberhafte *Pu der Bär* bildete eine Ausnahme in dieser Bücherauswahl.

Der von Hans Werner Richter favorisierte „magische Realismus“ gewann in dieser Zeit an Bedeutung. Er „verwandte ihn für sein literarisches Konzept einer neuen Literatur, das er seit 1944 aus der Analyse von Kriegsgefangenengedichten entwickelte. Dabei sollte – anders als etwa bei Hermann Kasack – die Darstellung der äußeren Realität mit der Betrachtung des menschlichen Innenlebens verknüpft werden […].“[23] Noch im US-amerikanischen Kriegsgefangenenlager Camo Ellis (USA) veröffentlichte Hans W. Richter in der Zeitung *Die Lagerstimme* sein Gedicht *Der P.O.W. (Prisoner of War)*, dessen zwei letzte Strophen die Gemütsstimmung der Deutschen wiedergaben:

Am Nachmittag der Blick zur Uhr
Erhöht die Qualen der Natur
Sanft bist du wie ein Reh.

Allein am Abend ist es nett
Ermüdet sinkst du dann ins Bett
– Und bleibst ein – PoW.[24]

---

20 Ebenda, S. 307.

21 Ebenda, S. 308.

22 Ebenda.

23 Artur Nickel, *Zwischen literarischer Tradition und existentiellem Neubeginn: Wolfdietrich Schnurres Kontroversen mit Manfred Hausmann und Walter Kolbenhoff*, in: Walter Erhart/ Dirk Niefanger (Hrsg.), *Zwei Wendezeiten: Blicke auf die deutsche Literatur 1945 und 1989*, Tübingen 1997, S. 71–94, hier S. 88.

24 Zit. nach: Helmut Böttiger, *Die Gruppe 47. Als die deutsche Literatur Geschichte schrieb*, München 2012, S. 42.

Der P.O.W., in dem Richter die Daseinsprobleme der deutschen Kriegsgefangenen hervorhob, war nach einigen literarischen Proben in den 1930er-Jahren sein erster veröffentlichter Text.

Die Alliierten beschlossen, die tausendfachen Verbindungen zwischen deutschen Frauen und westlichen Soldaten zu formalisieren, sodass deutsch-amerikanische Ehen zugelassen wurden. Als das Nachrichtenmagazin *Der Spiegel* im Januar 1947 in Hannover debütierte, widmete es ähnlichen deutsch-französischen Ehen einen eigenen Artikel unter dem Titel *Der Krieg ist längst vorbei: Heirat Poilus.* Es stellte sich heraus, dass bereits mehr als 7.000 französische Soldaten eine solche Mischehegenehmigung beantragt hatten. Mehr als 20.000 französische Männer, die als Kriegsgefangene oder Zwangsarbeiter in Deutschland waren, verliebten sich während des Krieges in deutsche Frauen. Viele deutsche Kriegsgefangene fanden auch Partnerinnen unter französischen Frauen, aber solche Ehen waren nicht erlaubt.[25]

Kurt Maetzig schöpfte in seinem Debütfilm aus einer wahren Geschichte des Schauspielerpaars Joachim und Meta Gottschalk. *Ehe im Schatten* (1947) galt als einer der wichtigsten antifaschistischen Filme der 1940er-Jahre, der übrigens in allen Besatzungszonen in Berlin gezeigt wurde. Solche Filme und Texte waren Bestandteile der Umerziehung der Deutschen im Osten. „Der Plan zur ‚Umerziehung durch Sowjetliteratur' wurde in der Sowjetischen Besatzungszone SBZ zu einer der Hauptaktivitäten sowjetischer Kulturpolitik. Oberstes Ziel war, in der Mehrheit des deutschen Volkes eine Massenstimmung der Empörung gegen Faschismus und Imperialismus zu entfachen."[26] In der westlichen Verwaltung beförderte man einen entsprechenden Menschentypus, wobei der Umbau des Bildungswesens von besonderer Bedeutung war. Eine gewisse Mode der angelsächsischen Kultur stimulierte neue Verhaltensmuster, was schon auf der Ebene der Kinderliteratur, z. B. beim Lesen des Kinderbuchs *Pu der Bär* (1926) durch Harry Rowohlt begann. Seine erste Lektüre passte zum Kontext der internationalen Aktivitäten des Rowohlt Verlags und seines Besitzers, der in dem kleinen Harry das Interesse an angelsächsischer Kultur anzuregen wusste.

Harry Rowohlt schrieb in *Ru(h)m für Bären & Poeten*, wie er schon als vierjähriges Kind lesen lernte, als seine Mutter ihm das Buch *Pu der Bär* gab: „Kinderbücher, die mich prägten? Gehen wir mal für die Dauer dieses Beitrags davon aus, dass ich geprägt wäre –: Doch, doch. *Pu der Bär*, das schönste Kinderbuch der Welt, das

25 o. A., *Der Krieg ist längst vorbei: Heiratsfreudige Poilus*, in: *Der Spiegel*, Nr. 1/1947, S. 2.

26 Berit Olschewski, *„Freunde" im Feindesland. Rote Armee und deutsche Nachkriegsgesellschaft im ehemaligen Großherzogtum Mecklenburg-Strelitz 1945–1953*, Berlin 2009, S. 145.

schönste *Buch* der Welt, das hat mich durchaus geprägt."[27] Damit begann auch seine Vorliebe für Englisch: „Nun konnte ich also lesen und machte die zweite wichtige Entdeckung: Es hieß *Pu. Der. Bär* und nicht *Puderbär*. Das ging ja noch, aber außerdem entdeckte ich, dass auf Englisch alles anders geschrieben als gesprochen wird."[28] Rowohlt schöpfte gern aus der Lebensphilosophie, die in Alan Alexander Milnes *Pu der Bär* im Gespräch zwischen Christopher Robin und Winnie-dem-Pu am besten ausgedrückt wurde:

> „*Wie* wär's mit einer Geschichte?", sagte ich.
> „Könntest du bitte so lieb und nett sein, Winnie-dem-Pu eine zu erzählen?"
> „Ich glaube, das könnte ich", sagte ich. „Welche Sorte von Geschichten mag er denn?"
> „Über sich selbst. Denn *diese* Sorte von Bär ist er."[29]

Genauso hat sich Rowohlt als Erzähler seiner Texte verhalten. Er schrieb über verschiedene Menschen und Ereignisse, aber im Grunde waren es immer Abschweifungen in einer lebenslangen Geschichte über sich selbst. Harry Rowohlts Entwicklungsweg zu einem vorbildlichen deutschen Bürger im Geiste der Amerikanisierung führte über seine Ausbildung im Rahmen der Montessori-Pädagogik und die berufsbedingte Einstellung der Familie Rowohlt zu Amerika bis zur Bekanntschaft mit C. W. Ceram. Im Unterschied zur ganzen älteren Generation der Deutschen brauchte er die Re-Education nicht als Umwandlung, weil er dafür zu jung war, sondern als eine komplexe Erziehung.

Die nach dem Krieg eingeführten Erziehungs- und Einstellungskriterien sollten eine neue, demokratisch gesinnte deutsche Elite schaffen. Wie waren die Voraussetzungen der Beschäftigungspolitik? Man teilte die Kandidaten für die Eliten in fünf Gruppen ein: „In der obersten Klasse Weiß A ist folgende Lebensgeschichte […] mustergültig: ‚Der Lizenzkandidat war ein uneheliches Kind einer protestantischen Mutter, die künstlerisch interessiert war'."[30] Der kleine Rowohlt erfüllte diese Vor-

---

27 Harry Rowohlt, *Ru(h)m für Bären & Poeten*, in: Harry Rowohlt, *Pooh's Corner. Meinungen eines Bären von sehr geringem Verstand. Gesammelte Werke 1989–1996*. S. 301–310, hier S. 301.

28 Ebenda, S. 304.

29 Alan Alexander Milne, *Pu der Bär*, München 2007, S. 16. Aus dem Englischen von Harry Rowohlt.

30 Caspar von Schrenck-Notzing, *Charakterwäsche. Die Re-education der Deutschen und ihre bleibenden Auswirkungen*, S. 119.

aussetzungen zum Teil schon im Vorschulalter – die Ehe seiner Mutter mit dem Maler Max Rupp scheiterte und wurde in der ersten Hälfte der 1950er-Jahre geschieden, Harrys Mutter sollte Ernst Rowohlt aber erst 1957 heiraten. Als Schauspielerin hingegen gehörte sie zu den neuen künstlerisch-medialen Kreisen.

Als Verleger begeisterte sich der zukünftige Ehemann von Maria Pierenkämper bereits Ende der 1920er-Jahre für die amerikanische Literatur. 1946 erwarb er in Hamburg eine englische Verlagslizenz, nachdem Heinrich Maria Ledig-Rowohlt 1945 den Rowohlt Verlag in Stuttgart mit einer amerikanischen Lizenz wiedereröffnet hatte. Der liberale Grundgedanke der Kultur war hier die Grundprämisse der Veröffentlichungspolitik.

Im Osten schrieb und inszenierte Bertolt Brecht die Tragödie *Tage der Kommune* (1949), die den revolutionären Stadtrat von Paris im Jahr 1871 zum Thema hat. Seine Geschichte der Diktatur des Proletariats, in der ein kollektiver Held im Vordergrund steht, zeigt den Aufstieg und Fall der kämpfenden Arbeiter. Brecht arbeitete an diesem Stück im Berliner Ensemble, aber es wurde erst 1962 uraufgeführt, weil die Behörden den Autor lange Zeit des Defätismus verdächtigten. Während Westdeutschland langsam ein System der liberalen Demokratie aufbaute, befand sich Ostdeutschland in der zweiten Hälfte der 1940er-Jahre auf dem Weg in eine Diktatur, die jede kulturelle Abweichung von der sozialistischen Norm ablehnte.

Das Jahr 1949 war wichtig in Harry Rowohlts Leben – nicht nur wegen der Erfolge seines Vaters in der Verlagsbranche, sondern auch für seine persönliche Bildung. Wie bereits erwähnt, lernte er schon als Vierjähriger lesen. Diese Errungenschaft hing mit seiner Liebe zu Alan Alexander Milnes Buch *Pu der Bär* zusammen, das ihm seit seiner frühesten Kindheit von der Mutter vorgelesen wurde.

Harry Rowohlt verbrachte die Zeit bis zu seinem sechsten Lebensjahr in Wiesbaden. Diese Phase kennzeichnete sein „bewusstes“[31] Erwachsenwerden. Viele Jahre später erinnerte er sich an den Kindergarten, den er dort besuchte. Dieser Kindergarten funktionierte dank der Initiative mehrerer Schauspielerinnen, Künstlerinnen und Erzieherinnen, darunter einer sechzehnjährigen Kindergärtnerin – Tante Renate, die bei den Kindern sehr beliebt war. Eines Tages kam sie in einem Sommerkleid, das Harry und sein Freund Timmi sehr schön fanden. Sie wollten Tante Renate davon erzählen, aber dann passierte etwas, das Rowohlt später in seinen Erinnerungen an diese Zeit unverblümt erzählte, wie es seine Art war: „Wir hatten

31 Harry Rowohlt/Ralf Sotscheck, *In Schlucken-zwei-Spechte. Harry Rowohlt erzählt Ralf Sotscheck sein Leben von der Wiege bis zur Biege*, Berlin 2009, S. 25.

beide Schiß, und aus Buße haben wir die Türpfosten der Kindergartenhaustür – ich links, er rechts – von ganz unten bis so weit, wie wir hochkamen, abgeleckt. Das schmeckte sehr ecklig [sic] nach Staub und Leinöl und war eine angemessene Buße.“[32] So endete die erste unschuldige Liebe des kleinen Harry Rowohlt.

32 Ebenda, S. 26.

2. Erziehung und Umerziehung

1951–1960

In den 1950er-Jahren wurde in der DDR ein neues kommunistisches System aufgebaut. Dagegen setzte sich in der BRD in allen Bereichen des öffentlichen Lebens der Kommerz durch. Im neuen Jahrzehnt konnten die Kinobesucher in Westdeutschland die regelmäßige Filmchronik *Neue Deutsche Wochenschau* sehen. Im Osten funktionierte die Chronik schon früher als ein Mittel des ideologischen Kampfes und der Propaganda. Im Jahr 1950 gründete man in der BRD die Arbeitsgemeinschaft der Rundfunkanstalten Deutschlands, die in Zukunft eine Gründungsbasis für das westdeutsche Fernsehen ARD sein sollte. Die Westdeutschen bekamen so ein zusätzliches Fenster zur Welt und konnten erleben, dass ihre Freiheitssphäre wesentlich ausgeweitet wurde. Ganz anders war die Situation der ostdeutschen Bürger, denen im Jahr 1950 sogar die Ausstrahlung amerikanischer Tanzmusik verboten wurde, was an ähnliche Verbote im Nationalsozialismus erinnerte.

Rowohlt neigte sich damals liberalen, wenn nicht anarchistischen Ideen zu. In seinen Briefen und Vorübungen aus dem Jahre 1956 gab es Zeichnungen mit Texten, die in Comic-Form viele lustige Bilder zum Thema Kommunismus und Sozialismus zeigten. Rowohlt verwendete dabei Wendungen wie „Aufbau des Sozialismus" oder „Kampf gegen den Sozialistischen Realismus". Seine Symbole des Totalitarismus waren ein Flugzeug mit kommunistischem Stern, das Flugblätter abwirft, eine Fidel-Castro-Figur, Karl Marx usw.[1] „Bemerkenswert überdies", schrieb Anna Mikula im Vorwort zu Rowohlts Briefen, „daß das Freigeistige, Kämpferische, Analytische, Unbestechliche, kurz: das ‚Harryrowohltsche' bereits in der Adoleszenz seinen Niederschlag findet."[2]

---

1 Vgl. Harry Rowohlt, *Der Kampf geht weiter! Nicht weggeschmissene Briefe I*, Zürich, Berlin 2017, S. 13–19.

2 Anna Mikula, *Vorwort*, in: Harry Rowohlt, *Der Kampf geht weiter! Nicht weggeschmissene Briefe I*, S. 7–11, hier S. 11.

Wegen des befürchteten Sittenverfalls musste man für die Erziehung der Jugendlichen sorgen, deshalb gründete die Filmbranche in Deutschland 1949 eine Institution, die ethische und bildende Aspekte der zu verbreitenden Filme untersuchte. Es handelte sich um die Freiwillige Selbstkontrolle der Filmwirtschaft (FSK). Diese Institution blieb auch in Zukunft ein festes Element der deutschen Regelungen in der audiovisuellen Branche. Was den Jugendlichen in den Medien nicht gezeigt wurde, konnten sie jedoch in ihren eigenen Familien erleben. In den turbulenten 1950er-Jahren musste Harry Rowohlt am eigenen Leibe die Auswirkungen der Konflikte in der Ehe seiner Eltern erfahren: „Der Ehekrieg war immer während der Mahlzeiten. Im Grunde fand ich das nicht schlecht. Wenn unten getobt wurde, wusste ich, ich hab' jetzt meine Ruhe und kann ungestört meine Bücher lesen."[3] In der Familie gab es auch deshalb so viele Streitereien, weil Maria die vierte Frau des Verlegers war und zudem zwanzig Jahre jünger als er. Schon bald sollte Harry Rowohlt nicht weniger als elf verschiedene Schulen besuchen, bevor er schließlich sein Abitur machte. Einer der Gründe für diese Unruhe und Unbeständigkeit war im Leben seiner Mutter zu finden. Zwischen 1930 und 1950 wirkte Maria Pierenkämper als bekannte Schauspielerin und Diseuse am Berliner Schillertheater und am Schauspielhaus Zürich. In der Folgezeit trat sie sporadisch in Filmen auf, zum Beispiel in *Stella* (1954) oder dem Fernsehfilm *Ankunft bei Nacht* (1965). Schon vor dem Krieg spielte Marie Pierenkämper in dem Film *Drei schöne Tage* (1939) mit. Sie führte ein anstrengendes Leben mit Reisen und Fotoshootings an Filmsets.

Die Wende der 1940er- und 1950er-Jahre bedeutete für den kleinen Rowohlt einen Umzug in eine andere Stadt. Seine Mutter bekam ein Engagement am Züricher Schauspielhaus. Für ihr Kind bezahlte sie eine Kleinkinderbewahranstalt in Herrliberg in der Nähe von Zürich, während sie für sich eine Unterkunft bei Herrn und Frau Huber fand. Für Rowohlt war das keine gute Zeit, weil er während seines Aufenthalts in Herrliberg sogar Hunger ertragen musste: „Ich kam in die reiche Schweiz und wurde erstmal gezielt und systematisch ausgehungert."[4] Mit früher Schulbildung hingen auch seine weiteren negativen Assoziationen zusammen: „Noch heute, wenn ich das Wort Montessori höre, denke ich an die Kapelle ‚KISS', mit dem SS-Logo in der Mitte: MonteSSori."[5] Außerdem war Rowohlt nie ein Waldorfschüler,

3 *Frühstück mit Harry Rowohlt*, (kurier.at 06.04.2012), in: https://kurier.at/stars/fruehstueck-mit-harry-rowohlt/773.299 (Zugriff am 20.02.2020).

4 Harry Rowohlt/Ralf Sotscheck, *In Schlucken-zwei-Spechte. Harry Rowohlt erzählt Ralf Sotscheck sein Leben von der Wiege bis zur Biege*, S. 29.

5 Ebenda, S. 29.

obwohl er in der Öffentlichkeit oft als solcher dargestellt wurde. Rowohlt besuchte nämlich keine Waldorfschule, sondern die Walddörfer Schule in Hamburg.

Zu Beginn der 1950er-Jahre lernte Harry Rowohlt seine Halbschwester Anna Elisabeth kennen, die, wie er schrieb, von seinem Vater in Brasilien gezeugt worden war. Als einen vermeintlichen Zeugungsort gab Rowohlt „eine Favela in São Paulo“[6] an. Anna war hellhäutiger als andere brasilianische Kinder und hatte rote Haare. Da sie zu viel in der Sonne und „im Schlamm“ gespielt hatte, starb sie an Hautkrebs. Rowohlt sah sie zum ersten Mal, als er sechs Jahre alt war. Obwohl sie sogar einmal nach Deutschland kam, blieben sie nicht in Kontakt.

Inzwischen erreichte der mühsame Wiederaufbau des deutschen Staates im Osten seinen negativen Höhepunkt. Die kommunistischen Behörden begannen mit dem Bau der Stalinallee in Ost-Berlin. Die Reisefreiheit des Einzelnen war damals auf einen Radius von 100 Kilometern begrenzt.

Die Ausweitung des Menschenrechtskatalogs führte wiederum zum Missbrauch der Rechte im Westen. Eine Bombe in einem an Konrad Adenauer adressierten Paket explodierte im Polizeipräsidium in München. Dank der Polizei konnte das Attentat auf den Bundeskanzler verhindert werden, aber ein Unbeteiligter wurde dabei getötet. Dieser Terrorakt verdiente es, verurteilt zu werden, aber die Wut gegen die Strukturen des westdeutschen Staates war nicht unberechtigt, z. B. wurde im Januar 1952 der Regisseur Veit Harlan zum Beruf zugelassen, obwohl seine Beteiligung an der NS-Propaganda bekannt war. Die Uraufführung seines Films *Hanna Amon* (1951) in Stuttgart führte zu gewalttätigen Studentenprotesten, doch solche Ereignisse waren zu dieser Zeit eher eine Ausnahme.

Im Juni 1952 erschien die neue *Bild*-Zeitung mit einer Auflage von einer Viertelmillion Exemplaren. Auf dem gesamten Medienmarkt in Westdeutschland begann ein großer Wandel. Das Fernsehprogramm wurde bereits zwei Stunden pro Tag ausgestrahlt. Es gab die regelmäßige *Tagesschau* und Premieren großer Blockbuster. Am 3. Mai 1953 wurde der Radiosender *Deutsche Welle* ins Leben gerufen, dessen Signal auch im Ausland zu hören war.

Im Jahr 1952 ging der amerikanische Jazzmusiker Louis Armstrong auf eine Tournee durch deutsche Städte. Schon 1947 schrieb Wolfgang Borchert in *Das ist unser Manifest* über diese neue Mode der „Westernisierung“ der Deutschen: „Jetzt ist unser Gesang der Jazz. Der erregte hektische Jazz ist unsere Musik. [...] So sind unsere Mädchen: wie Jazz. Und so sind die Nächte, die mädchenklirrenden Nächte:

6 Ebenda, S. 32.

wie Jazz: heiß und hektisch. Erregt."[7] Auch der amerikanische Film *Vom Winde verweht* (1939) kam endlich in die deutschen Kinos. In Hannover eröffnete man im Jahr 1953 den größten Kinosaal in Deutschland, das „Aegi". In Düsseldorf bekamen die Kinobesucher spezielle Brillen und konnten 1952 *Bwana, der Teufel*, die erste kommerzielle 3D-Produktion der Welt sehen.

In Ostdeutschland blühte der Stalinismus sowohl in der Kunst als auch in der Praxis. Man benannte sogar manche Dörfer und Städte um. Fürstenwalde erhielt beispielsweise den Namen Stalinstadt, dann Eisenhüttenstadt. Das Dorf Neuhardenberg östlich von Berlin wurde in Marxwalde umbenannt. Chemnitz wurde im Mai 1953 zu Karl-Marx-Stadt. Diese Politik hat nicht allen gefallen, weil es den Arbeitern des deutschen „Arbeiter- und Bauernstaats" häufig schlechter ging als zuvor. Während man die Stalinallee in Berlin baute, zeigte sich, dass die bestehenden Arbeitsnormen erhöht wurden, obwohl die Löhne unverändert blieben. Der spontane Streik auf den Baustellen und der politische Aufstand am 17. Juni 1953 wurden erst von der Sowjetarmee beendet. Stalins Tod hatte darauf keinen Einfluss. Harry Rowohlt konnte sich an jenen Tag im März sehr gut erinnern: „Als Stalin starb, war ich acht Jahre alt und in Gelsenkirchen zwischengelagert, und bei der Nachricht von seinem Tode weinte die ganze Straße."[8]

1953 begann ein neuer Lebensabschnitt für Rowohlt. Einerseits begeisterte er sich für die amerikanische Kultur und war aufgrund der Umerziehungspolitik und seiner Familientradition in viele Bücher aus den Vereinigten Staaten eingeweiht, andererseits hatte er den Terror im Osten nicht selbst erlebt, obwohl er sich dessen bewusst war, weshalb er oft „zugab", Kommunist zu sein, was immer das für ihn bedeutete.

Das Jahr 1953 markiert auch den Beginn des neuen Familienlebens von Harry Rowohlt. Er schlug bereits eine Brücke zwischen der amerikanischen Kultur und einer idealisierten Version des Kommunismus, wie er in *Pooh's Corner* schrieb:

> Als ich acht Jahre alt war, zogen meine Eltern zusammen, und nun waren Bücher sowieso kein Thema mehr für mich, weil immer irgendein ganzes Haus voll davon war; nur leider hatte das den Nachteil, dass ich ziemlich bald Kommunist wurde. Damals passierte das, glaube ich zwangsläufig, wenn man viel

7 Wolfgang Borchert, *Das ist unser Manifest*, in: Wolfgang Borchert, *Draußen vor der Tür und ausgewählte Erzählungen*, Reinbek bei Hamburg 1964, S. 129–134, hier S. 129–130.

8 Harry Rowohlt, *Atropin und weiße Rosen*, in: Harry Rowohlt, *Pooh's Corner. Meinungen eines Bären von sehr geringem Verstand. Gesammelte Werke 1989–1996*, S. 156–163, hier S. 159.

> las, und daran konnten auch die *Reader's Digests* nichts ändern, denn, und das war das Konundrum, ein treuer und aufrichtiger Freund des amerikanischen Volkes war ich sowieso geblieben, was man daran merkte, dass ich bei „*Ami go home*" nicht krautmäßig „go home" sang, sondern „geau heaum", eben so, wie wir Amerikaner das ebenso tun.[9]

So erklärte er mit einem Hauch von Ironie den Widerspruch zwischen seiner parallelen Neigung zu den USA und dem Kommunismus.

Im Jahre 1953 wurde der erfolgreichste DEFA-Film *Die Geschichte vom kleinen Muck* nach dem Drehbuch von Peter Podehl und den Motiven des Märchens von Wilhelm Hauff produziert. Auch Erich Kästner, der Deutschland in der NS-Zeit nicht verlassen hatte, hatte nach dem Krieg Erfolge in der Filmbranche. Dank der Schriftstellerin und Filmproduzentin Maria von der Osten-Sacken und Thomas Engel entstand damals das Drehbuch zu seinem Kinderroman *Pünktchen und Anton* (1953). Die Geschichte handelt von Luise, genannte Pünktchen, deren Eltern ihr nicht genug Aufmerksamkeit schenken und dadurch nicht bemerken, dass sie mit ihrer Kinderfrau betteln geht. Eines Tages lernt sie dabei Anton kennen, der unter echter Armut leidet. Pünktchen und Anton werden die besten Freunde. Wie in einem guten Bildungsroman verschwindet das böse Kinderfräulein am Ende und Antons Mutter nimmt ihre Stellung ein. Kästners Geschichten wurden von Harry Rowohlt leidenschaftlich gelesen und er kannte praktisch alle seine Bücher.

> Jetzt, nach dem Krieg war seine große Stunde [...] Und Erich Kästner war ein kleiner Gott. Einer der wichtigsten Männer im neu entstehenden Kulturbetrieb. Er ist Feuilletonchef der von den Amerikanern in Millionenauflage vertriebenen Neuen Zeitung, gründet die Jugendzeitschrift Pinguin [...].[10]

Mit anderen Worten: Kästner wollte sich der „sanften Macht" der Alliierten unterordnen und arbeitete selbst als ein Vermittler dieser neuen Werte.

In der zweiten Hälfte der 1950er-Jahre wurde die BRD in die NATO aufgenommen und die DDR ein Teil des Warschauer Paktes. Im Osten betonte man die neue

---

9 Harry Rowohlt, *Ru(h)m für Bären & Poeten*, in: Harry Rowohlt, *Pooh's Corner. Meinungen eines Bären von sehr geringem Verstand. Gesammelte Werke 1989–1996*, S. 301–310, hier S. 306.

10 Volker Weidermann, *Lichtjahre. Eine kurze Geschichte der deutschen Literatur von 1945 bis heute*, München 2007, S. 31–32.

sozialistische Identität des deutschen Volkes auch auf der Ebene der Symbole. Das Wappen mit Hammer und Zirkel im Ährenkranz kam 1955 hinzu. „1949 hatten beide Verfassungen an die Reichsfarben von Weimar und 1848 angeknüpft und damit den Willen zu einer Fortführung bekundet."[11] Den Soldaten der Volksarmee gegenüber wurden die Soldaten der BRD als feindlich dargestellt und Westdeutschland wurde im Kontext des antifaschistischen Kampfes stark kritisiert. Man versuchte, den Holocaust und angebliche faschistische Tendenzen im Westen zur ideologischen Legitimierung des eigenen Staates zu nutzen, deshalb stand in der Schwurformel der Soldaten des Warschauer Pakts bei der Eröffnungskundgebung auf dem Ettersberg:

> Wir, Soldaten des Volkes, angetreten in Buchenwald, der Gedenkstätte der Opfer und dem Mahnmal des Kampfes gegen den Faschismus: Wir schwören, mit der ganzen Kraft unserer Herzen und Hirne, [...] den Sozialismus – Hort des Friedens, des Fortschritts und der Menschlichkeit – für alle Zeiten sicher zu behüten.[12]

Die DDR instrumentalisierte so Buchenwald und andere Konzentrationslager und diskreditierte die BRD.

Mitte der 1950er-Jahre fand die deutsche Uraufführung des Stücks *Leben des Galilei* (1955) von Bertolt Brecht in Köln und zwei Jahre später in Brechts Theater am Schiffbauerdamm statt. Der Autor inszenierte das Drama eines Forschers, der auf seine Ideale und eine der wichtigsten sittlichen Haltungen, d. h. die Selbsttreue verzichtet, um dem Tod zu entkommen. Brecht war ein Meister der Inkonsistenz, weil er als Kommunist nichts gegen kapitalistisches Übermaß im privaten Leben hatte und als Werbetexter viel Geld für teure Autos ausgab. Harry Rowohlt sah wohl einige Analogien zwischen sich selbst als Texter und Brecht. Die Kluft zwischen Brechts Ansichten und seinem Geschmack nahm er jedoch mit besonderer Ironie zur Kenntnis: „Von Brecht gibt es den schönen Werbespruch für die Firma Steyr-

11 Joachim Rückert, *Abschiede von Unrecht. Zur Rechtsgeschichte nach 1945*, Tübingen 2015, S. 183.

12 Christoph Weiß, *„... eine gesamtdeutsche Angelegenheit im äußersten Sinne ...". Zur Diskussion um Peter Weiss' „Ermittlung" im Jahre 1965*, in: Stephan Braese/Holger Gehle/Doron Kiesel/Hanno Loewy (Hrsg.), *Deutsche Nachkriegsliteratur und Holocaust*, Frankfurt am Main, New York 1998, S. 53–70, hier S. 62.

Automobile: ‚Steyr-Wägen liegen in der Kurve wie Heftpflaster.' Als Honorar hat er dieses Auto bekommen und sofort an den Baum gesetzt."[13]

Die DDR war in vielfältiger Weise in den Bereichen Kultur und Propaganda tätig. Das ostdeutsche Fernsehen wurde in den 1950er-Jahren mit einem klaren ideologischen Auftrag gegründet. Leider musste es bald darauf über Brechts Tod in Ost-Berlin berichten. Das zweite Programm wurde erst ab dem 01.03.1969 ausgestrahlt. Der westliche Fernseh- und Zeitungsmarkt war zu diesem Zeitpunkt bereits recht gut entwickelt. Die erste Ausgabe der Boulevardzeitung *Bild am Sonntag* erschien im Jahr 1956, ebenso die erste Ausgabe der Jugendzeitschrift *Bravo*. Sie wurde zunächst mit dem Untertitel *Die Zeitschrift für Film und Fernsehen* verkauft. Im Zuge der Amerikanisierung der westdeutschen Popkultur erschien Marilyn Monroe, ein Symbol der sexuellen Revolution, auf dem ersten Cover. Viele Jahre später beschrieb Harry Rowohlt in seinem Essay *What a mess!* ein Gespräch, das er mit seinem Freund Robert führte, als dieser während der Frankfurter Buchmesse bei ihm wohnte:

> Robert zeigte auf ein gerahmtes Foto und fragte: „Wer liest dort was?" Ich sagte: „Dort liest Marilyn Monroe den *Ulysses*." – „Und welche Stelle?" – „Molly Blooms Orgasmus." „Buch und Stelle hab ich auch erkannt", sinnierte Robert, „nur die Dame hab ich nicht gewusst." „Ich bin eben ein *homme entre deux âges*", tröstete ich ihn, „der die Damen *noch* und die Bücher *schon* wahrnimmt."[14]

Mitte der 1950er-Jahre war Harry Rowohlt zehn Jahre alt. Seine Eltern heirateten, und das entschied über den Umzug der Familie ins Allgäu, in das Haus von Kurt W. Marek, der gerade nach Amerika verreist war. Marek veröffentlichte seine Werke unter dem Pseudonym C. W. Ceram und wurde mit seinem Weltbestseller *Götter, Gräber und Gelehrte. Roman der Archäologie* (1949) berühmt. Rowohlt besuchte damals die Klasse mit vier Lehrern, in der er „ein richtig guter Schüler"[15] war. Als er vierzehn Jahre alt wurde, begannen die Konflikte mit seinem Vater. Der Sohn betrachtete ihn als jemanden, „der gar nichts konnte"[16]. Nachdem der alte Rowohlt

---

13 Harry Rowohlt/Ralf Sotscheck, *In Schlucken-zwei-Spechte. Harry Rowohlt erzählt Ralf Sotscheck sein Leben von der Wiege bis zur Biege*, S. 110.

14 Harry Rowohlt, *What a mess!*, in: Harry Rowohlt, *Pooh's Corner. Meinungen eines Bären von sehr geringem Verstand. Gesammelte Werke 1989–1996*, S. 349–357, hier S. 353.

15 Harry Rowohlt/Ralf Sotscheck, *In Schlucken-zwei-Spechte. Harry Rowohlt erzählt Ralf Sotscheck sein Leben von der Wiege bis zur Biege*, S. 42.

16 Ebenda, S. 33.

die Leitung des Verlags abgegeben hatte, änderte sich sein Verhalten gegenüber anderen Familienmitgliedern. In Harry Rowohlts Augen bedeutete dies eine Art „Terror", den der Junge natürlich nicht leiden konnte. Nach dem Tod von Ernst Rowohlt im Jahr 1960 wurde der Verlag von Heinrich Ledig-Rowohlt weitergeführt. Harry war damals erst fünfzehn Jahre alt, erbte jedoch einen Anteil von 49 Prozent am Familienunternehmen. Später erzählte er, wie er seinem sterbenden Vater *Die Abenteuer des braven Soldaten Schwejk* (1921) vorlas und dabei verschiedene Stimmen imitierte. Dem alten Rowohlt war klar, dass sein Sohn kein Verleger, sondern ein Schauspieler werden würde.[17] Rowohlt hätte seine Verlagsanteile behalten können, aber er wollte nicht in der Branche arbeiten, und so beschlossen er und sein Bruder Anfang der 1980er-Jahre, den Verlag an die Holtzbrinck-Gruppe zu verkaufen.

Rowohlts Ausbildung (auch im Rahmen der Montessori-Pädagogik), die Einstellung der Familie zu den USA und die Bekanntschaft mit Ceram schienen notwendige Etappen eines vorbildlichen Entwicklungsweges neuer deutscher Bürger im Geiste der Amerikanisierung und Verwestlichung zu sein. Für Rowohlt bedeutete das keine Re-Education, sondern von Anfang an eine sanfte Erziehung, aber sie war eine Folge der Umerziehung seiner Eltern und aller übrigen Personen, mit denen Harry Rowohlt in verschiedenen Bildungsanstalten Kontakt hatte.

Zu der Zeit fanden in Deutschland große gesellschaftliche Umwandlungen statt. Der Existentialismus setzte sich nicht nur in den Romanen von Thomas Mann durch, sondern formte in Westdeutschland einen neuen Menschen, der sich für sein Schicksal verantwortlich fühlte und nur sich selbst vertraute. Dieser Menschentypus konnte ein Vorbild für die ersten Immigranten und „Gastarbeiter" in der BRD sein. Ende der 1950er-Jahre gab es viele literarische Warnungen vor der politischen Blindheit derjenigen, die sich in dieser neuen Realität zurechtfinden mussten. Ein wichtiges Beispiel kam aus der Schweiz mit dem Theaterstück *Biedermann und die Brandstifter* (1958) von Max Frisch. Eigentlich gehörte das ganze Jahrzehnt den zwei Schweizer Dramenschreibern Friedrich Dürrenmatt und Max Frisch, deren Stücke damals am häufigsten gespielt wurden. Frisch wurde im Jahr 1958 mit dem Georg-Büchner-Preis geehrt. Als Architekt betrachtete sich Frisch als „konservativ", was ebenso einen Einfluss auf seine Idee des Theaters hatte. „[...] Der bekannteste, 1953 geschriebene Architekturtext von Max Frisch, ‚cum grano salis. Eine kleine Glosse zur schweizerischen Architektur', wurde im Rahmen einer Theaternummer des *Werk*

17 *„Typisch, 'ne Fünf in Mathe". Interview mit Harry Rowohlt*, in: *Der Spiegel*, Nr. 40/1996, S. 254–259, hier S. 255.

gedruckt."[18] Mit Frischs Stück verbindet sich eine Anekdote, die Harry Rowohlt einmal erzählte:

> In einer Kneipe sagte ich dann: „Ich hätte gern was zu essen." Da sagte der Wirt, er hätte Würstchen und Suppe. Ich antwortete: „Würstchen sind mir zu hart. Ich hätte lieber Suppe." Da bekam ich schon wieder eins in die Fresse. Das riß überhaupt nicht ab. Ich hab das mal meinem Freund Tschik erzählt, und er sagte: „Ne Stimmung wie bei Charms." Denn bei Daniil Charms bekommen die handelnden Personen auch immer eins in die Fresse. Das war ein Zitat aus der Hörspielfassung von „Biedermann und die Brandstifter" von Max Frisch. Da sagt die Tochter, die Literaturwissenschaft studiert: „Ne Stimmung wie bei Stifter." Also mir ist eine Stimmung wie bei Stifter lieber als eine Stimmung wie bei Charms.[19]

Frischs Drama *Biedermann und die Brandstifter* ist am ehesten mit der früheren Form einer Burleske zu vergleichen. Die Pointe besteht darin, dass in der Politik oft die Opfer und nicht die Täter schuld sind. Der Titelheld Gottlieb Biedermann, ein wohlhabender Haarwasserfabrikant, nimmt in sein Haus zwei Brandstifter auf, obwohl von Anfang an klar ist, dass sie es anzünden werden. Er liest von den Brandstiftungen in der Zeitung, und einer der Männer, die auf dem Dachboden nächtigen, klagt selbst, dass er für einen Brandstifter gehalten wird. Trotzdem gibt Biedermann ihnen sogar Streichhölzer, weil er sie für seine Freunde hält. Am Ende geht sein Haus in Flammen auf.

Die in dem Stück aufgeworfenen Fragen passen sehr gut zur Handlung von Charlie Chaplins *Der Große Diktator* (1940), der in Deutschland erst lange nach seiner Premiere in den USA gezeigt wurde. Der Film durfte in der NS-Zeit aus naheliegenden Gründen nicht verbreitet werden, da Chaplin den „Führer" parodierte. Nach jahrelanger Vorfreude wurde damit die amerikanische Kultur in der BRD zur Mode. Das galt auch für Elvis Presley, der am 1. Oktober 1958 als amerikanischer Soldat in Bremerhaven eintraf und dort von vielen deutschen Fans begrüßt wurde.

---

18 Bruno Maurer, ‚*ich bin konservativ*'. *Max Frisch (1911–1991) und das neue Schauspielhaus in Zürich. Ein Beitrag zum Frisch Jahr*, in: *Kunst + Architektur in der Schweiz*, Bd. 62 (2011), H. 4, S. 12–21, hier S. 12.

19 Harry Rowohlt/Ralf Sotscheck, *In Schlucken-zwei-Spechte. Harry Rowohlt erzählt Ralf Sotscheck sein Leben von der Wiege bis zur Biege*, S. 89.

Im Osten diente die Kultur weniger der Unterhaltung als vielmehr der kommunistischen Ideologie. Eine der Hauptformen des ideologischen Kampfes in der DDR der 1950er-Jahre wurde das Drama. Die Autoren schrieben nach diesem Schema: „Wohnküche, Sitzung, Sabotage, Brigade“, und ihre Texte drehten sich um die Konflikte in der entstehenden sozialistischen Gesellschaft. Im Gegensatz zum Pessimismus des westlichen Theaters herrschte im ostdeutschen Theater ein offizieller Optimismus. Das dramatische Material diente der ideologischen Arbeit und musste den Vorschriften der Partei entsprechen. Der Bühnenheld war kein rückständiger Außenseiter, sondern ein Vertreter der Avantgarde und des Fortschritts. Typische Motive waren Bauarbeiten, Revolution und das Proletariat. Der Optimismus rührte von der wahrgenommenen wirtschaftlichen Entwicklung im Osten her. Im Jahr 1958 gelang es den Behörden, die Lebensmittelrationierung mithilfe von Bezugsscheinen abzuschaffen. Die Kommunisten hatten jedoch ehrgeizigere Ziele. Das Politbüro der SED beschloss einen recht straffen Wirtschaftsplan für die kommenden Jahre. Bis Ende 1961 sollte die DDR beim Pro-Kopf-Verbrauch der wichtigsten Produkte zur Bundesrepublik aufschließen.

In Westdeutschland wurden neue Risiken in der zivilisatorischen Entwicklung zum Thema der öffentlichen Debatte. Das Land erlebte einen Boom auf diesem Gebiet, der auch zu sozialem Wandel und Veränderungen der menschlichen Gewohnheiten führte, z. B. wurde 1960 in Frankfurt am Main (eigentlich 10 Kilometer von der Stadt entfernt in Gravenbruch) das erste Autokino im amerikanischen Stil eröffnet. Die Literatur reagierte auf die Verwirrungen der technischen Neuerungen und die Unsicherheit der Abhängigkeit von modernen Materialien und neu entdeckten Stoffen. Das Wunder der Technik hatte auch seine Schattenseiten, die literarische Warnungen vor dem Fortschritt rechtfertigten. Ende der 1950er-Jahre ereignete sich mit dem Contergan-Skandal eine große Tragödie, deren Ursache ein Produkt des Pharmaunternehmens Grünenthal war. Dieses enthielt Thalidomid, ein sehr starkes Schlafmittel, das tragische Folgen für Tausende von Föten hatte. Der dunkle Traum der Literatur wurde auch der dunkle Traum der Deutschen. Das Fatum und seine Auswirkungen auf das menschliche Leben im technischen Zeitalter wurden unter anderem von Max Frisch in seinem Roman *Homo faber. Ein Bericht* (1957) beschrieben.

Fatale Lebensfehler waren ein heikles Thema, das auch andere wichtige Texte der späten 1950er-Jahre bestimmte. 1959 erschienen drei bedeutende Romane auf dem westdeutschen Buchmarkt: *Die Blechtrommel* von Günter Grass, *Mutmaßungen über Jakob* von Uwe Johnson und *Billard um halbzehn* von Heinrich Böll. Grass hatte zuvor den Preis der Gruppe 47 für einen Auszug aus seinem Roman erhalten. In seinen Büchern stellte er die deutschen Komplizen Hitlers oft wie in einem Zerrspiegel und ohne Hemmungen dar. Dieser Poetik blieb er bis an sein Lebensende treu. Als 1997 der Friedenspreis des Deutschen Buchhandels an den türkischen Schriftsteller Yaşar Kemal verliehen wurde, sagte Grass in seiner Laudatio im Zusammenhang mit dem Waffenhandel zwischen Deutschland und der Türkei: „Wir wurden und sind Mittäter."[20] Harry Rowohlt kommentierte das in *Pooh's Corner* im politischen Kontext: „[...] Peter Hinze hat sich mit seinem Kommentar zur Grass-Rede in der Paulskirche endgültig aus dem Kreis der ernstzunehmenden CDU-Generalsekretäre mit Ringen unter den Augen verabschiedet [...]."[21] Grass wurde daraufhin von anderen Schriftstellern und sogar von konservativen Politikern wie Peter Gauweiler (CSU) und Roman Herzog (CDU) verteidigt.

Auch Uwe Johnson kam in einer der Kolumnen von Harry Rowohlt vor, was aber nichts mit seiner kritischen Haltung gegenüber der Situation in Ostdeutschland zu tun hatte. In *Mutmaßungen über Jakob* zeigte er die Verhältnisse in der DDR so auf, dass der Text für die damaligen kommunistischen Behörden unannehmbar wurde. Als der Roman von einem westdeutschen Verlag angenommen wurde, gab der Autor seine DDR-Staatsbürgerschaft auf und zog nach West-Berlin. Harry Rowohlt betrachtete Johnson als einen der „deutschen Großlangweiler", war sich aber gleichzeitig seiner Popularität bewusst. In einem Brief an Ror Wolf berichtet er von einer Lesung in Rostock:

> Als ich in der Nacht vom 17. auf den 18. Juli mit meinem Partner, dem renommierten Literaturwissenschaftler Christian „Kirschan" Maintz, und Buchhändler Becker von einer Lesung in Rostock zurückkehrte, sagte Buchhändler Becker: „Ah, hier ist Cleetz (oder Kreetz oder irgendwas in der Richtung)?" „Was ist denn in Cleetz (oder Kreetz osw.)?" fragte ich. „Da ist Gesine in die Schule gegangen", sagte Buchhändler Becker, und ich sagte würdevoll: „Niemand, der einen Brief von Alfred Polgar besitzt, braucht Uwe Johnson gelesen zu haben."[22]

---

20 Sigrid Luchtenberg, *Zum Umgang mit „Störfällen" im Migrationsdiskurs*, in: Thomas Niehr/Karin Böke (Hrsg.), *Einwanderungsdiskurse. Vergleichende diskurslinguistische Studien*, Wiesbaden 2000, S. 71–92, hier S. 87.

21 Harry Rowohlt, *Eine kleine Buchmesse*, in: Harry Rowohlt, *Pooh's Corner. Meinungen eines Bären von sehr geringem Verstand. Gesammelte Werke 1997–2013*, Zürich, Berlin 2009/2015, S. 28–31, hier S. 28.

22 Harry Rowohlt, Brief an Ror Wolf (15.08.2008), in: Harry Rowohlt, *Gottes Segen und Rot Front. Nicht weggeschmissene Briefe II*, Zürich 2009, S. 207.

Polgar war ein bekannter österreichischer Literaturkritiker, der nach dem Krieg aus dem amerikanischen Exil nach Europa zurückkehrte. Harry Rowohlt hat seine Auswahl aus dem Werk des „Meisters der kleinen Form“ in dem Band *Alfred Polgar – Das große Lesebuch* (2003) zusammengestellt und präsentiert. Der erste Grund dafür war ein Brief, den er in seiner Jugend von Polgar erhielt.

Schriftsteller wie Uwe Johnson und Heinar Kipphardt mussten die DDR in den 1950er-Jahren aus politischen Gründen verlassen. Obwohl dies auf eine Verschärfung der Restriktionen in der DDR nach der Bitterfelder Konferenz hindeutete, zeigte der neue Kurs auch die Unwirksamkeit des Systems, da die Schriftsteller gleich hinter der Grenze eine Alternative finden konnten. Westdeutschland war jedoch kein Paradies auf Erden. Deutsche Schriftsteller und Regisseure haben verschiedene Pathologien des kapitalistischen Systems im Bereich der Justiz usw. erkannt.

Das erste volle Jahrzehnt der Nachkriegszeit lässt sich in zwei Perioden unterteilen: In den ersten fünf Jahren (1950–1955) war der Buchmarkt von Diskursen über verschiedene Totalitarismen geprägt. „Demgegenüber steht das zweite Jahrfünft (1955–1960) ganz im Zeichen der beginnenden Auseinandersetzung zwischen Kapitalismus und Kommunismus.“[23] Für Rowohlt war dies die Zeit, in der er seine ersten schulischen Erfahrungen sammelte.

---

23 Günter Häntzschel/Adrian Hummel/Jörg Zedler, *Deutschsprachige Buchkultur der 1950er Jahre. Deutschsprachige Literatur der 1950er Jahre. Fiktionale Literatur in Quellen, Analysen und Interpretationen*, Wiesbaden 2009, S. 40.

3. Lebenspraxis und Berufspraktikum 1961–1970

Glaubt man den von Rowohlt veröffentlichten Anekdoten, so erinnerte er sich in einer davon an eine amüsante Szene aus den Anfängen seiner Freundschaft mit Ulla, in der es seine zukünftige Frau war, die ihm einen Heiratsantrag machte, und nicht umgekehrt:

> Sie hat mir damals den Heiratsantrag gemacht. Ich lag morgens schwer verkatert in der Badewanne und sie setzte sich auf den Badewannenrand und sagte: „Willst du, daß ich mit nach Amerika komme?“ Und ich sagte: „Ja klar.“ Da sagte sie: „Ich kriege aber nur ein Visum, wenn wir verheiratet sind.“ Darauf ich: „Ich habe schon verstanden, was du damit sagen willst. Laß mich bloß zufrieden.“ Das war mein Ja-Wort.[1]

Dann erinnerte er sich an eine Geschichte aus der Zeit, als seine zukünftige Frau ihn bei Frau Helbourg (wo er zur Untermiete wohnte) besuchte. In den *Pooh's Corner*-Kolumnen selbst findet sich kein Hinweis auf Ulla Rowohlt, in Interviews und Briefen aber ist es anders, beginnend mit einer unbedeutenden Geschichte darüber, wer mit dem Hund spazieren ging: „Wenn Ulla morgens zur Arbeit ging, nahm sie Trulla mit, damit sie pinkeln konnte.“[2] Nebensächlich wird auch eine viel ältere Geschichte zitiert:

> Samstags und sonntags kam Frau Helbourg morgens in mein Zimmer, klopfte kurz an, machte aber sofort die Tür auf und servierte mir zwei Spiegeleier mit

---

1 Harry Rowohlt/Ralf Sotscheck, *In Schlucken-zwei-Spechte. Harry Rowohlt erzählt Ralf Sotscheck sein Leben von der Wiege bis zur Biege*, S. 90.

2 Ebenda, S. 26.

> Speck. Ich hatte Ulla zum ersten Mal über Nacht da, von Freitag auf Samstag, und hatte furchtbare Angst, weil ich doch wußte, Frau Helbourg kommt rein […].[3]

Die Geschichte der beiden lässt sich bis an den Anfang zurückführen, also bis zum ersten Treffen, das Rowohlt in einem der zahlreichen Interviews schilderte. Ulla lernte er in Frankfurt bei einem Ball kennen, als er Auszubildender beim Suhrkamp Verlag war.

> „Sie fiel mir auf, weil sie weit und breit die beste Tänzerin war und ich neigte damals auch zu ausschweifendem Tanzen." Sie überzeugte er damit, „dass ich als völlig abgerissener, magerer junger Mensch formvollendet die Hacken zusammenknallte und sagte: Fräulein, darf ich bitten?"[4]

Neben zahlreichen Einzelaussagen seiner Frau zu diversen kleineren Alltagsthemen veröffentlichte Rowohlt später nur noch eine ausführlichere Anekdote mit umfangreicher Handlung aus der späteren Ehezeit, in der er zeigte, dass er manchmal eifersüchtig war. Die Geschichte handelte von Wolfgang Röhl, einem Journalisten, der ab 1980 als Redakteur beim Wochenmagazin *Stern* arbeitete:

> Sehr viel später saß ich mal mit Wolfgang Röhl und Ulla während der Frankfurter Buchmesse in einer Kneipe, und Wolfgang Röhl baggerte Ulla den ganzen Abend an und sagte: „Gib mir doch mal einen Feuchten, gib mir doch mal einen Feuchten." Ich bin dann pinkeln gegangen und habe einen Pinkelstein aus dem Pißbecken mitgebracht, der schon lange in Gebrauch gewesen war, […] habe ihm den auf den Tisch gelegt und gesagt: „SO, hier haste einen Feuchten." Niemand kann mein Entzücken beschreiben, als Wolfgang Röhl, ohne hinzugucken, danke sagte und ihn sich in den Mund steckte. Es dauerte köstliche Sekunden, bis er merkte, was er da im Mund hatte.[5]

---

3 Ebenda, S. 65.

4 *Frühstück mit Harry Rowohlt*, in: https://kurier.at/stars/fruehstueck-mit-harry-rowohlt/773.299 (abgerufen am 25.06.2022).

5 Harry Rowohlt/Ralf Sotscheck, *In Schlucken-zwei-Spechte. Harry Rowohlt erzählt Ralf Sotscheck sein Leben von der Wiege bis zur Biege*, S. 87–88.

Die Anfänge seiner Beziehung zu Ulla waren in Rowohlts Bericht völlig anders. Harry Rowohlt absolvierte seine Lehre als Verlagsbuchhändler beim Suhrkamp Verlag in Frankfurt am Main ab Mitte der 1960er-Jahre und lernte dort auch seine spätere Ehefrau Ulla auf einem Ball kennen. Dann wurde Rowohlt Volontär im von seinem Halbbruder Heinrich Maria Ledig-Rowohlt geleiteten Rowohlt Verlag und reiste schließlich nach Amerika. Rowohlt beschrieb seine damaligen Liebesbeziehungen folgendermaßen:

> Damals hatten Ulla und ich uns so ein bißchen voneinander getrennt. Ulla hatte ihren Freund, und ich hatte meine Freundin. Und da ich nie einen nennenswerten Lebensstandard hatte, bin ich einfach in New York geblieben, bis das Visum abgelaufen war. Ich bin sehr ungern zurück nach Deutschland. Ich hab mir immer vorgestellt, ich könnte mich von Ulla scheiden lassen und Martha Friedberg heiraten. Auf diese Weise könnte ich amerikanischer Staatsbürger und dann berittener Polizist werden.[6]

Nach der Lehre wollte Rowohlt nicht im väterlichen Verlag arbeiten, aber auch nicht ganz aus der Branche aussteigen. Also reiste er mit seiner Frau Ulla nach Paris, um Edmond Lutrand zu besuchen. Die Kosten für den Französischkurs an der École Berlitz und eine Reise in die USA wurden vom Familienunternehmen übernommen: „Der Rowohlt Verlag hat uns als Hochzeitsgeschenk die Schiffspassage auf der ‚Bremen' gezahlt."[7] Rowohlt erinnerte sich an die damalige Stimmung auf dem Schiff wie folgt: „Lauter Deutsche und Deutsch-Amerikaner und erstaunlich viele Nazis."[8] Das junge Paar konnte auf dem Schiff mehr Gepäck mitnehmen als im Flugzeug, aber sie besaßen immer noch nichts. In New York begann Rowohlt die Arbeit als Praktikant bei Grove Press, was ihn sehr freute, „[...] weil kein Schwein in ganz New York jemals den Namen Rowohlt gehört hatten und mich fragte, ob ich etwas mit dem Rowohlt Verlag zu tun hätte"[9].

In den USA engagierte sich Harry Rowohlt für die deutsche Kultur, wobei er auf ihrer Erneuerung und Liberalisierung ganz im Geiste der Umerziehung und Verwestlichung bestand. Besonders auffallend war sein Brief vom 2. November 1969, in dem er den Radiosender WEVD in New York für sein Programm heftig kritisierte.

6 Ebenda, S. 100.
7 Ebenda, S. 94.
8 Ebenda.
9 Ebenda.

Die Station sendete nämlich deutsche Volkslieder und Harry Rowohlt charakterisierte sie als Texte, die von der Romantik „verfälscht“ wurden. Das konnte die deutsch-amerikanische Jugend abschrecken und „die primitivsten antideutschen Vorurteile“ zementieren. Rowohlt wollte darauf hinweisen, dass das moderne „Neue Deutschland“ – im Gegensatz zu dem amerikanischen Yorkville – an Konservatismus verloren hatte. Aus diesem Grund brauchte die Radiostation nicht mehr „wilhelminisch“ oder „adolfisch“ zu sein.[10] Er verglich das romantische, „Eichendorff'sche“ Element in der deutschen Kultur mit „Schwulst“. Es gebe nur zwei Möglichkeiten, so Rowohlt: Entweder man folge dem Weg des Sozialdemokraten Willy Brandt oder „man bekennt sich zum Faschismus“[11]. Seine Worte waren Teil des typischen Narrativs jener Zeit, in der jede Abweichung vom linken Schema, insbesondere konservative Positionen, als „adolfisch“ oder „faschistisch“ bezeichnet wurden.

Nach der Rückkehr aus den USA im Jahr 1971 entschied sich Rowohlt für die Karriere eines freiberuflichen Übersetzers aus dem Englischen. Die Gründe für diese Entscheidung schienen nicht nur formaler, sondern auch inhaltlicher Natur zu sein und mit der Vater-Sohn-Beziehung zusammenzuhängen: „Das erste Buch, das ich übersetzt habe, war ‚Die Grüne Wolke‘ von Alexander Sutherland Neill, dem Erfinder der antiautoritären Erziehung.“[12] In den 1970er-Jahren begann er auch als Rezitator zu arbeiten und übersetzte *Der Wind in den Weiden* (*The Wind in the Willows, 1908)* von Kenneth Grahame. A. A. Milne dramatisierte den Roman unter dem Titel *Toad of Toadhall.* Die Uraufführung fand im Jahr 1927 statt.

Der allererste Zweck der Umerziehung der Deutschen war in der Nachkriegszeit die Befreiung von den alten Autoritäten, unter denen die kompromittierte Vaterfigur die wichtigste Rolle spielte. Die Romane des irischen Schriftstellers und zugleich britischen Pädagogen Alexander Sutherland Neill vermittelten solche Geschichten, in denen die neue Generation der deutschen Jugend den Protest gegen die „schuldigen“ Väter auch im Kontext ihrer Heimat finden konnte. In Neills *The Last Man Alive* brachte Rowohlt zusätzlich den Gangsterslang ins Deutsche.

---

10 Vgl. Harry Rowohlt, Brief an die WEVD Radio Station, German Language Dept., New York (02.11.1969), in: Harry Rowohlt, *Der Kampf geht weiter! Nicht weggeschmissene Briefe I*, S. 43–45, hier S. 45.

11 Ebenda, S. 45.

12 Harry Rowohlt/Ralf Sotscheck, *In Schlucken-zwei-Spechte. Harry Rowohlt erzählt Ralf Sotscheck sein Leben von der Wiege bis zur Biege*, S. 106.

Milnes *Pu der Bär* spielte in Rowohlts Kindheit eine ähnliche Rolle, aber erst später etablierte sich Rowohlt als Interpret und versuchte, die wahre Natur der Beziehung zwischen Alan Alexander Milne und Christopher Robin Milne zu erkennen. Denn die Geschichte von Winnie the Pooh war nur auf den ersten Blick ein naives Kindermärchen. Tatsächlich enthielt Milnes Buch viele groteske und ironische Elemente, die aufgrund der doppelten Codierung des Textes nur von reiferen Lesern richtig erkannt und entschlüsselt werden konnten, was seinem Reiz für Kinder keinen Abbruch tat. Darüber hinaus musste dieses Buch im Kontext der Familie Milne gelesen werden. Rowohlt hat die *Pu der Bär*-Figur zweimal entschlüsselt – zuerst als Kind und dann noch einmal als Erwachsener.

Als Rowohlt in den 1960er-Jahren langsam erwachsen wurde, führte die DDR viele Reformen durch, um ihre Wirtschaft zu modernisieren. Das planwirtschaftliche System des ostdeutschen Staates wurde an die Erfordernisse einer Industriegesellschaft angepasst, um dem Westen standhalten zu können. In der BRD florierte der Kapitalismus, aber die Anwesenheit der Amerikaner erinnerte an den Kalten Krieg und die Gefahr aus dem Osten. Die Aufarbeitung der Vergangenheit war eine Kompensation für das Wirtschaftswunder, das zwar Wohlstand, aber auch eine gewisse Ideenlosigkeit mit sich brachte. Vor dem Bau der Berliner Mauer erzielte die ostdeutsche Propaganda keine so großen Erfolge wie danach, weil die Menschen einen unbeschränkten Zugang zu den Kinos im Westen hatten. Sie sahen lieber „sanfte, hübsche Weibchen“[13] aus dem Westen als Kämpferinnen für den Kommunismus.

Die 1960er-Jahre bedeuteten in Westdeutschland eine Abkehr von der Tradition der frühen, konservativen Nachkriegszeit. „Der erste offene Angriff von Jürgen Habermas gegen konservative Autoren wie Freyer und Gehlen im *Merkur* erschien 1960, die Fronten der 1960er Jahre (und darüber hinaus) bildeten sich aus.“[14]

Im neuen Jahrzehnt sammelte Harry Rowohlt Erfahrungen, die weit über den Horizont seines Heimatortes und der Schule hinaus reichten. Als er nach dem Abitur nach Paris reiste, wo er Edmond Lutrand, einen literarischen Agenten und zugleich anerkannten Vertreter des Rowohlt Verlags kennen lernte, spielte seine Mutter in Baden-Baden in einer neuen Fernsehreihe mit. Rowohlt kehrte auf ihren Wunsch nach Deutschland zurück. Kurz danach begann er sein Praktikum im Frankfurter

13 Anna Kaminsky, *Frauen in der DDR*, Berlin 2016, S. 208.

14 Friedrich Kießling, *Der intellektuelle Wiederbeginn nach 1945 und der Merkur*, in: *Benn-Forum. Beiträge zur literarischen Moderne 2016/2017*, Bd. 5, hg. von Joachim Dyck, Hermann Korte, Nadine Jessica Schmidt, Berlin, Boston 2017, S. 29–52, hier S. 50.

Suhrkamp Verlag. Er wohnte in einem möblierten Zimmer bei Frau Ruff. Er erinnerte sich nach Jahren an ein „ungetoastetes Toastbroat mit Erdnußbutter und dazu Nescafé“[15], das jeden Morgen serviert wurde, was zu Hause unvorstellbar gewesen wäre. Im Theaterverlag musste Rowohlt damals eingeschickte Manuskripte lesen. Die Qualität der Texte ließ leider zu wünschen übrig:

> Nullkommaacht Prozent aller tatsächlich erscheinenden Bücher stammen von eingesandten Manuskripten. Wenn man wirklich ein Buch geschrieben hat und es einem wurscht ist, ob es erscheint, sollte man es an Verlage schicken, an Lektorate. Die werden nie gelesen, weil sie Scheiße sind. Also werden sie mit Recht nicht gelesen. Da habe ich dann freundliche Voten geschrieben, was mir gar nicht leicht gefallen ist.[16]

Für seine Aktivität erfand Rowohlt den Begriff „Selbstverpflichtung“, der schon in der alten DDR funktionierte.

Als die Deutschen in die ersten Autokinos gingen, kam Marlene Dietrich in ihre Heimat. Man zeigte damals die Verfilmungen der Prosa von Karl May. Harry Rowohlt gehörte zu denjenigen, „die sich voll Abscheu an solche Imaginationskiller wie die verbrecherischen Karl-May-Verfilmungen erinnern“[17]. Die Grenze zwischen Literatur und Kino wurde fließender als je zuvor. In der Filmbranche erschienen junge deutsche Regisseure, die auch als Schriftsteller tätig waren. Zu den wichtigsten von ihnen gehörten Peter Handke, Horst Bienek, Alexander Kluge oder Herbert Achternbusch.

Ein meisterhafter Chronist der kleinbürgerlichen Existenz in der BRD der 1960er-Jahre war Martin Walser, seit 2004 einer der Rowohlt-Autoren, der früher für den Suhrkamp Verlag schrieb. 2004 fasste er einen offenen Brief an die Suhrkamp-Mitarbeiter ab, in dem er seinen Wechsel zu Rowohlt begründete. Harry Rowohlt erinnerte sich 2009 in *Pooh's Corner* an seine Praxis im Verlag, als verschiedene Autoren, unter ihnen auch Martin Walser, mit der Firma zu telefonieren versuchten. Im Vergleich zu anderen Schriftstellern zeigte Rowohlt Walser als einen sehr praktischen Menschentypus: Die Telefonanlage

15 Harry Rowohlt/Ralf Sotscheck, *In Schlucken-zwei-Spechte. Harry Rowohlt erzählt Ralf Sotscheck sein Leben von der Wiege bis zur Biege*, S. 57.

16 Ebenda, S. 66.

17 Harry Rowohlt, *Die Braut des Prinzen* von Rob Reiner, in: Harry Rowohlt, *Pooh's Corner. Meinungen eines Bären von sehr geringem Verstand. Gesammelte Werke 1989–1996*, S. 485–486.

> hatte vier Anschlüsse und beherrschte ein ‚Besetzt'-Zeichen erst, wenn auf allen vier Anschlüssen gesprochen wurde, sodass praktisch jeder Anrufer sagte: „Warum geht denn bei euch niemand ans Telefon?" Das erklärte man dann, Peter Weiss sagte, Entschuldigung, das habe er nicht gewusst, die Brecht-Erben sagten, jaja, die Technik, Martin Walser herrschte einen an, er wolle sofort zu Herrn Dr. Unseld durchgestellt werden, und Uwe Johnson kapierte wie immer gar nix.[18]

Im zweiten Teil der Trilogie *Das Einhorn* (1966) stellte Walser seinen Protagonisten Anselm Kristlein als Schriftsteller dar, der ein Sachbuch über die Liebe schrieb, als Werbetexter aber selbst nicht viel Zeit für sein Privatleben hatte. Auch hier spürte man eine Absage an den Kapitalismus der BRD. Bemerkenswert war die Reaktion der ostdeutschen Kritik auf Walsers Roman. Vor allem hat die Kristlein-Figur gefallen, weil der Hauptheld sich von seiner Kleinbürgerlichkeit innerhalb der kapitalistischen Gesellschaft zu befreien versuchte. Wie ein Kritiker schrieb, „markiere Walser die Blickrichtung nach links von jener Wegscheide aus, an der Grass nach rechts abgebogen sei"[19]. Harry Rowohlt verwendete das „Einhorn"-Motiv 2005 als Scherz im Brief an Manfred Bissinger, in dem er sich für Bissingers Einladung bedankte: „Jetzt brauche ich nur noch auf der Messe dem Rowohlt-Autor M. Walser zu sagen, daß das magentafarbene Einhorn auf dem Schutzumschlag des *Einhorn* (Entwurf Willy Fleckhaus) von *mir* ist, dann bin ich durch."[20]

In der ersten Hälfte der 1960er-Jahre fanden wichtige politische Ereignisse statt. Konrad Adenauer trat 1963 nach über vierzehnjähriger Amtszeit als Bundeskanzler zurück. Der US-amerikanische Präsident John F. Kennedy besuchte im selben Jahr West-Berlin. In seiner berühmten Rede an die Berliner am 26. Juni vor dem Rathaus in Schöneberg manifestierte er die amerikanische Solidarität mit den Bewohnern der Stadt im Satz „Ich bin ein Berliner". Der nächste wichtige Gast aus den USA war Martin Luther King. Auch sein Besuch hatte im geteilten Deutschland eine symbolische Bedeutung, weil er um die Beseitigung der zwischenmenschlichen Barrieren

---

18 Harry Rowohlt, *Selbstanzeige*, in: Harry Rowohlt, *Pooh's Corner. Meinungen eines Bären von sehr geringem Verstand. Gesammelte Werke 1997–2013*, Zürich, Berlin 2009/2015, S. 205–208, hier S. 208.

19 Irene Charlotte Streul, *Westdeutsche Literatur in der DDR. Böll, Grass, Walser und andere in der offiziellen Rezeption 1949–1985*, Stuttgart 1988, S. 90.

20 Harry Rowohlt, Brief an Manfred Bissinger (18.10.2005), in: Harry Rowohlt, *Gottes Segen und Rot Front. Nicht weggeschmissene Briefe II*, S. 59.

kämpfte. Am 13. September 1964 passierte der US-Amerikaner den berühmten Checkpoint Charlie und nahm am Gottesdienst in der ostdeutschen Sophienkirche teil. Die DDR-Presse berichtete selbstverständlich nichts über Kings Besuch und seine versöhnende Predigt.

Andererseits hatten die USA, Kings Heimatland, auch negative Emotionen in der BRD hervorgerufen. 1964 war

> ein Schlüsseljahr für die APO (Außerparlamentarische Opposition): Erstens begann 1964 mit der Eskalation des Vietnam-Konflikts […]. Zweitens ergab sich 1964 ein weiteres Objekt der späteren 68er Proteste: Notstandsgesetzgebung […]. Und drittens: […] die weitverbreitete Wahrnehmung weltanschaulich homogenisierter Parteien und entradikalisierter Gewerkschaften, die eine Leerstelle für fundamentalkritische Konzepte für Gesellschaft und politisches System hinterließen.[21]

Wie Dieter E. Zimmer 1969 in *Die Zeit* über Harry Rowohlt schrieb, der 49 Anteilprozente am Rowohlt Verlag besaß und sich in den USA aufhielt, wo er bei der Grove Press in New York Verlagserfahrungen sammelte, war seine Haltung zu der Art und Weise, wie Ledig-Rowohlt das Unternehmen führte, damals eindeutig, und Ledig -Rowohlt wusste das auch: „Sein Bruder erklärt ihm aus New York, er könne über diese Entfernung kein Vertrauen zu ihm haben; daß er und sein Bruder den Verlag je in Übereinstimmung leiten könnten, glaubt er nun endgültig nicht mehr."[22] Im selben Artikel *Frißt die Revolution ihre Verleger? – Unter- und Hintergründe einer Affäre im Hause Rowohlt*, für den Zimmer 1969 den Theodor-Wolff-Preis erhielt, zeigte der Autor die Gründe für die Krisensituation des Verlags auf, die sich aus der Kluft zwischen der traditionellen Rolle eines gewinnorientierten Unternehmens und der politischen Linie von Ledig-Rowohlt ergab:

> Das „panchaotische", von rechts bis links reichende Zickzack seines gegen Lebensende im Kommunismus dilettierenden Vaters ersetzte er durch die linksliberale Maxime: nichts Rechtes, alles von der Mitte bis ganz links. Für das ganz

21 Robert Lorenz/Franz Walter, *1964. Anfänge des tiefgreifenden gesellschaftlichen Wandels*, in: Robert Lorenz/Franz Walter (Hrsg.), *1964. Das Jahr, mit dem »68« begann*, Bielefeld 2014, S. 9–32, hier S. 24–25.

22 Dieter E. Zimmer, *Frißt die Revolution ihre Verleger? – Unter- und Hintergründe einer Affäre im Hause Rowohlt*, in: *Die Zeit*, Nr. 39, 26. September 1969, S. 16–17.

> linke Programm sorgte in den letzten Jahren Raddatz, vor allem durch seine rororo-aktuell-Reihe mit Autoren wie Amendt, Cohn-Bendit, Dutschke. Die Revolutionäre griffen den Verlag zwar immer wieder als „scheißkapitalistisches" Unternehmen an, aber gerade weil er ein intaktes kapitalistisches Unternehmen war, das ihnen maximale Verbreitungsmöglichkeiten bot, ließen sie sich mit ihm ein. Brisanter machte die Lage noch der Umstand, daß Harry Rowohlt zu den ganz Linken zu gehören scheint, zu verstehen gab, daß ihm der Verlag, wie er heute ist (in der Tat kein Republikanischer Club, sondern ein Industrieunternehmen), unerträglich sei […].[23]

Neben dem Streit um die Gegenwart ging es damals auch um die Haltung zur Vergangenheit. Aus ideologischen Gründen wurde in der DDR der intensiv geförderte Sozialismus mit dem stigmatisierten Faschismus konfrontiert, der in der offiziellen Propaganda nicht weit vom herrschenden Kapitalismus und Imperialismus im Westen entfernt war. In den 1960er-Jahren betraf das Problem der Auseinandersetzung mit der faschistischen Vergangenheit auch Westdeutschland. Diese Themen wurden in zeitgenössischen Romanen oft durch Rückblenden oder durch die Auseinandersetzung einer Generation von Kindern und Eltern dargestellt. Heinrich Böll griff dieses Thema in seinem Roman *Ansichten eines Clowns* (1963) auf, in dem er zusätzlich eine scharfe Kritik an der Institution der katholischen Kirche in einen historischen und aktuellen Kontext stellte.

Als Böll seine kritischen Texte über die Lage der katholischen Kirche in der BRD publizierte, schlug Harry Rowohlt am 14. Januar 1966 dem Rowohlt Verlag vor, eine „theologisch-wissenschaftlich zuverlässige Taschenbuchpublikation des Alten Testaments" zu veröffentlichen. Es handelte sich um die sogenannte Buber-Rosenzweigsche Fassung, die ursprünglich über 2000 Seiten hatte. Rowohlts Schwester antwortete darauf schriftlich, dass so eine Publikation wirtschaftlich nicht realisierbar sei, weil die Leser an der Taschenbuchausgabe des Alten Testaments nicht interessiert seien.[24] Wenn man diesen Vorschlag mit Rowohlts linker Weltanschauung vergleicht, ist die Situation paradox. Jede Förderung der Texte mit kritischer Einstellung zur konservativen Kirche wäre hier vernünftiger, aber die Taschenausgabe der Bibel schien ein logischer Ausdruck des linken Egalitarismus zu sein.

---

23 Ebenda, S. 16–17.

24 Vgl. Heinrich Maria Ledig-Rowohlt, Brief an Harry Rowohlt (25.01.1966), in: Harry Rowohlt, *Der Kampf geht weiter. Nicht weggeschmissene Briefe I*, S. 22.

Auch Rowohlts Bruder Heinrich reagierte mit einem langen Brief auf den Vorschlag: „[...] leider aber ist auf alle Fälle der attraktive Gedanke, die Buber-Rosenzweigsche Fassung bei uns zu publizieren, bei der durch Buber festgelegten Satzordnung und dem damit wiederum gegebenen Umfang von über 2000 Seiten wirtschaftlich einfach nicht zu realisieren“[25]. Der Bruder wies auf die erfolglosen Taschenbuchausgaben des Neuen Testaments im Fischer Verlag und in den Goldmann-Taschenbüchern hin. Ungeachtet der damaligen Motive von Harry Rowohlt gelang es ihm nach vielen Jahren, seine Idee der Popularisierung des Alten Testaments komisch umzusetzen – auf seine eigene „perverse“ Weise. Im Jahr 2000 erschien nämlich seine CD *Harry Rowohlt liest die schweinischsten Stellen aus dem Alten Testament* (Hörbuch Hamburg, Hamburg 2000), auf der Rowohlt die für das Alte Testament charakteristische Form der wortwörtlichen Bennenung der Dinge mit komisch klingenden Keuschheitsforderungen in Verbindung setzt.

Neben der Kritik an der Idee seines Bruders finden sich in Ledig-Rowohlts Brief auch Informationen über „eine etwas animierte Biographie von Väterchen“, die „rechtzeitig zum Jubiläumsjahr 1967, also zum 80. Geburtstag von Väterchen erscheinen soll“[26]. Die Fortführung der Korrespondenz (handschriftlicher Brief vom 24.03.1966) enthält Wendungen zu dem „Lieben Brüderchen“ sowie viele herzliche Worte an Harry Rowohlt, in dem er nach wie vor den Fortführer der Familienarbeit sieht: „Also schreibe ich ganz einfach ein paar brüderliche Zeilen an Dich. Ich sehe schon seit einiger Zeit voller Hoffnung auf den heranwachsenden Bruder, dem ich eines nicht zu fernen Tages die Verantwortung für das was Väterchen uns an Lebensarbeit hinterlassen hat übertragen kann.“[27] Heinrich gibt auch zu, dass ihn das Familienunternehmen so in Anspruch nimmt, dass er nicht viel Zeit für seine Geschwister hat: „ich bin [...] alles andere als ein Familientyp. [...] Schliesslich hat auch der Verlag und diese Besessenheit mit der ich ihn betreibe mir wenig Zeit für das Intimere gelassen“[28], aber er fügt gleich hinzu: „[...] ich glaube andererseits, dass Du in mir einen Bruder hast auf den Du Dich verlassen kannst“[29].

Der von Ledig-Rowohlt geleitete Verlag beteiligte sich in den 1960er-Jahren am politischen Leben und reagierte in besonderer Weise auf Freiheitseinschränkungen

25 Ebenda, S. 22.

26 Ebenda, S. 24.

27 Heinrich Maria Ledig-Rowohlt, Brief an Harry Rowohlt (24.03.1966), in: Harry Rowohlt, *Der Kampf geht weiter! Nicht weggeschmissene Briefe I*, S. 27–28, hier S. 27.

28 Ebenda, S. 28.

29 Ebenda.

auf dem ostdeutschen Buchmarkt. Eine besondere Rolle in der Verlagsgeschichte spielte die sogenannte Ballonaffäre: Im Jahr 1969 wurden gedruckte Exemplare der Erinnerungen von Jewgenija Ginsburg im Auftrag von Rowohlt über dem Gebiet der DDR abgeworfen. Es handelte sich um *Marschroute eines Lebens*, das einzige Buch der Schriftstellerin, die zuerst eine überzeugte Kommunistin gewesen war. Verfolgt vom stalinistischen System berichtete sie von ihrem tragischen Weg durch Gefängnisse in der Sowjetunion, den Archipel Gulag. Der Rowohlt Verlag belieferte das Bonner Verteidigungsministerium mit insgesamt 50.000 Sonderanfertigungen dieser antistalinistischen Memoiren. Sie wurden von Spezialisten der Bundeswehr in die DDR geschickt – meistens per Luftballon.

Dafür war Ledig-Rowohlts Mitarbeiter Fritz J. Raddatz (von 1960 bis 1969 stellvertretender Leiter des Rowohlt Verlages) verantwortlich, der im Unterschied zu Ernst Rowohlt fast ausschließlich Texte von der Mitte bis ganz links und nichts Rechtes publizierte. Trotzdem blieb der Verlag für den ganz Linken Harry Rowohlt unerträglich. Raddatz arbeitete gut mit Ledig zusammen. Im Jahr 2015 beschrieb er die Rolle des unehelichen Sohnes von Ernst Rowohlt für das Familienunternehmen, insbesondere in der schwierigsten Zeit unter Hitlers Herrschaft: „Nachdem Ernst Rowohlt 1938 aus der Reichskulturkammer ausgeschlossen worden war, was einem Berufsverbot gleichkam, leitete Ledig in der Nazizeit dann allerdings – *implant publisher* heißt so etwas heute – den Rumpf-Verlag unter dem schützenden Dach der Deutschen Verlags-Anstalt in Stuttgart.“[30]

Die spätere Linie des Verlags, die sich aus der Haltung von Ernst Rowohlt zur Politik des Ledig-Raddatz-Duos entwickelte, führte dazu, dass der Rowohlt Verlag 1966 dem Bundesverteidigungsministerium über eine westdeutsche Buchhandlung 10.000 Exemplare des rororo Taschenbuchs *Strategie des Guerilla-Kriegs* von Mao Tse-tung lieferte, aber gleichzeitig auch solche Initiativen wie die mit Ginsburgs Buch förderte.

Die Kritik an der Gegenwart wurde in den 1960er-Jahren häufig mit einer Aufarbeitung der nationalsozialistischen Vergangenheit verbunden. Siegfried Lenz wählte für seinen Roman *Die Deutschstunde* (1968) die westpreußische Vorkriegsprovinz, um auf dieser Grundlage die aktuelle Lage in Deutschland zu diagnostizieren.

---

30 *Fritz J. Raddatz, Jahre mit Ledig: Eine Erinnerung*, Reinbek bei Hamburg 2015, S. 15.

Lenz war damals oft zu Gast in der Gruppe 47. „Seit Anfang der 1960er Jahre engagierte sich Lenz zunehmend politisch.“[31] Die Selbstkreation erleichterte ihm die weitere Vermittlung seiner Ideen, weil Lenz’ Stimme von manchen Kritikern hochgeschätzt und als klar und sympathisch charakterisiert wurde. Harry Rowohlt erinnerte sich im Brief an Siegfried Lenz (2006) an eine Mitternachtsendung, nach der er vor vielen Jahren in Köln beim WDR mit einem Toningenieur sprach. Er bekam von ihm einen kurzen Text von Lenz, in dem das Wort „Dreibastigkeiten“ stand. Der Ingenieur bat, dass Rowohlt das Wort im ostpreußischen Dialekt vorlesen sollte, weil „man erraten soll, daß es von Siegfried Lenz ist […]“[32]. Am nächsten Tag erzählte Rowohlt überall herum: „‚[…] Wieder spät geworden gestern nacht. Vier Stunden im WDR, und dann nicht einen Text von Siegfried Lenz gelesen.‘“[33] Lenz wurde von Rowohlt hochgeschätzt und seine Frau bewunderte Rowohlts Übersetzungskunst, wovon Lenz im Brief an Rowohlt am 2. Februar 1998 schrieb.[34]

Die 1960er-Jahre waren ein kunstdramatisches Jahrzehnt in der BRD. Politische, dokumentarische und historische Stücke zeigten die Stagnation der damaligen westdeutschen Gesellschaft und waren Ausdruck des Engagements der Künstler in politischen und gesellschaftlichen Diskursen. Martin Walser nahm 1964/65 als Beobachter am Frankfurter Auschwitzprozess teil. Dann schrieb er das Stück *Der schwarze Schwan* (1964), das deutlich an Shakespeares *Hamlet* erinnerte. „Dazu hat er 1965 den Essay *Hamlet als Autor* geschrieben, der die Bedeutung des Hamletsyndroms für sein Stück und die Nachkriegsgeneration reflektiert. Denn in der Tat erweist sich Hamlet insgeheim als der Autor des Dramas und als Identifikationsmodell für die Generation der Söhne.“[35]

Als ein Beispiel des Bewältigungsdramas galt das Stück *Der Stellvertreter. Ein christliches Trauerspiel* (1963) von Rolf Hochhuth, damals eine Theatersensation in Berlin. Die Kritik an Pius XII. ergab sich aus der Logik des Kalten Krieges. Der Papst

---

31 Hans-Ulrich Wagner, *Über den „Sitzplatz eines Autors“. Inszenierung von Autorschaft und Werk als Medienereignis bei Siegfried Lenz*, in: Christine Künzel/Jörg Schönert (Hrsg.), *Autorinszenierungen, Autorschaft und literarisches Werk im Kontext der Medien*, Würzburg 2007, S. 111–128, S. 125.

32 Harry Rowohlt, Brief an Siegfried Lenz (20.03.2006), in: Harry Rowohlt, *Gottes Segen und Rot Front. Nicht weggeschmissene Briefe II*, S. 89–90, hier S. 90.

33 Ebenda, S. 90.

34 Vgl. Siegfried Lenz, Brief an Harry Rowohlt (02.02.1998), in: Harry Rowohlt, *Der Kampf geht weiter! Nicht weggeschmissene Briefe I*, S. 260.

35 Franz Loquai, *Hamlet und Deutschland. Zur literarischen Shakespeare-Rezeption im 20. Jahrhundert*, Stuttgart 1993, S. 167–168.

war für die Linke eine sichtbare Emanation des vatikanischen Antikommunismus und aus diesem Grund ein Objekt ideologischer Angriffe.

Hochhuths Stück *Der Stellvertreter* wurde von Harry Rowohlt in seinen Gesprächen mit Ralf Sotscheck *In Schlucken-zwei-Spechte* erwähnt. Eben von ihm sollte der Dramatiker in der BRD entdeckt und popularisiert werden. Als der Text Rowohlts Mutter zugeschickt wurde, waren beide der gleichen Meinung, dass dieses Stück inszeniert werden sollte, „sonst wäre Hochhuth weithin unbekannt geblieben und hätte auch nicht den Kasseler Preis zur Pflege der deutschen Sprache, dotiert mit sechzigtausend Mark, bekommen“[36].

Bei der Geschichte über Hochhuth ging es nicht nur um seine Kritik an Pius XII. aus einer linkspolitischen Position. Ende der 1960er-Jahre engagierte sich Harry Rowohlt auch für Alexander Issajewitsch Solschenizyn. Es ging um Hochhuths Offenen Brief an Nikolai Wiktorowitsch Podgorny wegen Solschenizyn.

In einem Brief vom 05.07.1968 an den Verleger Giangiacomo Feltrinelli fand Rowohlt Hochhuths Brief unvernünftig, völlig unpolitisch, idyllisch, und doch sollte er an Sartre, Böll, Arthur Miller, Georg Lukács, „den Leninpreisträger Niemöller“, Bertrand Russell und andere geschickt werden. Die Auswahl der Adressaten war nicht willkürlich und ließ auf die politischen Sympathien der Initiatoren schließen.[37] Es gibt auch eine Anekdote aus *Pooh's Corner*, die mit Hochhuth verbunden ist. Rowohlt erzählte davon in dem Essay *Wenn ich nicht so ekelhaft bescheiden wäre* im Zusammenhang mit dem Erbe seines Vaters:

> Auf dem Rowohlt-Empfang spuckt mir Rolf Hochhuth, indem er mich fragt, warum ich nicht die Leitung des Rowohlt Verlags übernommen habe, ziemlich viel Geflügelspieß auf den Bauch. Ich sage, was ich immer sage, und ich sage es, weil Rolf Hochhuth, wie jeder anständige Vordenker, nicht zuhört, zwei Mal: „Nur Minderbegabte und Schwervermittelbare müssen den väterlichen Laden übernehmen, und ich komme auch so ganz gut zurecht, danke schön“, und weil er sowieso nicht zuhört, füge ich mit meiner ganzen geballten Bescheidenheit hinzu: „Werden Sie erst mal son Idol wie ich; dann sprechen wir uns wieder.“[38]

---

36 Harry Rowohlt/Ralf Sotscheck, *In Schlucken-zwei-Spechte. Harry Rowohlt erzählt Ralf Sotscheck sein Leben von der Wiege bis zur Biege*, S. 67.

37 Harry Rowohlt, Brief an Giangiacomo Feltrinelli (05.07.1968), in: Harry Rowohlt, *Der Kampf geht weiter! Nicht weggeschmissene Briefe I*, S. 42.

38 Harry Rowohlt, *Wenn ich nicht so ekelhaft bescheiden wäre*, in: Harry Rowohlt, *Pooh's Corner. Meinungen eines Bären von sehr geringem Verstand. Gesammelte Werke 1997–2013*, S. 168–176, hier S. 169–170.

Die Stimmung in Deutschland war in den 1960er-Jahren durch den Vietnamkrieg und die Studentenbewegung revolutionär. Harry Rowohlt legte sein Abitur kurz vor der Zeit der APO-Aktivitäten ab. Unter seinen Lehrern waren Linksliberale, darunter der Schulleiter Herr Brühl, der Geschichte und Sozialwissenschaften unterrichtete, aber es war keine gute Zeit für Linke im Schulsystem. Rowohlt fand die Zeit sogar „grimmig": „Diese wild gewordenen Schüler haben nämlich unseren wunderbaren Schulleiter Herrn Brühl mehr oder weniger in den Tod getrieben."[39] Rowohlt sollte auf Wunsch von Brühl an der Schülervertretung teilnehmen, weil der Lehrer „ein bißchen Opposition" spüren wollte. Rowohlts Diagnose bestätigte seine These von einer „grimmigen" Zeit für die Linke in der Schule: „Ich war zwar nicht mehr dabei, aber ich kann mir vorstellen, wie unangenehm das war, denn es hat ja besonders die Linken erwischt. Das hat man ja bei den Scheißstudenten gesehen. Die haben sich eigentlich mehr gegen Linke gewandt als gegen Leute, die die Polizei geholt hätten."[40]

1964 fand im ostdeutschen Land des realen Sozialismus die Zweite Bitterfelder Konferenz statt. Damals wies ein Brief der Eilenburger Brigade auf die wichtige Rolle des Fernsehens im neuen sozialistischen Jahrzehnt der DDR hin. Auch die Kinder- und Jugendliteratur als Element der Bildung gewann an Bedeutung. Im Osten wurden marxistische Tendenzen in der Kunst vom Staat weitgehend unterstützt und gefördert. Das 11. Plenum des Zentralkomitees der SED kritisierte 1965 die ideologischen Grausamkeiten in Theaterstücken, Büchern und Filmen, die nicht mit der Parteilinie übereinstimmten und von denen viele jahrelang in den Archiven verschwinden mussten. Die Verbote veranlassten die betroffenen Künstler, ins Ausland oder nach Westdeutschland zu emigrieren. Das Ende der 1960er-Jahre war auch eine sehr turbulente Zeit im politischen Leben der BRD. Demonstrationen gegen den Vietnamkrieg und gegen die Notstandsgesetze wurden innerhalb der Studentenbewegung unter anderem von Rudi Dutschke organisiert, der kurz vor dem Mauerbau nach West-Berlin gezogen war. Im April 1968 wurde er von einem rechtsextremen Arbeiter schwer verletzt. Auf beiden Seiten der deutsch-deutschen Grenze war Ende der 1960er-Jahre viel los: Während im Osten die Abrechnung mit dem Krieg im Gange war, führten im Westen politisierte Menschen ihre Auseinandersetzung mit Kapitalismus und Staatsmacht.

---

39 Harry Rowohlt/Ralf Sotscheck, *In Schlucken-zwei-Spechte. Harry Rowohlt erzählt Ralf Sotscheck sein Leben von der Wiege bis zur Biege*, S. 48.

40 Ebenda, S. 49.

Im Jahr 1968 verfilmte Egon Günther den autobiografischen Entwicklungsroman des ehemaligen Kulturministers der DDR Johannes R. Becher *Abschied*, der 1940 zum ersten Mal in Moskau veröffentlicht wurde und von einem jungen Mann erzählte, der im Jahr 1914 der Mobilmachung entgehen wollte. Harry Rowohlt schrieb über Becher nur einmal im ironischen Text *Atropin und weiße Rosen* in *Pooh's Corner*, als er von seinem Aufenthalt in Wien im Rahmen einer Musil-Veranstaltungsreihe erzählte. Er zitierte Bechers Gedichte über Stalin, „du Welt im Licht" und seine Lieblingsstelle „in einer Ode von Johannes R.; da wird beschrieben, dass Stalin wie der liebe Gott durch die ganze Welt stapft und sich in alle Herzen fräst. Dann endet irgendeine Zeile auf *-iel*, ich denke noch, na, da wird jetzt schwer werden mit dem Reim, und da kommt er schon: ‚… und der Student von Kiel'."[41]

In Westdeutschland konnte ein solches Kinomodell wie Günthers Film nicht auf Popularität hoffen, aber es war leicht, die kommunistische Ideologie durch Formen liberalen, libertären Denkens zu ersetzen, das die Gleichberechtigung von Minderheiten aller Art förderte und sich paradoxerweise letztlich gegen den modernen Kapitalismus wandte, der sie ermöglichte. Zum Vergleich kann man auf das Schicksal des westdeutschen Films *Katzelmacher* (1969) unter der Regie von Rainer Werner Fassbinder und nach seinem eigenen Stück aus dem Jahr 1968 hinweisen. Diese Geschichte war in gewissem Sinne aufrührerisch und für viele anstößig, aber das Motiv der großen Gewalt im Krieg wurde durch eine Gruppengewalt ersetzt. Fassbinders Geschichte von Gewalt und Begehren war damals ein Besuchererfolg, der von der gewandten Regie und dem sittlichen Wandel der 1960er-Jahre abhängig war. Sowohl das Stück als auch seine Verfilmung konnten als ein intimes Bekenntnis zur Andersartigkeit des Regisseurs gelten, aber Fassbinders Werk war vor allem ein Ausdruck der weiteren Amerikanisierung und Liberalisierung des Lebens im ausgehenden Jahrzehnt, die kulturelle und politische Umwandlungen stimulierten. Dieser Prozess kann wie folgt beschrieben werden:

> Unter Bezugnahme auf Modelle aus den Vereinigten Staaten von Amerika entstehen in Westeuropa Interessengemeinschaften von Jugendlichen, Frauen und Homosexuellen, und bald darauf setzen sich ihre ersten nationalen Koordinationsnetze als Ausdruck erweiterter Selbstwahrnehmung und eines Anspruchs

---

41 Harry Rowohlt, *Atropin und weiße Rosen*, in: Harry Rowohlt, *Pooh's Corner. Meinungen eines Bären von sehr geringem Verstand. Gesammelte Werke 1989–1996*, S. 156–163, hier S. 157–158.

> auf Mitgestaltung der Gesellschaft nach minoritätenspezifischen Bedürfnissen und Vorstellungen durch.[42]

Es handelte sich damals nicht nur um Fassbinder, sondern auch um seine Familie. Harry Rowohlt schrieb im Jahre 1992 in *Pooh's Corner* über Klara Marie Fassbinder, die Schwester von Franz Jakob Fassbinder, dem Großvater des Filmemachers, als er eine Geschichte über die „sanft kryptokommunistische" Deutsche Friedensunion (DFU) erzählte. In seinen Augen war das eine

> [...] knickrig vom Osten bezahlte, völlig unschädliche kleine Partei, die hoffte, dermaleinst zum Sammelbecken aller linken, fortschrittlichen Kräfte zu werden, was sie, ohne es zu wissen, bereits war, denn mehr war nicht drin. Bei Wahlen bekam sie zuverlässig 0,8 bis 1,2 Prozent, und hätte sie nur 50 Prozent mehr gekriegt, wäre Klara Maria Fassbinder Bundeskanzlerin geworden, und wir hätten den ganzen Ärger mit den Ossis nicht.[43]

Berühmtheit erlangte Fassbinders Urgroßmutter 1967, als der damalige Bundespräsident Lübke den Orden ablehnte, mit dem Frankreich sie auszeichnen wollte. Sie wurde zu einer Ikone der Studentenbewegung von 1968, weil sie auch Gegnerin des Vietnamkriegs war und trotz ihres Katholizismus als Kommunistin galt. In den Augen der Demonstranten war sie ein Opfer des westlichen Kapitalismus.[44] Klara Maria Fassbinder reiste mehrmals in die Sowjetunion und zeigte eine große Naivität gegenüber diesem angeblich „menschenfreundlichen" Staat, in dem sie sogar eine Nähe zwischen Kommunismus und Katholizismus entdeckte:

> Und beim sowjetischen Menschen, der schließlich auch durch das System geformt ist, habe ich so viel an Wertvollem und Liebenswertem gefunden, daß ich

---

42 Camine Chiellino, *Am Ufer der Fremde. Literatur und Arbeitsmigration 1870–1991*, Stuttgart, Weimar 1995, S. 240.

43 Harry Rowohlt, *Alles wächst irgendwie zu und nach*, in: Harry Rowohlt, *Pooh's Corner. Meinungen eines Bären von sehr geringem Verstand. Gesammelte Werke 1989–1996*, S. 141–144, hier S. 142.

44 Annette Kuhn, *Wie gefährlich ist die Didaktik der Geschichte? Der Fall Klara Marie Fassbinder*, in: Jan P. Bauer/Andreas Körber/Johannes Meyer-Hamme (Hrsg.), *Geschichtslernen – Innovationen und Reflexionen: Geschichtsdidaktik im Spannungsfeld von theoretischen Zuspitzungen, empirischen Erkundungen, normativen Überlegungen und pragmatischen Wendungen. Festschrift für Bodo von Borries*, Kenzingen 2008, S. 463–476, hier S. 476.

> wohl das Gleichnis aus dem Evangelium anwenden kann von dem Vater, der zwei Söhne hat und ihnen etwas befiehlt. Der ältere sagt „ja, ja", und tut es nicht. Der jüngere sagt „nein, nein", und tut es.[45]

Trotz dieser Familientradition konnte Rainer Werner Fassbinder nicht eindeutig als Vertreter der politischen Linken gesehen werden, weil er oft linksliberal dachte und manchmal sogar eine Gegenposition zu den Linken einnahm. „Die politische Linke, der Fassbinder sich selbst zurechnete, deren optimistische Umgestaltungsvisionen er aber nicht teilte, kritisierte seine fehlende politische Linientreue."[46]

Linke und anarchistische Trends in der Kultur haben die Einstellung gegenüber dem Kommunismus und einigen kommunistischen Aktivisten verändert und sie zu Ikonen der Popkultur gemacht. Mao Tse-tung ließ in China während der sogenannten Kulturrevolution Hunderttausende von Systemfeinden hinrichten und war dennoch ein Idol der Oppositionsbewegungen im Westen. Auch bei Harry Rowohlt kann man von einer gewissen permanenten Neigung zu linken und sogar kommunistischen Ansichten sprechen. Von 1965 bis 1968 absolvierte Harry Rowohlt seine Ausbildung im Suhrkamp Verlag in Frankfurt am Main und arbeitete in allen Abteilungen des Verlags. In dieser Zeit schrieb er nach seinem Aufenthalt in der DDR am 23.06.1966 einen Brief an den Produzenten Marcel Faust. Rowohlt beklagte sich über das Schicksal von Wolf Biermann, dem es „wegen alter Genossen" schlechter denn je gehe. Das Schreiben enthält jedoch auch zahlreiche Hinweise auf die oben erwähnte Neigung: „Die Lage ist, wir alle wissens, so: Die DDR muß den Druck, der von außen auf sie ausgeübt wird, mit Druck beantworten – nach außen."[47] Rowohlt wendet sich darin auch an „die westdeutschen Fortschrittlichen": „Macht ihr das erstmal nach, in diesem abgeteilten Naziland so unblutig einen derart florierenden Sozialismus [wie in der DDR – T. M.] aufzubauen […]"[48] und fantasierte über eine „befreundete Bruderpartei" kommunistischer Herkunft.

---

45 Klara-Marie Fassbinder, *Zwischen Katholizismus und Kommunismus. Zu Paul Claudels 100. Geburtstag*, in: *Die Zeit*, Nr. 31/1968, in: https://www.zeit.de/1968/31/zwischen-katholizismus-und-kommunismus/komplettansicht (Zugriff am 20.02.2020).

46 Rüdiger Graf, *„das hinterhältigste und wirksamste Instrument gesellschaftlicher Unterdrückung". Gemeinschaft und Gesellschaft in Rainer Werner Fassbinders „Angst essen Seele auf"*, in: Martin Baumeister, Moritz Föllmer, Philipp Müller (Hrsg.), *Die Kunst der Geschichte: Historiographie, Ästhetik, Erzählung*, Göttingen 2009, S. 373–392, hier S. 375.

47 Harry Rowohlt, Brief an Marcel Faust (23.06.1966), in: Harry Rowohlt, *Der Kampf geht weiter! Nicht weggeschmissene Briefe I*, S. 37–39, hier S. 37.

48 Ebenda, S. 38.

In dem Brief an Faust wies Rowohlt darauf hin, dass Biermann seinen Beruf in der DDR praktisch nicht ausüben konnte: „Biermann wird ständig von zwei SED-Lackeln beschattet, eine Inhaftierung ist jederzeit möglich, &, was eben das Schlimmste ist, er darf weder veröffentlichen noch schreiben, obwohl das mal jemand Bekanntes aus der DDR in Westdeutschland frech behauptet hat oder behaupten mußte."[49] Rowohlt beschloss, Hilfe bei „einem ganz fest umrissenen Kreis von Persönlichkeiten" zu suchen und hatte sich eben in dieser Angelegenheit an Faust gewandt. Seiner Meinung nach gäbe es in der BRD keine Institution wie eine echte „Bruderpartei" der SED, die bedenkenlos in Ostdeutschland eingreifen könnte. Natürlich bedeutete Rowohlts kritische Haltung gegenüber den Institutionen und ihren Entscheidungen in der DDR keine Negation der allgemeinen Ideen, die damals von der kommunistischen Linken in der BRD gefördert wurden, deshalb sollte es nicht überraschen, dass Rowohlt schon mit fünfzehn Jahren Kommunist wurde. Seitdem bekannte er sich mehrfach zum Kommunismus. In einem Interview *Die Scham ist weg* (2009) für das Stadtmagazin *SZENE* Hamburg sagte er, er habe sich „nach Jahrzehnten wieder selbst als Kommunisten bezeichnet"[50]. In einer bestimmten Liste bekannter Persönlichkeiten wurde er als „Harry Rowohlt, Kommunist" dargestellt, was ihn immer sehr erfreute. Willi Winkler erzählte einmal die folgende Geschichte:

> Ernst Rowohlt habe einmal ihn, den Röhl [Klaus Rainer Röhl – T. M.], sowie Peter Rühmkorf, den anderen Mitbegründer von *konkret*, zu sich gerufen und gesagt: „Passt ein bisschen auf meinen Jungen auf, dass er sein Abitur macht und ein guter Kommunist wird." Ist er einer geworden? Eher doch Bakunin, oder noch lieber ein Fürst Kropotkin […].[51]

Die Umerziehung des alten Ernst Rowohlt ging sehr weit, und eine der Folgen davon war, dass sein Sohn den Liberalismus der Umerziehungszeit in seinen „Harryrowohltschen" Kommunismus umwandelte. Der Ausgangspunkt von Liberalismus und Anarchismus sollte im gleichen Prinzip gesucht werden: Jeder Mensch ist der Souverän über sich selbst. Die Übertragung dieser Formel auf sozialistische Häfen

---

49 Ebenda, S. 38.

50 Harry Rowohlt, *Die Scham ist weg*, in: Harry Rowohlt, *Pooh's Corner. Meinungen eines Bären von sehr geringem Verstand. Gesammelte Werke 1997–2009*, Zürich 2010, S. 250–263, hier S. 251, 252.

51 Willi Winkler, *Der Fürst von Eppendorf*, in: *Der Große Bär und seine Gestirne. Freunde und Weggefährten grüßen, dichten und malen zum 60. Geburtstag von Harry Rowohlt*, S. 264.

war Wunschdenken von Idealisten im Zeitalter der Verwestlichung der BRD, die sich voll und ganz auf die neugewonnene Freiheit stützten.

Im Jahr 1968 waren Harry Rowohlts Verpflichtungen des Lehrlings im Suhrkamp-Insel-Verlag vorbei. Auch sein Vertriebspraktikum in der Druckerei „Clausen und Bosse" in Leck in Nordfriesland wurde von ihm erfolgreich absolviert. Er erinnerte sich an diese Zeit mit positivem Sentiment: „Ich fühlte mich wie in Dodge City. Leck war früher eine Cowtown. Da wurden Rinder aus Dänemark auf dem Weg zum Schlachthof durchgetrieben, weshalb es dort mehr Kneipen als Häuser gab. Manchmal gab es in einem Haus sogar zwei Kneipen."[52] In den Texten von Harry Rowohlt gibt es eine ganze Reihe solcher Erinnerungen aus verschiedenen Städten und einige von ihnen kumulierten weltanschauliche Themen in Abhängigkeit von der Positionierung der Stadt auf der politischen Landkarte Europas. Zum Beispiel waren Rowohlts Erinnerungen an Berlin charakteristisch auch wegen seines Linksseins: „Ostberlin war damals für mich eine Insel der Seligen, und wenn ich nicht sowieso Kommunist gewesen wäre, wäre ich es auf der Stelle geworden."[53]

52 Harry Rowohlt/Ralf Sotscheck, *In Schlucken-zwei-Spechte. Harry Rowohlt erzählt Ralf Sotscheck sein Leben von der Wiege bis zur Biege*, S. 12.

53 Ebenda, S. 72.

4. Aufgabe des Übersetzers

1971–1980

In den 1970er-Jahren setzte die DDR neue Akzente im Leben ihrer Bürger. Es wurde wichtiger, nicht mehr nur die Industrie zu fördern, sondern auch den Dienstleistungssektor auszubauen. In Westdeutschland herrschte zu dieser Zeit Stagnation, aber es gab auch Tendenzen zur Erneuerung: „Das wichtigste Ereignis der 1970er Jahre in der westdeutschen Literatur, zumindest in der damaligen öffentlichen Wahrnehmung, war zweifellos das rasche Ende der Rede vom Tod der Literatur."[1]

Die Turbulenzen in der Politik resultierten in den ausgehenden 1960er-Jahren nicht nur aus der sowjetischen Expansion nach Osteuropa, sondern auch aus der Aktivität der vom Ostblock heimlich unterstützten terroristischen Gruppen in Westdeutschland. Als im Mai 1970 die Journalistin Ulrike Meinhof dem Terroristen Andreas Baader bei der Flucht aus dem Gefängnis half, gefährdeten die „Stadtguerillas" der Roten Armee Fraktion (RAF) die ganze BRD. Baader hatte wegen der Kaufhaus-Brandstiftung im Jahr 1968 im Gefängnis gesessen und wurde von vielen als mediale Figur behandelt:

> Baader versteht es, eine Kunstfigur aus sich zu machen. Es ist unmöglich zu unterscheiden, was bei ihm „echt und was gespielt" ist. Seine Auftritte haben Showcharakter, sein Markenzeichen ist schon früh die Sonnenbrille, die er sowohl beim Kaufhausbrandprozess 1968 als auch bei seiner Festnahme in Frankfurt 1972 trägt.[2]

---

1 Stuart Parkes, *Writers and Politics in Germany 1945–2008*, New York 2009, S. 90. Übersetzt von Tomasz Małyszek.

2 Alexandra Tacke, *Bilder von Baader. Leander Scholz „Rosenfest" & Christopher Roth „Baader"*, in: Inge Stephan/Alexandra Tacke (Hrsg.), *NachBilder der RAF*, Köln, Weimar, Wien 2008, S. 63–87, hier S. 69.

Ulrike Meinhof verglich ihn einst mit Che Guevara, andere Leute entdeckten in ihm eine Ähnlichkeit mit rebellischen Jugendidolen aus Hollywood wie Marlon Brando. Der Staatsfeind Baader wurde der wichtigste Teil des Pop-Mythos RAF.

Einige Mitglieder der RAF überfielen im Jahr 1970 zeitgleich drei Banken in Berlin. Meinhof verfasste die Schrift *Das Konzept Stadtguerilla* (1971), in der sie den Kampf der Terroristen gegen den Staat rechtfertigte.

Die Situation schien auch an der deutsch-deutschen Grenze immer angespannter zu werden, weil die DDR-Grenztruppen im Todesstreifen neue Sperranlagen aus Stacheldraht legten, Selbstschussanlagen montierten und Minen vergruben.

Im Osten schlug die politische Führung eine unerwartete Volte. Am 3. Mai 1971 trat Walter Ulbricht offiziell von seinem Amt als Erster Sekretär der SED zurück. Sein Nachfolger Erich Honecker veranlasste eine gravierende Änderung der Sozialpolitik. Er wollte eine Hebung des Lebensstandards der Ostdeutschen, um z. B. Stromabschaltungen wie im harten Winter 1970/1971 zu vermeiden. Dank dem Vertrag über die Grundlagen der Beziehungen zwischen der Bundesrepublik Deutschland und der Deutschen Demokratischen Republik (1972) fand die DDR schließlich eine breitere internationale Anerkennung.

Man spürte die Folgen der Re-Education innerhalb des Kulturbereichs im bereits genannten Brief von Harry Rowohlt vom 24.09.1974 an Dan McCall, einen amerikanischen Autor, dessen Text *Jack der Bär* Rowohlt übersetzte.

Übrigens lebten einige deutsche Autoren und Regisseure zu dieser Zeit lange in Amerika. Der Filmemacher Wim Wenders war acht Jahre in den USA, von den 1970ern bis Mitte der 1980er-Jahre. In den 1970er-Jahren begann seine Zusammenarbeit mit dem österreichischen Schriftsteller Peter Handke. Wenders verfilmte seinen Roman *Die Angst des Tormanns beim Elfmeter* (1971), und Handke schrieb das Drehbuch zu diesem Film. Als Handke später begann, Theater gegen den Mainstream zu machen, wurde er von manchen Kritikern für einen konservativen Autor gehalten. Das Schicksal führte Handke und Rowohlt einige Jahrzehnte später kurz zusammen. Harry Rowohlt äußerte sich damals als Mitglied des Stiftungsrates der Jury des Kasseler Literaturpreises für grotesken Humor zu verschiedenen Komplikationen bei der Nominierung von Kandidaten für den Preis. Zu dieser Zeit war Handke wegen seiner pro-serbischen Haltung in einen Skandal verwickelt. Im Jahr 2006 hielt er eine Rede bei der Beerdigung des ehemaligen serbischen Staatschefs Slobodan Milošević, der wegen Kriegsverbrechen und Völkermordes angeklagt war. Rowohlt, ein Meister der Abschweifung, hat die beiden Stränge zu einem zusammengefügt und sich seine offizielle Erklärung ausgedacht:

> Was Literatur betrifft, so sehe ich mich bestenfalls als Endverbraucher, weshalb ich für den Preis gar nicht in Frage komme, und was Handke trifft, so war das Letzte, was ich von ihm gelesen, genauer gesagt: korrekturgelesen habe [...], die *Publikumsbeschimpfung*, und die fand ich so unerheblich, dass ich seitdem nichts mehr von dem nachmaligen Tschuschenknutscher aufgeschlagen habe. Ich stehe allerdings im Gegensatz zu Handke nicht auf Milošević, sondern auf Lukaschenko.[3]

Rowohlt meinte „ein reines Sprechstück" aus dem Jahre 1966, das am Ende tatsächlich in eine Beschimpfung des Publikums übergeht.

Im Jahr 1971 wurde Harry Rowohlt freiberuflicher Übersetzer aus dem Englischen. Er traf diese Entscheidung nach der Rückkehr aus den Vereinigten Staaten und nach dem Erfolg seiner Übersetzung des Romans von Alexander Sutherland Neill *Die grüne Wolke*. Rowohlt begann Neills Buch schon in Frankfurt zu übersetzen, aber das brachte ihm nicht viel Geld, deshalb arbeitete er gleichzeitig als Werbetexter in Düsseldorf in der Filiale der Agentur GGK (Gerstner, Gredinger & Kutter), wo er unter anderem Texte für die Kampagnen „Mehr erleben in der Welt des Peter Stuyvesant" und „Ich trinke Jägermeister, weil ..."[4] schrieb. Er verdiente „für seine Verhältnisse" viel Geld, deshalb beschloss er ein eigenes Bankkonto zu eröffnen. In der Bank reagierte man auf sein Aussehen mit einer gewissen Scheu: „Also bin ich in Frankfurt-Bornheim über die Straße in die dortige Filiale der Frankfurter Sparkasse von 1822 gegangen. Die haben hinter mir das Scherengitter heruntergelassen, weil sie dachten, ich wäre die Baader-Meinhof-Bande."[5] Das RAF-Motiv wurde von ihm auch in einer anderen Anekdote verwendet:

> Meine Mutter stürzte sich immer auf alle möglichen Gäste, von denen sie annahm, sie hätten Einfluß auf mich, und sagte: „Sie haben doch Einfluß auf Harry. Er muß das rückgängig machen." Peter Homann, der, glaube ich, ein bißchen im RAF-Sympathisantenumfeld war, wurde von meiner Mutter sogar bis aufs Männerklo verfolgt. Sie sagte zu ihm, obwohl ich Homann kaum kannte: „Sie haben doch Einfluß auf Harry. Er muß das rückgängig machen."

---

3 Harry Rowohlt, *Ach, Jochen*, in: Harry Rowohlt, *Pooh's Corner. Meinungen eines Bären von sehr geringem Verstand. Gesammelte Werke 1997–2009*, S. 87–90, hier S. 88–89.

4 Harry Rowohlt/Ralf Sotscheck, *In Schlucken-zwei-Spechte. Harry Rowohlt erzählt Ralf Sotscheck sein Leben von der Wiege bis zur Biege*, S. 109.

5 Ebenda, S. 109.

> Da hat er sie im Männerklo eingeschlossen, und damit war erstmal eine Zeitlang Ruhe.[6]

Rowohlts Übersetzung von Kenneth Grahames Tiermärchen *Der Wind in den Weiden* wurde 1973 veröffentlicht. Rowohlts Interesse an dem Text hing mit der Mehrfachadressierung und weiten Parallelen zwischen den Familien Rowohlt und Grahame zusammen. Susanne Becker lenkt die Aufmerksamkeit vor allem auf zwei Aspekte der Vater-Sohn-Beziehung in der Familie Grahame: „Seinen Ursprung hat *Wind in den Weiden* in Geschichten, die Grahame seinem Sohn Alastair erzählte. Wie Milne, Lofting oder Tolkien war Grahame also ein erzählender Vater, der an sich keineswegs vorhatte, ein Kinderbuch zu schreiben."[7] Das Verhältnis zwischen Grahame und seiner Ehefrau war nicht konfliktlos: „Die spät geschlossene Ehe zwischen Elspeth und und Kenneth Grahame galt praktisch von Anfang an als unglücklich, und Alastaire geriet zwischen die Fronten dieses Ehekrieges."[8] Laut Rowohlts Texten stritten sich seine Eltern auch häufig und heftig. Die gleiche Beziehung erkennt Becker übrigens in Grahames Tiergeschichten selbst, insbesondere in der Konstellation des Paares Maulwurf und Ratte, in der sie eine ideale Vater-Sohn-Beziehung entdeckt, die es zwischen Grahame und seinem Sohn Alastaire nie gab.[9]

Rowohlts Übersetzung scheint im Vergleich zu früheren Fassungen originalgetreu zu sein, obwohl aufgrund „des burschikosen Tons"[10] nicht alle Aspekte der Jugend- oder Erwachsenenlektüre wiedergegeben werden:

> Liest man die Titel der ersten deutschen Ausgaben, erkennt man deutlich die kindliche Marktorientierung: *Christoph, Großmaul und Cornelius. Die Abenteuer einer fidelen Gesellschaft am Fluß, im Wald und anderswo* (1929) oder *Die Leutchen um Meister Dachs. Eine lange Geschichte von sehr lebendigen Tieren* (1951), in der Übertragung von Therese Mutzenbacher, die als *Hallo, Meister Dachs. Was die Tiere am Fluß erleben* (1965) nochmals veröffentlicht wurde. Erst in der Übersetzung von Harry Rowohlt (1973) heißt das Buch auch für

6 Ebenda, S. 91.

7 Susanne Becker, *Zur Komplexität einer kleinen Welt. Kenneth Grahames „Der Wind in den Weiden"*, in: Bettina Hurrelmann (Hrsg.), *Klassiker der Kinder- und Jugendliteratur*, Frankfurt a. M. 1995, S. 459–478, S. 466.

8 Ebenda, S. 466.

9 Ebenda, S. 469.

10 Ebenda, S. 476.

deutsche Leser *The Wind in the Willows – Der Wind in den Weiden.* Der Dachs blieb im Untertitel enthalten: *Der Dachs läßt schön grüßen, möchte aber auf keinen Fall gestört werden.* Diese Übersetzung bezeichnet sich als erste vollständige deutsche Fassung.[11]

Zu Beginn der 1970er-Jahre erschien eine neue Generation von Schriftstellern, die in den 1940er-Jahren geboren wurden und oft keine persönlichen Erfahrungen der NS-Zeit hatten. Nach Böll, Grass und Walser kam die Zeit von Uwe Timm, Bernward Vesper und Peter Schneider. Auch die Gruppe 61 modifizierte im Jahre 1971 auf der Dortmunder Gruppentagung ihr Programm. Journalistische und politische Aktionen erhielten die gleiche Bedeutung wie die literarische Arbeit. Ein Beispiel für die Verbindung von Literatur und Politik war die mediale Aktivität von Heinrich Böll. Als er im Januar 1972 einen *Bild*-Artikel über den Terrorismus kritisierte, wusste er noch nicht, dass er bald Opfer eines späteren Gegenangriffs seiner politischen Opponenten werden sollte. „Böll wurde als Terroristen-Sympathisant verleumdet, sein Landhaus in der Eifel wurde mehrmals polizeilich kontrolliert."[12]

Das war derselbe Böll, an den sich Harry Rowohlt im Jahre 1968 mit der Bitte um Unterstützung gewendet hatte, damit dieser den oben genannten Offenen Brief von Hochhuth an Podgorny als Teil einer „Weltstarbesetzung" mit unterschreiben sollte. Rowohlt zählte ihn zusammen mit anderen linksorientierten Intellektuellen zu einer „feinen Gesellschaft".[13]

Die öffentliche Sicherheit verbesserte sich in der BRD vorübergehend. Das lag nicht nur an der neuen Anschnallpflicht, die im Jahre 1976 eingeführt wurde, sondern bezog sich auch auf die Auseinandersetzung mit der RAF. Der Hungertod des verhafteten Terroristen Holger Meins polarisierte die westdeutsche Gesellschaft. Es kam zu Demonstrationen, weil den Behörden eine Mitschuld an Meins' Tod vorgeworfen wurde. Jean-Paul Sartre besuchte Andreas Baader am 4. Dezember 1974 im Hochsicherheitsgefängnis in Stuttgart-Stammheim – derselbe Sartre, dessen distanziertes Philosophieren Harry Rowohlt im Aufsatz über Irland im Kontext seiner

---

11 Ebenda, S. 476.

12 Gunter E. Grimm, *Das Prinzip Ordnung und seine Kritiker in westdeutschen Romanen der Nachkriegszeit*, in: Hein Hoebink (Hrsg.), *Fokus Europa. Öffentliche Ordnung und innere Sicherheit als Spiegel politischer Kultur in Deutschland und in den Niederlanden nach 1945*, Münster, New York, München, Berlin 2001, S. 135–148, hier: S. 144–145.

13 Harry Rowohlt, Brief an Giangiacomo Feltrinelli, Verleger (05.07.1968), in: Harry Rowohlt, *Der Kampf geht weiter! Nicht weggeschmissene Briefe I*, S. 42.

Aussicht, einen Artikel über „Irland, gesehen mit den Augen von Flann O'Brien" zu schreiben, charakterisierte: „Das ist fast so schön wie ‚Frankreich, gesehen mit den Augen (bzw. mit dem Auge) von Jean-Paul Sartre' oder ‚Südkalifornien, gesehen mit den Augen von Alfred Polgar', denn diese Herren haben sich kaum je aus ihren Kneipen bzw. Cafés bzw. Hotelhallen herausbewegt. Es genügte ihnen, wenn sie anderes bewegten."[14] Diesmal blieb Sartres Platz in der Kneipe leer, weil der Philosoph sich persönlich als Gast im deutschen Gefängnis anmeldete.

In einem späteren Interview wollte Sartre Baader nicht als einen Kriminellen bezeichnen, kritisierte aber zugleich die RAF von einer linken Position aus. Im Mai 1976 erhängte sich die Ikone der Gruppe Ulrike Meinhof. Der Stammheimer Prozess trug zur Eskalation weiterer Ereignisse bei. Bald zeigte sich, dass zwischen 1974 und 1977 der blutigste linke Terror in Westdeutschland stattfand. Die Eskalation endete mit dem sogenannten Deutschen Herbst, in dem die Rote Armee Fraktion die Bundesrepublik noch einmal in eine tiefe Krise stürzte.

Meinhofs Verhalten war bezeichnend für ein falsches Verständnis der Rolle der Frau im Funktionieren der westdeutschen Gesellschaft. Infolge ihrer Aktivität in der RAF konnte der Sicherheitsdiskurs von Behörden und Medien der 1970er Jahre den Terrorismus und Feminismus verknüpfen und die Ende der 1960er Jahre enstandene Frauenbewegung gewissermaßen politisch diskreditieren.

Glücklicherweise war dies zu einer Zeit, in der die Frauen begannen, mit neuem Elan einen bedeutenden Einfluss auf die Kultur, einschließlich der Literatur, auszuüben, marginal. Ab Mitte der 1970er-Jahre entstand in Deutschland eine neue Frauenliteratur, die auf allgemeine feministische Tendenzen in der Kultur reagierte und ein weibliches Weltbild propagierte. Karin Strucks Debütroman *Klassenliebe* (1973), eines der ersten Werke, die mit der Frauenbewegung in Deutschland in Verbindung gebracht werden, war zu dieser Zeit besonders populär.

Strucks Roman galt als ein typisches Beispiel der Neuen Subjektivität. Die Autorin schrieb ihn im Alter von 25 Jahren und war damals genauso alt wie ihre Protagonistin.

> Formal handelt es sich, wie häufig bei der bekenntnishaften Literatur, um eine Art Tagebuch, datiert vom 16. Mai bis zum 25. August 1972, in dem die Erzäh-

14 Harry Rowohlt, *Irland, in den Augen von Flann O'Brien gesehen*, in: Harry Rowohlt, *Pooh's Corner. Meinungen eines Bären von sehr geringem Verstand. Gesammelte Werke 1989–1996*, S. 311–334, hier S. 312–313.

> lerin von Herkunft und Familie [...] von ihrer Verzweiflung und von ihren Selbstmordgedanken rückhaltlos berichtet [...].[15]

In ihren späteren Romanen kehrte Struck zur Todesproblematik zurück, z. B. ist in ihrem dritten Roman *Lieben* (1977) das Leitgefühl „programmatisch geistlos"[16], als die Hauptprotagonistin nach einer Abtreibung und ohne Hoffnung auf eine engere Beziehung einen Selbstmordversuch unternimmt. Dieses Thema hat sich in Strucks persönlichem Leben wiederholt. Am 3. Juli 1992 diskutierte Struck im Fernsehstudio unter anderem mit Angela Merkel, der damaligen Bundesministerin für Frauen und Jugend, über das Thema Abtreibung. Struck zeigte sich als eine vehemente Abtreibungsgegnerin. Verärgert zog sie ihr Kleid hoch und riss sich die ganze Mikrofonverkabelung vom Körper. Dann warf sie noch ein Weinglas ins Publikum und traf eine Zuschauerin ins Gesicht. Nach diesem Vorfall verließ Struck unter Pfiffen des Publikums das Studio der *NDR Talk Show*.

Die Geschichte wurde so bekannt, dass Rowohlt Jahre später, 2007, in *Pooh's Corner* von jemandem erzählte, der auf einer Buchmesse „dann möglichst noch Kabel aus dem Dessous herausordnen muss wie Weiland Karin Struck"[17]. Rowohlt erinnerte sich auch an ein Treffen mit Struck im Jahr 1989 im Sikh-Restaurant „Golden Temple", bei dem er es versäumte, ihr ein bestimmtes Zitat aus der taz vorzulesen:

> „Die wenigsten wissen, daß auch das Nichtschreiben die Frucht langer und mühseliger Arbeit ist. – Anton Kuh". Ich lachte leise in mich hinein, und dann kam Karin Struck und setzte sich an meinen Tisch, und ich habe ihr nicht die betreffende Seite gezeigt und nicht zu ihr gesagt: „Da, lesense das mal, Frau Struck."[18]

Dagegen berichtete er im Brief an Thomas Bodmer ausführlich darüber, was die Schriftstellerin damals gegessen hatte: „Karin Struck [...] bestellte einen Kakao mit

---

15 Volker Meid, *Metzler Literaturchronik. Werke deutschsprachiger Autoren*, 2. Auflage, Stuttgart, Weimar 1998, S. 675.

16 Urs Viktor Kamber, *Über Redeweisen vom Tod in Gegenwartsromanen*, in: Hans Helmut Jansen (Hrsg.), *Der Tod in Dichtung, Philosophie und Kunst*, Darmstadt 1978, S. 234–242, hier S. 240.

17 Harry Rowohlt, *Buchmesse (geschwänzt)*, in: Harry Rowohlt, *Pooh's Corner. Meinungen eines Bären von sehr geringem Verstand. Gesammelte Werke 1997–2013*, S. 120–124, hier S. 122.

18 Harry Rowohlt, Brief an Thomas Bodmer, seinerzeit Lektor beim Haffmans Verlag (06.02. 1989), in: Harry Rowohlt, *Der Kampf geht weiter! Nicht weggeschmissene Briefe I*, S. 132.

Sahnenhaube, den sie so laut schlürfte, daß ich mir das linke Ohr zuhalten mußte, um mein Shakti essen zu können. Danach hat sie sich noch 4 Kugeln Eis (2 Karo, 2 Erdnuß) reingefaxt. Ebenfalls mit Sahne."[19]

Als die Studentenbewegung Ende der 1960er-, Anfang der 1970er-Jahre ihren Höhepunkt erreichte, berichtete Struck in ihrem ersten Buch *Klassenliebe* von ihrer Zeit als Fabrikarbeiterin und ihrer Affäre mit einem Intellektuellen. Der bei Struck beschriebene Klassenkampf bedeutete einen inneren Vorgang, und aus diesem Grund war ihre Position innerhalb der linken, revolutionären Bewegung eher ungewöhnlich. Den Linken ging es nicht um solche persönlichen Vorgänge, sondern um die Umwandlung der ganzen von ihnen als fragwürdig betrachteten Gesellschaftsstruktur.

Am 30. Mai 1968 traten Notstandsgesetze in Kraft, die viele Bürgerrechte bedeutend einschränkten, vor allem der Radikalenerlass, der im Jahr 1972 von der Regierung unter Brandts Führung beschlossen wurde. Infolgedessen bildete sich eine „Außerparlamentarische Opposition" (APO), ein Zusammenschluss von Individuen und Organisationen, die durch Demonstrationen an der demokratischen Debatte teilzunehmen versuchten. Die Studentenbewegungen an den Universitäten entwickelten sich zu Massendemonstrationen, Besetzungen von Lehrsälen und gewalttätigen Auseinandersetzungen mit der Polizei. Der Radikalenerlass der Bundesregierung bedeutete für den Schriftsteller Heinrich Böll eine große Enttäuschung und kostete die SPD Bölls Sympathie. „Vor allem aber war er für Böll ein erneuter Beleg für die von den Parteien und ihren Vertretern in entscheidender Weise verursachte und zu verantwortende degenerierte politische Kultur in der Bundesrepublik Deutschland […]."[20]

Auch in der DDR war eine begrenzte Kritik der bestehenden politischen Verhältnisse möglich. Heiner Müller schrieb damals eines seiner kürzesten und zugleich wichtigsten Dramen *Die Hamletmaschine* (1977), das sowohl inhaltlich als auch formell sehr kompliziert und vieldeutig war. Das Stück konnte als „eine Schauergeschichte und eine Allegorie für das Ende des Kalten Krieges"[21] interpretiert werden. Bombastische Inszenierungen der Dramen von Shakespeare waren in den 1960er-

19 Ebenda, S. 133.

20 Wolfgang Stolz, *Der Begriff der Schuld im Werk von Heinrich Böll*, Frankfurt am Main 2009, S. 170.

21 Jean Jourdheuil, *Die Hamletmaschine*, in: Hans-Thies Lehmann/Patrick Primavesi (Hrsg.), *Heiner Müller Handbuch. Leben – Werk – Wirkung*, Stuttgart, Weimar 2005, S. 221–226, hier S. 226.

und 1970er-Jahren keine Seltenheit in Europa. Rowohlt berichtete in seinem Aufsatz *Reichlich Bratz* über die *Hamlet*-Inszenierung im Jahr 1962, als er

> in Dubrovnik, im Rahmen der Dubrovačke Ljetne Igre, auf der Tvradjava Lovrjenac, wo ich [d. i. Rowohlt – T. M.] bereits „Chamlet, Danski Kraljević" genossen hatte, der während der unerträglichen Leichtigkeit des Seins oder Nichtseins vollends zur Konsonantenschleuder wurde, eben zu Chamlet, danski Krawalljewitsch, und am Schluss, wenn Fortinbras die Festung berennt [...], erklangen aus drei echten Kanonen drei echte Kanonenschüsse, und zwar BUMM! BUMM! BUMM! so dass man im weiteren Verlauf des dubrovniziani-schen Nachtlebens die Leute, die im Theater gewesen waren, ganz leicht daran erkannte, dass sie aufeinander einbrüllten wie am Spieß, weil Fortinbras sie mit Taubheit geschlagen hatte. Hamlet mit Flak.[22]

Es war nicht nur die Aufarbeitung der Vergangenheit, die das Theater und die Literatur im weiteren Sinne beschäftigten. Auch die kritische Auseinandersetzung mit der gesellschaftlichen Krise der 1970er-Jahre war damals das täglich Brot der Literatur. Zu solchen Gesellschaftsanalysen gehörte die Novelle von Martin Walser *Ein fliehendes Pferd* (1978), in der er die Identitätskrise eines alternden Lehrers aus Stuttgart zeigte. Es wäre hinzuzufügen, dass Walser nicht nur ein Rowohlt-Autor war, sondern auch die erste deutsche Hörspieladaption von *Wind in den Weiden* verfasste. Das 60-minütige Hörspiel wurde unter der Regie Walsers produziert und 1953 gesendet.

> Nach zahlreichen weiteren Vertonungen entstand 2008 die gegenwärtig aktuellste Fassung in sechs Teilen, produziert vom Westdeutschen Rundfunk. Diese Adaptation basiert auf der Übersetzung von Harry Rowohlt und Oliver Metz. Die von Harry Rowohlt selbst gelesene Hörbuch-Ausgabe (2003) gehört zu den erfolgreichsten deutschsprachigen Kinderhörbüchern [...].[23]

Doch Martin Walser ist Rowohlt damit zuvorgekommen.

---

22 Harry Rowohlt, *Reichlich Bratz*, in: Harry Rowohlt, *Pooh's Corner. Meinungen eines Bären von sehr geringem Verstand. Gesammelte Werke 1997–2013*, S. 303–306, hier S. 303–304.

23 Kaspar H. Spinner/Jan Standke (Hrsg.), *Erzählende Kinder- und Jugendliteratur im Deutschunterricht: Textvorschläge – Didaktik – Methodik*, Paderborn 2016, S. 131.

In der Aktivität der Dramenschreiber der 1970er-Jahre spürte man mehr Pluralismus und Undeutlichkeit als in den 1960er-Jahren. Brechts Theater wurde durch Becketts und Artauds Ideen ersetzt. Auf den Bühnen setzte sich das Regie-Theater durch. Man inszenierte auch häufiger klassische Dramen. Die Regisseure förderten im Theater Entpolitisierung, Rückzug in den Alltag, neue Subjektivität, Kinder- und Jugendstücke. Das deutsche Theater wurde damals von dem österreichischen Dramenschreiber Thomas Bernhard und seinen Visionen des Verfalls, der Verstörungen, des Todes inspiriert. Zu den beliebtesten Motiven zählten psychische Reduktionen der Figuren, makabre Komik und Krankheiten, Ausweglosigkeit und Künstlichkeit des Ausdrucks.

Als Vorbild könnte hier das Drama von Max Frisch *Triptychon. Drei szenische Bilder* (1979) dienen, in dem lebende Tote dargestellt wurden. Dieses melancholische und depressive Stück des schweizerischen Dramenschreibers passte zur geistigen Stimmung in der deutschen Literatur der 1970er-Jahre. „Die „Tendenzwende", die auch als „Neue Subjektivität", „Neue Sachlichkeit", „Neuer Irrationalismus" oder schlicht „Entpolitisierung" tituliert wurde, subsumierte Hermann Schlösser zufolge so unterschiedliche Zuschreibungen wie „Authentizität, Sensibilität, Glaubwürdigkeit, Spontaneität, Betroffenheit, aber auch Innerlichkeit, Nostalgie und Romantik"[24]. Das Theaterstück zeigte, wie sehr Frisch vom Werk Samuel Becketts beeinflusst wurde. Er kannte ihn persönlich schon seit den 1960er-Jahren, als sie sich mehrfach trafen und Schach spielten.

Harry Rowohlt wählte das Thema „Über Max Frisch: ‚Gedanken nach einem Fluge'" für seinen Abituraufsatz, für den er „eine Urkunde für den besten Abituraufsatz von Hamburg, Nordniedersachsen und Holstein"[25] bekam. Rowohlts Begeisterung für Frisch hielt jahrzehntelang an. 1989 gehörte Frisch zum Kreis der Intellektuellen, die unter anderem von Harry Rowohlt als Unterzeichner des Offenen Briefs bezüglich Solschenizyn gewählt wurden.[26] Im gleichen Jahr las Rowohlt Frischs Text *Schweiz ohne Armee? Ein Palaver* (1989) fürs Radio und fand den Autor im Brief an

24 Matthias Lorenz, *Literatur und Betrieb nach dem „Tod der Literatur". Fiktionales Schreiben in der Bundesrepublik der siebziger Jahre*, in: Werner Faulstich (Hrsg.), *Die Kultur der 70er Jahre*, München 2004, S. 147–164, hier S. 159.

25 Harry Rowohlt/Ralf Sotscheck, *In Schlucken-zwei-Spechte. Harry Rowohlt erzählt Ralf Sotscheck sein Leben von der Wiege bis zur Biege*, S. 45.

26 Vgl. Harry Rowohlt, Brief an Giangiacomo Feltrinelli, Verleger (05.07.1968), in: Harry Rowohlt, *Der Kampf geht weiter! Nicht weggeschmissene Briefe I*, S. 42.

Gunter Schäble „hochverdient“[27]. Es handelte sich um einen Prosatext in Dialogform, in dem der junge Jonas und sein Großvater über den Zweck der Verteidigungspolitik sprechen. *Ein Palaver* entstand aus Anlass einer Volksinitiative zur Abschaffung der Schweizer Armee und zeigte Frischs Engagement für politische Fragen, das im früheren *Triptychon* durch die Entpolitisierungstendenzen der 1970er-Jahre ganz verdrängt wurde.

Derart radikal formulierte Fragen im öffentlichen Diskurs konnte man sich in Westeuropa leisten. Die Situation der Meinungsfreiheit in der DDR war völlig anders. Am 16. November 1976 wurde Wolf Biermann ausgebürgert, nachdem er eine Konzertreise nach Westdeutschland unternommen hatte. Viele Schriftsteller protestierten gegen diesen Entzug der Staatsbürgerschaft. Christa Wolf, Jurek Becker, Volker Braun, Sarah Kirsch und andere forderten in einem Offenen Brief, dass die Maßnahme überdacht werden sollte. Autoren wie Thomas Brasch, Sarah Kirsch, Günter Kunert und Reiner Kunze verließen die DDR.

Die Situation der Theaterszene in der DDR war komplizierter, als der Sozialistische Realismus angenommen hatte. So war beispielsweise einer der wichtigsten ostdeutschen Dramatiker, Peter Hacks, kein typischer DDR-Schriftsteller, da er manchmal den Eindruck erweckte, als Klassizist ziemlich weit von der Realität entfernt zu sein. Sein historisches Monodrama *Ein Gespräch im Hause Stein über den abwesenden Herrn von Goethe* (1974) war ein großer kommerzieller Erfolg, auch auf ausländischen Bühnen. Hacks' „Goethe-Drama“ war ganz anders als z. B. sein früheres sozialistisches Produktionsstück *Die Sorgen und die Macht* (1962), in dem es um die Qualitätsverbesserung der Produktion in einer Brikett-Fabrik in Bitterfeld ging. Jenes Stück wurde überraschenderweise verboten. Hacks verlor damals seine Arbeit als Dramaturg, konnte aber später in der DDR Karriere machen.

Goethe war für Hacks, der sich in der Rolle des Staatskünstlers sah, ein Vorbild. Hacks gehörte in den 1970er-Jahren zu den meistgespielten DDR-Dramatikern. Die Ausbürgerung Biermanns wurde von Hacks ausdrücklich begrüßt, was seine Position im politischen System der DDR deutlich zeigt. Bis zu seinem Tod im August 2003 blieb Hacks eine kontroverse Person. Als Harry Rowohlt in der Jury des Kasseler Literaturpreises für grotesken Humor saß, wollte er zusammen mit Ingomar von Kieseritzky Peter Hacks wählen, wogegen der Jury-Vorsitzende Walter Pape

27 Harry Rowohlt, Brief an Gunter Schäble, seiner Zeit Redakteur des Südwestfunks (21.08.1989), in: Harry Rowohlt, *Der Kampf geht weiter! Nicht weggeschmissene Briefe I*, S. 141.

protestierte.[28] Für die Preisverleihung bedankte sich Hacks bei Rowohlt im Brief vom 15.07.2002. Im selben Schreiben verwies Hacks auf die „fabelhafte *Wind-In-The -Willows*-Übersetzung“[29]. Der Brief wurde ein Jahr vor Hacks' Tod im Jahr 2003 geschrieben. Der Schriftsteller dankte Rowohlt „vierzig Jahre verspätet“ für das zugesandte Buch, obwohl er und seine Frau Anna Wiede dessen Übersetzung „vom ersten Tag an“ bewundert hatten. Rowohlt nutzte die Gelegenheit zu einer amüsanten Antwort in seinem Dankesschreiben: „Daß Ihnen beiden meine *Wind in the Willows*-Übersetzung gut gefallen hat, noch dazu vom ersten Tag an, freut mich sehr. Da waren Sie mal wieder schneller. Mir gefällt sie jetzt erst.“[30]

Gleichzeitig war der Brief von Rowohlt um ein Vielfaches länger als der Brief von Hacks und enthielt auch eine Reihe von zusätzlichen Informationen, die auf die gemeinsame Weltanschauung von Hacks und Rowohlt anspielten, wenn auch wieder in Form von Anekdoten. Konkret ging es um ein Interview, das Rowohlt Conny Lösch, einer deutschen Übersetzerin und damals Literaturredakteurin bei der Tageszeitung *Junge Welt*, gegeben hatte und das von ihm genutzt wurde, um ihr eine gewisse Hierarchie der Autoritäten aufseiten der Linkssympathisanten aufzuzeigen. Insbesondere die Passage, in der Lösch, die sich offenbar für eine Kommunistin hält, seine Vorliebe für Country-Musik kommentiert:

> „Wir Kommunisten mögen keinen Kitsch.“ Darauf ich [d. h. Rowohlt – T. M.]: „*Wir* Kommunisten aber schon.“ Zum Abschluß unseres Telefonats sagte ich: „Ich habe übrigens heute einen Brief von Dr. Peter Hacks aus Groß Machnow gekriegt.“ Sie (erpicht): „Ah ja? Was schreibt er?“ Ich (grausam): „Das, Baby, wirst du nie erfahren.“ (Legt auf.)[31]

Im selben Brief bedankte sich Rowohlt für Hacks' Gedicht: „Vor (wenigen) Jahren las ich einem Freund eins Ihrer in *konkret* erschienenen Gedichte vor, und das schöne Wort ‚Biercafé‘ löste bei uns einen so wütenden Durst aus, daß ... Und der

28 Harry Rowohlt/Ralf Sotscheck, *In Schlucken-zwei-Spechte. Harry Rowohlt erzählt Ralf Sotscheck sein Leben von der Wiege bis zur Biege*, S. 167.

29 Peter Hacks, Brief an Harry Rowohlt (15.07.2002), in: Harry Rowohlt, *Der Kampf geht weiter! Nicht weggeschmissene Briefe I*, S. 335.

30 Harry Rowohlt, Brief an Peter Hacks (28.07.2002), in: Harry Rowohlt, *Der Kampf geht weiter! Nicht weggeschmissene Briefe I*, S. 336-337, hier S. 337.

31 Ebenda, S. 336.

Rest ist schnell erzählt. Immerhin konnte man sich in dem Fall auf Lyrik herausreden."[32]

Hacks blieb bis ans Ende seines Lebens ein überzeugter Kommunist. Seine Aktivitäten beschrieb Heinz Hamm in der Einleitung zu Hacks' *Marxistische Hinsichten. Politische Schriften 1955–2003*: „Er unterstützt die Zeitschrift *offensiv*, die von Frank Flegel, einem Mitglied der Kommunistischen Plattform der PDS in Hannover, herausgegeben wird. Als die PDS 2002 der Zeitschrift die Trägerschaft kündigt, wird Peter Hacks ein Gründungsmitglied des neuen Trägervereins zur Förderung demokratischer Publizistik."[33] Hacks, der 1955 von München in die DDR übersiedelte, sagte, die Stasi könne niemandem etwas tun und bezeichnete die Demonstranten von 1989 sogar als „Lumpenbourgeoisie"[34].

Als Hacks in den 1970er-Jahren große Erfolge auf dem Verlagsmarkt feierte, begann in Rowohlts Leben eine Art „Midlife Crisis", über die er im Zusammenhang mit seiner Arbeit in der Zeitschrift für Politik und Kultur *Konkret* sprach: „1972 war ich drei Monate lang Kulturredakteur bei *Konkret*. Damals war ich siebenundzwanzig Jahre alt, und deshalb kann ich sagen, daß ich meine Midlife Crisis bereits mit siebenundzwanzig hatte. Ich war völlig überarbeitet und mußte mir abends immer noch eine Bleibe suchen."[35] Damals übersetzte er *Der Wind in den Weiden* und arbeitete als Rezitator. Es war eine gute Zeit für solche Jobs, weil „Ende der 1970er Jahre die Hörkassette die Spielplatte als Trägermedium ablöste"[36]. Hörbücher in Form von populären und preiswerten Audiokassetten, die von Rezitatoren gelesen wurden, konnten leichter ein breites Publikum erreichen und sich schneller durchsetzen als klassische Schallplatten. Die Neuübersetzung von *Der Wind in den Weiden* war zweifellos eine wichtige Errungenschaft auf dem Verlagsmarkt, aber Rowohlt selbst erklärte 2007 in einem Interview, dass er den Originaltext als eher problematisch empfand, was sich auf Inhalt und Form der Übersetzung auswirkte:

32 Ebenda, S. 337.

33 Heinz Hamm, *Einleitung*, in: Peter Hacks, *Marxistische Hinsichten. Politische Schriften 1955–2003*, hrsg. von Heinz Hamm im Auftrag der Peter-Hacks-Gesellschaft, Berlin 2018, S. 13–59, hier S. 37.

34 Vgl. Alexander Cammann, *Schlossherr in der DDR*, in: *Die Zeit*, 19.08.2010, Nr. 34, in: https://www.zeit.de/2010/34/Peter-Hacks (Zugriff am 20.02.2020).

35 Harry Rowohlt/Ralf Sotscheck, *In Schlucken-zwei-Spechte. Harry Rowohlt erzählt Ralf Sotscheck sein Leben von der Wiege bis zur Biege*, S. 85.

36 Günter Bentele/Hans-Bernd Brosius/Otfried Jarren (Hrsg.), *Lexikon Kommunikations- und Medienwissenschaft*, 2., überarbeitete und erweiterte Auflage, Wiesbaden 2013, S. 38.

> Mit *Der Wind in den Weiden* von Kenneth Grahame ist mir etwas Seltsames geschehen, was ich mir nicht erklären kann. Deutsch ist eine sehr viel längere Sprache als Englisch, Übersetzungen sind also ein Stück länger, aber meine ist kürzer als das Original – obwohl nichts fehlt. Das lag daran, dass ich damals das Buch überhaupt nicht leiden konnte und jedes Kapitel drei- bis viermal neu übersetzt habe.[37]

Nachdem Rowohlt im Verlag seines Vaters ein Praktikum absolviert hatte, begann er, als Werbetexter Geld zu verdienen, aber das war nicht der Job, den er sich erträumt hatte. Es dauerte nicht lange, bis er das bereits erwähnte Kinderbuch *Die grüne Wolke* des schottischen Autors und Pädagogen Alexander Sutherland Neill übersetzte, der die Summerhill-Schule mit ihrem Konzept der antiautoritären Erziehung begründet hatte. Das Buch erreichte Platz neun der *Spiegel*-Bestsellerliste, was unter anderem an der allgemeinen Aufbruchsstimmung der 1970er-Jahre lag: Der fiktive Lehrer A. S. Neill erzählt seinen Schülern die Geschichte von der grünen Wolke, die alle Menschen in Steine verwandelt. Die Schüler dürfen daraufhin frei Kritik an der Geschichte äußern. In der Folge übersetzte Rowohlt rund 150 Bücher. Manche Autoren übersetzte Rowohlt nur einmal, andere übertrug er mehrfach ins Deutsche. Er hat am häufigsten an Werken der folgenden Autoren gearbeitet: Flann O'Brien (seit 1975), Kurt Vonnegut (seit 1979), Padgett Powell (seit 1985), Frank Muir (seit 1991), Robert Crumb (seit 1992), Leo Lionni (seit 1996), David Sedaris (seit 1999), Roger Boylan (seit 1999), Philip Ardagh (seit 2002), Ken Bruen (seit 2009) und Andy Stanton (seit 2010).

Flann O'Brien ist eines der Pseudonyme des irischen Schriftstellers Brian Ó Nuallain (1911–1966). In einem Interview verwies Harry Rowohlt auf dessen berühmtesten Roman *At Swim-Two-Birds* (1939), in dem O'Brien die Mittelschicht in Dublin beschrieb und viele Sprachwitze zitierte. Der Roman wurde auf Deutsch zunächst unter dem Titel *In Schwimmen-zwei-Vögel* (1939) veröffentlicht. Tatsächlich handelt es sich bei dem unübersetzbaren Titel um einen irischen Ortsnamen, der wörtlich ins Englische und dann ins Deutsche übersetzt wurde. Unter dem Pseudonym Myles na gCopaleen schrieb der Autor ab 1940 eine beliebte Kolumne in der

37 *„Harry ist abgelenkt und treibt Nebendinge": Interview mit Kult-Übersetzer Harry Rowohlt*, in: *Der Standard* (27.02.2007), in: https://www.derstandard.at/story/2776508/harry-ist-abgelenkt-und-treibt-nebendinge-interview-mit-kult-uebersetzer-harry-rowohlt (Zugriff am 20.08.2022).

Irish Times. Die Bücher von Flann O'Brien wurden in den 1990er-Jahren in der Übersetzung von Harry Rowohlt im Haffmans Verlag veröffentlicht. Rowohlt hatte bereits 1975 O'Briens Roman *Der dritte Polizist* (1940) übersetzt, in dem der Autor Sprachwitz, Humor, Ironie, Parodie, Satire, Absurdität und Surrealismus verwendet. Die Hauptfigur ist ein „namenloser Fremder", der in seine Heimatstadt zurückkehrt, wo er ein Haus und eine Kneipe geerbt hat. Nach der 1989 erschienenen Neuübersetzung von O'Briens Roman mit dem Titel *Auf Schwimmen-zwei-Vögel* spielte Harry Rowohlt auch die Rolle des legendären Helden Finn Mac Cool in der Verfilmung von Kurt Palm.

Obwohl sich O'Brien durch das Dublin der 1940er- und 1950er-Jahre, das er in Zeitungskolumnen beschrieb, und durch sein Hauptwerk *Auf Schwimmen-zwei-Vögel*, das ein Roman im Roman über das Schreiben von Romanen ist und mit drei Anfängen beginnt, einen Namen gemacht hatte, übersetzte Rowohlt zunächst nur den Roman *Der dritte Polizist.* Wahrscheinlich wurde er durch den bissigen Humor und die Vorliebe für Abschweifungen darauf aufmerksam. Aus diesen Gründen fand der Roman erst nach O'Briens Tod einen Verleger. Außerdem hat der irische Schriftsteller viele Dinge getan, die sich gegenseitig ausschließen: Einerseits kritisierte er die Kirche, andererseits blieb er überzeugter Katholik. Da er Alkoholiker war, musste er aus Geldmangel Drehbücher für das Fernsehen schreiben. Die Liebe zum Alkohol und die Arbeit beim Fernsehen waren auch für Harry Rowohlt vertraute Welten.

Im Fall von Kurt Vonnegut, den Rowohlt seit 1979 übersetzte, geht es um eine Art ideologische Verwandtschaft, aber auch um einen breiteren Kontext der Popularisierung angelsächsischer Literatur mit satirischen Untertönen. Rowohlt übersetzte seinen satirisch-philosophischen Science-Fiction-Roman *Die Sirenen des Titan.* Das Buch ist in erster Linie eine Satire auf die Religion, denn die Hauptfigur Winston Niles Rumfoord verkörpert tatsächlich einen allmächtigen Gott. Vonnegut war nicht gläubig, was auf die Erfahrungen seiner Kindheit und Jugend zurückgeführt werden kann. Seine Mutter nahm sich das Leben und als junger amerikanischer Soldat geriet er in deutsche Kriegsgefangenschaft und überlebte die Bombardierung Dresdens durch die Alliierten, die er später in seinem Roman *Slaughterhouse-Five* (*Schlachthof 5*) verarbeitete. Seine Bücher sind eine Mischung aus amerikanischer Kultur und einer satirisch-kritischen Beschreibung einer Welt ohne Gott in ihrer groteskesten Form: „Die grotesken Verfremdungstechniken, die monströsen Figuren und vor allem der schwarze Humor dieser Gattung [d. h. Satire – T. M.] ist zudem charakteristisch für die Kriegssatire, zu welcher [...] Kurt Vonneguts *Slaughterhouse-Five*

(1969) zu zählen [ist].“[38] Rowohlt war aus gutem Grund von dieser Erzählweise angetan.

Im selben Jahrzehnt entstanden die ersten Übersetzungen der Texte von Robert Crumb durch Rowohlt. Crumb war der Schöpfer des Comicstrips *Fritz the Cat* und eine Ikone des amerikanischen Underground-Comics; seine Kunst war voller subversiver Satire. Rowohlt sah ihn immer als einen herausragenden Künstler an: „Vor vielen Jahren habe ich im Auftrag der legendären Zeitschrift *Sounds* ein missglücktes Interview mit Robert Crumb geführt, dem berühmten Underground-Cartoonisten, dem Hogarth, was sage ich: dem Doré des XX. Jahrhunderts [...].“[39]

Unter den Texten aus den 1970er-Jahren befinden sich hauptsächlich übersetzte Bildergeschichten wie *Die 17 Gesichter des Robert Crumb* oder *Sketchbook*. Gleiches gilt für das Werk des Grafikers, Malers und Schriftstellers Leo Lionni, wenngleich auch die nicht-künstlerischen Aspekte von Lionnis Leben für Rowohlt von Interesse gewesen sein dürften, da beide Autoren von ihren Vätern andere Berufe nahegelgt wurden, als die, denen sie sich später tatsächlich widmen sollten. Auf Wunsch seines Vaters studierte Lionni in Genua Wirtschaftswissenschaften und promovierte noch vor dem Zweiten Weltkrieg mit einer Arbeit über den Diamantenhandel; dies war jedoch nicht seine Bestimmung, und so arbeitete er schon während des Studiums als Grafiker und Maler. Rowohlt übersetzte 1974 den italienischen Kinderbuchklassiker *Die Maus mit dem grünen Schwanz*. Lionni war auch ein großer Grafikdesigner und Schöpfer der Zeitschriften *Time* und *Life*. Durch seine Arbeit bei der Presse und seine Liebe zum Schreiben von Kinderbüchern konnte Rowohlt in ihm ähnliche Interessen erkennen wie in sich selbst.

---

38 Burkhard Meyer-Sickendiek, *Affektpoetik: Eine Kulturgeschichte literarischer Emotionen*, Würzburg 2005, S. 402.

39 Harry Rowohlt, *Das tägliche Brot des Franz von Assisi*, in: Harry Rowohlt, *Pooh's Corner. Meinungen eines Bären von sehr geringem Verstand. Gesammelte Werke 1989–1996*, S. 70–73, hier S. 72.

5. Die Geburt des Großen Bären

1981–1990

Die 1980er-Jahre begannen in der Bundesrepublik Deutschland mit der Gründung einer neuen Partei, deren Hauptziele Umweltschutz und Pazifismus waren. Im Jahr 1983 zogen grüne Abgeordnete in den Bundestag ein. Im kulturellen Bereich kam es im Februar 1981 in Dortmund zu der bahnbrechenden pazifistischen Musikshow „The Wall“ . Das Konzert der britischen Rockband Pink Floyd fand vor einer riesigen Pappwand auf der Bühne statt, die am Ende zusammenbrach. Am 21. Februar 1981 wurde ein Anschlag auf Radio Freies Europa in München verübt. Unter den Tätern befand sich Magdalena Kopp, die Lebensgefährtin des berühmten Terroristen Carlos. Ohne diesen Angriff wäre die Gesamtsituation in der Bundesrepublik zu Beginn des neuen Jahrzehnts vielversprechend gewesen.

1982 verkaufte Heinrich Ledig-Rowohlt den Familienverlag an die Verlagsgruppe Georg von Holtzbrinck, um sich der Übersetzung von Theaterstücken und Lyrik zu widmen. Dies war ein symbolischer Abschied vom Familienunternehmen. 1985 besuchte Harry Rowohlt Kuba und schüttelte dort im Palacio de la Revolución persönlich die Hand von Fidel Castro. Er erzählte auch von seinem kurzen Gespräch mit dem Diktator, als er ein Filmfestival in Kuba besuchte:

> Ein Mensch stand neben ihm und zischte jedem zu: „Nombre y país.“ Und ich habe gesagt: „Harry Rowohlt, del semanal liberal *Die Zeit* en Ambvurgo, Alemania Federal.“ Er blickte ein bißchen kläglich, als er „liberal“ hörte, weil es in Lateinamerika keine liberale politische Tradition gibt, weshalb liberal in dieser Gegend nicht freiheitlich oder freisinnig bedeutet, sondern freizügig. Er dachte also, *Die Zeit* wäre ein Wichsblatt.“[1]

1 Harry Rowohlt/Ralf Sotscheck, *In Schlucken-zwei-Spechte. Harry Rowohlt erzählt Ralf Sotscheck sein Leben von der Wiege bis zur Biege*, S. 102.

Der liberalen Kultur ging es in Kuba eher schlecht, während sie sich in Deutschland ab 1982, in der Zeit der konservativ-liberalen Koalition, sehr gut entwickelte, was sich auch in der Filmindustrie zeigte, obwohl eine gewisse Krise des deutschen Kinos auch Anfang der 1980er-Jahre noch anhielt. 1982 trat der konservative Innenminister Friedrich Zimmermann sein Amt an und „erklärte in einer Bundestagssitzung, er werde keine Filme mehr finanzieren, die außer den Produzenten niemand sehen wollte [...]. Dennoch wurden auch in dieser Zeit herausragende Filme produziert [...].“[2] Im neuen Jahrzehnt wollte sich Rowohlt auch mit der Veröffentlichung von Filmkritiken aus dem In- und Ausland befassen.

In den späten 1970er-Jahren setzten sich neue Formen der finanziellen Unterstützung für Künstler durch. In Deutschland wurde der Deutsche Literaturfonds (1980) gegründet und begann, deutschsprachige Schriftsteller in Form von Arbeitsstipendien zu unterstützen. In der neuen postmodernen Literatur wurden die traditionellen Bedeutungszusammenhänge abgeschafft. Nachahmungskunst und Intertextualität verfestigten sich als Kategorien des neuen Trends. Diese ästhetische Transformation war in gewisser Weise mit dem Scheitern der Aufklärungstradition in der Politik verbunden.

In den 1980er-Jahren gab es in der ostdeutschen Dramatik einige Versuche, sich mit der Krise des bestehenden Sozialismus auseinanderzusetzen. Die Schriftsteller schrieben über Verzweiflung, Dekadenz und Perspektivlosigkeit. Ein charakteristisches Drama des Jahrzehnts war Volker Brauns *Die Übergangsgesellschaft* (1982), das 1987 in Westdeutschland und 1988 in der DDR inszeniert wurde. Der Titel charakterisierte zunächst die Entwicklungsdynamik der ostdeutschen Gesellschaft und bezeichnete den Übergang vom Kapitalismus zum Kommunismus, erhielt aber im Laufe der Zeit eine andere Bedeutung. Er wurde zum Synonym für die schmerzhafte und unvermeidliche Rückkehr des Kapitalismus.

In der Bundesrepublik wurden solche ostdeutschen Dramen inszeniert, weil das Interesse an den gesellschaftlichen und vor allem politischen Verhältnissen in der DDR relativ groß war. Nachdem Helmut Kohl 1982 die Kanzlerschaft übernommen hatte, bürgte die Bundesrepublik zwei Jahre später für den ersten Milliardenkredit, den die DDR bei westdeutschen Banken aufgenommen hatte. Gleichzeitig war auf der anderen Seite der innerdeutschen Grenze eine gewisse politische Entspannung zu spüren. Am 30. November 1984 baute die DDR die letzten Selbstschussanlagen an der Grenze ab.

2 Otto Altendorfer, Ludwig Hilmer (Hrsg.), *Medienmanagement Band 2: Medienpraxis – Mediengeschichte – Medienordnung*, Wiesbaden 2016, S. 272.

Für Rowohlt war es eine reiche Zeit, auch im Hinblick auf sein eigenes journalistisches Schaffen. Zwischen 1982 und 1988 veröffentlichte er zahlreiche Filmkritiken in *Die Zeit, Konkret* und anderen Zeitschriften, Buchbesprechungen vor allem in der Zeitschrift *Der Rabe.* Rowohlts Filmkritiken waren ebenso poetisch wie der Rest seiner journalistischen Texte. Ihr Autor wählte bestimmte Filme für die Rezension aus. Erstens solche, die überwiegend seinen Erwartungen entsprachen, und zweitens vor allem Komödien, schwarze Komödien, Thriller, Märchen oder Filme, die ein groteskes oder komödiantisches Element enthielten. So lobt Rowohlt in seiner Rezension des Films *Die Aufklärungsrolle: Als die Liebe laufen lernte* von Michael Strauven die Grundidee der Geschichte: „Ein rundherum schöner Film, in den man getrost auch selbst reingehen kann."[3] Dieser deutsche Kompilationsfilm zur Sexualerziehung von Michael Strauven aus dem Jahr 1988 war eigentlich eine Mischung aus 31 Filmen aus den Jahren 1966–1980 und Wochenschauausschnitten und bezog seine unfreiwillige Komik aus der Darstellung veralteter Muster und Ansichten über Sex.

In einer Rezension von Rob Reiners *Die Braut des Prinzen* (1987) schreibt Rowohlt offen über diese Verfilmung, dass sie „natürlich heftig abstinkt"[4]. Seine Kritik ist jedoch nicht absolut, und der Film gewinnt durch den Vergleich an relativem Wert: „Kleine Jungens wie ich, die sich voll Abscheu an solche Imaginationskiller wie die verbrecherischen Karl-May-Verfilmungen erinnern, sind jedenfalls angenehm enttäuscht."[5] In David Lelands Komödie *Check out* von 1988 sieht Rowohlt auch das Positive in einem Meer von Negativem: „Die Witze im Film sind noch viel, viel dümmer. Doch. Ehrlich wahr. Aber [...] Es stecken ein paar schöne Einfälle in dem Film; nur sind sie leider genau abgezählt [...]."[6]

Peter Weirs Film *Der Club der toten Dichter* (1989) verdient Anerkennung sowohl für die Darsteller, darunter der Schauspieler Robin Williams, als auch für die beliebten Dichter, die vorkommen. Rowohlt schließt die Rezension mit einem Satz, der

---

3 Harry Rowohlt, *„Die Aufklärungsrolle: Als die Liebe laufen lernte" von Michael Strauven*, in: Harry Rowohlt, *Pooh's Corner. Meinungen eines Bären von sehr geringem Verstand. Gesammelte Werke 1989–1996*, S. 471–474, hier S. 473.

4 Harry Rowohlt, *„Die Braut des Prinzen" von Rob Reiner*, in: Harry Rowohlt, *Pooh's Corner. Meinungen eines Bären von sehr geringem Verstand. Gesammelte Werke 1989–1996*, S. 485–486, hier S. 485.

5 Ebenda, S. 485–486.

6 Harry Rowohlt, *„Checking out" von David Leland*, in: Harry Rowohlt, *Pooh's Corner. Meinungen eines Bären von sehr geringem Verstand. Gesammelte Werke 1989–1996*, S. 487–488, hier S. 488.

humorvoll auf den Zusammenhang zwischen eigenen Kindern und dem Gefühl, mit ihnen einen Weir-Film zu sehen, hinweist: „Der einzige mir bekannte gute Grund für eigene Söhne besteht darin, dass man sich mit ihnen den *Club der toten Dichter* ansehen kann."[7]

In dem Film des Hamburger Regisseurs Jan Schütte *Drachenfutter* aus dem Jahr 1987 greift Rowohlt das Thema Toleranz in Bezug auf asiatische und afrikanische Asylbewerber auf und urteilt: „[…] endlich ein gelungener deutscher Film, nicht zu lang und nicht zu laut, unauffällig, aber gut."[8] Auch Detlev Bucks Kurzfilmdebüt *Erst die Arbeit und dann?* über einen jungen Bauern aus Norddeutschland, der eines Tages in die Großstadt Hamburg „dieselt"[9], um dort neue und ungewohnte Erfahrungen zu machen, ist ein „gelungenes Filmchen"[10], weil er die Muster des Land- und Stadtlebens einander grotesk gegenüberstellt.

Es ist nicht überraschend, dass unter diesen Kritiken auch eine britische Komödie zu finden ist. Es handelt sich um Robert Ellis Millers *Die Falken* (1988) über zwei todkranke Patienten, die in ein Bordell fliehen: „Was für ein Film! Bis in die winzigsten Nebenrollen ist er mit Genies besetzt […]."[11] Dazu gehört Timothy Dalton, „der James Bond zum Heulen"[12].

Wenn ein Film weniger befriedigend war, suchte Rowohlt den Mehrwert in der Auswahl der Schauspieler. Dies war der Fall bei Francis Vebers französischer Komödie *Die Flüchtigen* (1986): „Jedem, der weder Gérard Depardieu noch Pierre Richard leiden kann, sei dieser Film empfohlen, denn zusammen sind sie sehr erträglich."[13]

---

7 Harry Rowohlt, *„Club der toten Dichter" von Peter Weir*, in: Harry Rowohlt, *Pooh's Corner. Meinungen eines Bären von sehr geringem Verstand. Gesammelte Werke 1989–1996*, S. 489–491, hier S. 490.

8 Harry Rowohlt, *„Drachenfutter" von Jan Schütte*, in: Harry Rowohlt, *Pooh's Corner. Meinungen eines Bären von sehr geringem Verstand. Gesammelte Werke 1989–1996*, S. 492–493, hier S. 493.

9 Harry Rowohlt, *„Erst die Arbeit und dann?" von Detlev Buck*, in: Harry Rowohlt, *Pooh's Corner. Meinungen eines Bären von sehr geringem Verstand. Gesammelte Werke 1989–1996*, S. 497–499, hier S. 498.

10 Ebenda, S. 499.

11 Harry Rowohlt, *„Die Falken" von Robert Ellis Miller*, in: Harry Rowohlt, *Pooh's Corner. Meinungen eines Bären von sehr geringem Verstand. Gesammelte Werke 1989–1996*, S. 500–501, hier S. 500.

12 Ebenda, S. 501.

13 Harry Rowohlt, *„Die Flüchtigen" von Francis Veber*, in: Harry Rowohlt, *Pooh's Corner. Meinungen eines Bären von sehr geringem Verstand. Gesammelte Werke 1989–1996*, S. 502–503, hier S. 503.

In einigen Rezensionen, wie in dem Text über die Komödie *Das Geheimnis meines Erfolges* (1987), kommentiert Rowohlt die Situation des Karriere machenden Protagonisten mit Bezug auf die Literatur: „Köpenick ist überall“[14]. Offensichtlich bezieht sich der Autor auf Carl Zuckmayers erfolgreichstes Bühnenstück *Der Hauptmann von Köpenick* (1931) über den Schuhmacher Friedrich Wilhelm Voigt (1849–1922), der durch seinen spektakulären Überfall auf das Rathaus der Stadt Cöpenick bei Berlin berühmt wurde, das er am 16. Oktober 1906 als Hauptmann verkleidet mit einem Trupp gutgläubiger Soldaten betrat und die Stadtkasse ausraubte.

Auch in einer Rezension des Abenteuerfilms *Greystoke. Die Legende von Tarzan* (1984) von Hugh Hudson vergleicht Rowohlt den Film mit dem Buch, das er „ein zärtliches kleines Dschungelbuch mit schönen Bildern“[15] nennt, obwohl es gleichzeitig auch „ein naiver Schund“[16] ist, dennoch „könnte der Film viel, viel schlechter sein“[17]. Laut Rowohlt ist das aber nicht der Fall, denn es ist „der Film für das ganze Rudel“[18], der den kognitiven Wert des Films für eine Familie mit Kindern scherzhaft mit dem tierischen Kontext der gesamten Tarzan-Geschichte verbindet.

In manchen Fällen operierte Rowohlt gern mit einem Paradoxon, so schreibt er 1986 in einer Besprechung der Komödie *Jumpin' Jack Flash* (1986) unter der Regie von Penny Marshall trotzig: Die Komödie sei „ein so lausiger Film, dass er großen Erfolg haben wird“[19].

Zu den wenigen negativen Kritiken gehört Rowohlts Text über den Film *Liebes-Traum* von Charles Finch aus dem Jahr 1988. Das Ganze ist der Reaktion des Rezensenten auf die Vorführung untergeordnet; genauer gesagt geht es darum, dass Rowohlt während der Vorführung des Films eingeschlafen ist: „Es gibt zwei Gründe, sich einen Film noch einmal anzusehen: Entweder man mag ihn sehr oder man ist

---

14 Harry Rowohlt, *„Das Geheimnis meines Erfolges“ von Herbert Ross*, in: Harry Rowohlt, *Pooh's Corner. Meinungen eines Bären von sehr geringem Verstand. Gesammelte Werke 1989–1996*, S. 504–505, hier S. 504.

15 Harry Rowohlt, *„Greystoke. Die Legende von Tarzan“ von Hugh Hudson*, in: Harry Rowohlt, *Pooh's Corner. Meinungen eines Bären von sehr geringem Verstand. Gesammelte Werke 1989–1996*, S. 506–509, hier S. 507.

16 Ebenda, S. 506.

17 Ebenda.

18 Ebenda, S. 509.

19 Harry Rowohlt, *„Jumpin' Jack Flash“ von Penny Marshall*, in: Harry Rowohlt, *Pooh's Corner. Meinungen eines Bären von sehr geringem Verstand. Gesammelte Werke 1989–1996*, S. 516–517, hier S. 517.

in der ersten Hälfte eingeschlafen. […] Liebes-Traum fällt in die zweite Kategorie“[20] oder „[…] die Lider werden schwer, und bevor ich ein zweites Mal in diesem Film einpenne, verlasse ich das Kino“[21]. Bei Paul Schraders Musikdrama *Light of Day* von 1987 geht Rowohlt noch gnadenloser mit dem Regisseur um: „Also ein guter Film, gutsy, wie das Leben ihn dreht? Leider nein. Denn Regie führte Paul Schrader.“[22]

Manchmal lässt die zweideutige Zusammenfassung nicht erkennen, ob es sich um Lob oder Kritik handelt, wie im Fall von Wayne Wangs *Slam Dance* (1987): „[…] plötzlich wird einem klar, dass man den Film schon mal gesehen hat, und zwar nicht nur einmal und tatsächlich, sondern etwa 400-mal als *Tatort*-Krimi.“[23] Eine andere Formulierung ist ebenso zweideutig: „Ein Film, den man immer wieder sehen kann. Ohne es zu merken.“[24] Mike Nichols' Film *Sodbrennen* (1986) hingegen wird von Rowohlt eher mäßig kritisiert: „Und prompt ist der Film auch gar nicht mal so richtig schlecht geworden.“[25] Um die Enttäuschung zu kompensieren, hebt der Rezensent die Qualität der Übersetzung der Dialoge ins Deutsche hervor: „[…] die deutsche Übersetzung (Hans-Bernd Ebinger) ist korrekt und einfühlsam.“[26]

Es gibt aber auch Momente, in denen Rowohlt seine Enttäuschung noch unverblümter zum Ausdruck bringt, wie in seiner Kritik zu Luc Bessons Film *Subway*: „Was hätte das für ein Film werden können.“[27] Manchmal lobt Rowohlt sogar ganz offen die Einzigartigkeit der Verfilmung, wie im Fall von *Werner – Beinhart!* (1990) von Gerhard Hahn, Michael Schaack, Niki List und vielen anderen, der ersten Verfilmung der Geschichte des deutschen Comic-Helden, wenn er die Werktreue der

---

20 Harry Rowohlt, *„Liebes-Traum“ von Charles Finch*, in: Harry Rowohlt, *Pooh's Corner. Meinungen eines Bären von sehr geringem Verstand. Gesammelte Werke 1989–1996*, S. 520–521, hier S. 520.

21 Ebenda, S. 520–521.

22 Harry Rowohlt, *„Light of Day“ von Paul Schrader*, in: Harry Rowohlt, *Pooh's Corner. Meinungen eines Bären von sehr geringem Verstand. Gesammelte Werke 1989–1996*, S. 522.

23 Harry Rowohlt, *„Slam Dance“ von Wayne Wang*, in: Harry Rowohlt, *Pooh's Corner. Meinungen eines Bären von sehr geringem Verstand. Gesammelte Werke 1989–1996*, S. 533–534, hier S. 533–534.

24 Ebenda, S. 534.

25 Harry Rowohlt, *„Sodbrennen“ von Mike Nichols*, in: Harry Rowohlt, *Pooh's Corner. Meinungen eines Bären von sehr geringem Verstand. Gesammelte Werke 1989–1996*, S. 535–536, hier S. 535.

26 Ebenda, S. 536.

27 Harry Rowohlt, *„Subway“ von Luc Besson*, in: Harry Rowohlt, *Pooh's Corner. Meinungen eines Bären von sehr geringem Verstand. Gesammelte Werke 1989–1996*, S. 537–538, hier S. 538.

Adaption anerkennt: „Zum ersten Mal wurde in Deutschland ein Comic nicht nur ohne Verluste verfilmt, sondern mit haushohem Gewinn.“[28]

Die Filme von Jan Schütte hat Rowohlt sicherlich am häufigsten rezensiert, nämlich dreimal, wobei sein letzter Filmtext *Auf Wiedersehen Amerika* eine seiner jüngsten Rezensionen aus dem Jahr 1994 ist. In diesem Fall handelt es sich um einen Film über polnische Juden, die ein Haus in Danzig kaufen, um für immer in ihre alte Heimat zurückzukehren. Rowohlt weist hier auf den künstlerischen Wert des Films in Form der Sprache der Juden hin, die „zum Heulen authentisch ist“[29] und kommentiert scherzhaft den Satz, mit dem der Film beginnt und endet:

> *You still owe me dose twenty dallers:* Das ist der erste und letzte Satz des Films; am Anfang wird er gesagt, weil der Sprecher Außenstände hat; am Schluss wird er gesagt, weil dem Sprecher nichts anderes einfällt vor Glück. Für so was gibt es einen Fachausdruck: Kunst.[30]

Sicherlich hat Rowohlt mit seinem übersetzerischen Gespür für den Klang der Sprache und die damit verbundenen Nuancen zu dieser positiven Bewertung beigetragen.

Rowohlts Interesse am Film kulminierte in einer recht späten Publikation, die sich einer Auswahl von Texten des österreichischen Literaturkritikers und Kolumnisten Alfred Polgar widmete. Das von ihm veröffentlichte Buch *Lauter gute Kritiken* (Zürich 2006) enthält Meisterwerke der Literaturkritik zwischen den Genres, darunter Polgars Texte zum Stummfilm und zum Wirkmechanismus von Charlie Chaplin. 1985 begann Harry Rowohlt mit der Übersetzung der Werke des amerikanischen Schriftstellers Padgett Powell, dessen Texte viele absurde oder unsinnige Passagen enthalten. Dazu gehört auch der Roman *Edisto*, erstmals übersetzt von Harry Rowohlt. Im Mittelpunkt der Geschichte stehen der fantasievolle, verhaltensgestörte zwölfjährige weiße Junge Simon auf der Küsteninsel Edisto, South Carolina, und seine Wortspiele. Die offensichtliche Vorliebe beider Autoren für sprachliche

---

28 Harry Rowohlt, *„Werner – Beinhart“ von Gerhard Hahn, Michael Schaack, Niki List u. v. a.*, in: Harry Rowohlt, *Pooh's Corner. Meinungen eines Bären von sehr geringem Verstand. Gesammelte Werke 1989–1996*, S. 539–542, hier S. 540.

29 Harry Rowohlt, *„Auf Wiedersehen Amerika“ von Jan Schütte*, in: Harry Rowohlt, *Pooh's Corner. Meinungen eines Bären von sehr geringem Verstand. Gesammelte Werke 1989–1996*, S. 550–552, hier S. 551.

30 Ebenda, S. 551.

Experimente veranlasste Rowohlt, bis 2013 auch die nachfolgenden Texte Powells zu übersetzen.

> In der Ausgabe der *Süddeutschen Zeitung* vom 3. Mai 2012 fand sich auf den Literaturseiten eine Besprechung von Padgett Powells gerade auf Deutsch erschienenem Buch *The Interrogative Mood. A Novel?* (2009). Den amerikanischen Originaltitel kann man immerhin noch als Frage verstehen, ob ein Erzählen in bloßen Fragen möglich sei. Der Übersetzer Harry Rowohlt hat daraus allerdings den deutschen Titel *Roman in Fragen* (2012) gemacht, der die Frage des Originaltitels kategorisch beantwortet.[31]

Das Buch besteht von der ersten bis zur letzten Seite aus Fragen. Ergänzend zu diesem literarischen Experiment hat Harry Rowohlt einige Details für Nicht-Amerikaner erläutert.

Darüber hinaus waren die 1980er-Jahre für Rowohlt auch eine Zeit intensiver Begegnungen mit der Öffentlichkeit, die sowohl der Popularisierung von Literatur und Übersetzungen als auch der Werbung für die eigene Person dienten und zudem eine gute zusätzliche Einnahmequelle bedeuteten, die die Arbeit als Übersetzer nicht bieten konnte. Was diese Art der Öffentlichkeitsarbeit von verschiedenen Schriftstellern (wie Max Goldt), Musikern oder Übersetzern und Literaturkritikern (wie Hans Wollschläger) bezweckt, zeigt unter anderem Harald Zils in seinem Buch über Rudolf Borchardt, dessen 1.000-seitiger pornografischer Roman *Weltpuff Berlin*, erschienen bei Rowohlt, zur Überraschung des Jahres auf der Frankfurter Buchmesse 2018 wurde:

> Neben den politisch dezidierten Autoren der alten Bundesrepublik, deren Lesungen Kundgebungscharakter erreichten, sind seit den späten achtziger Jahren eine Reihe von Schriftstellern und Übersetzern zu Lesetourneen unterwegs, deren Veranstaltungen sich von spezifischen Anlässen wie dem Erscheinen eines neuen Buches freigemacht haben; insofern erinnern ihre Reisen an die Kampagnen Borchardts. Autoren wie Max Goldt und Harry Rowohlt, aber auch der 2007 verstorbene Hans Wollschläger wurden zu regelrechten Vortragskünstlern, die sich auch allein aus den Einkünften ihrer Lesungen versorgen

31 Manfred Weinberg, *Erinnern/Erzählen – Literatur/Film. Mit Anmerkungen zum Film „Fight Club“*, in: Antonius Weixler/Lukas Werner (Hrsg.), *Zeiten erzählen: Ansätze – Aspekte – Analysen*, Berlin, Boston 2015, S. 527–560, hier S. 531.

> konnten. […] Goldt und Rowohlt erreichten dabei auch ein überdurchschnittlich junges Publikum. […] Die Veranstaltungen sind Symptome eines sich verändernden Bildungsbegriffs, der Herkunft und Einkommen ignoriert, immer noch aber zwischen den bescheidwissenden Lesungsbesuchern und den zum Spott freigegebenen Outsidern eine deutliche Grenze zieht. Parteipolitische wie gesellschaftspolitische Äußerungen zeugen meist von linksliberaler Gesinnung […].[32]

Während einzelne Vortragskünstler bei der Förderung von Büchern durchaus erfolgreich waren, fehlte es in Deutschland beispielsweise an einer kollektiven Reaktion auf US-amerikanische Filmfestivals, die die amerikanische Kultur in der ganzen Welt popularisierten. Im November 1988 fand die erste Filmpreisverleihung als europäische Antwort auf die amerikanischen Academy Awards statt. Der europäische Oscar hieß „Felix". Damals erhielt Wim Wenders den Preis für die beste Regie. Die Jury bewunderte seinen Film *Der Himmel über Berlin* (1987), in dem er das Leben in der Metropole kurz vor dem Fall der Mauer zeigt. Ein Jahr nach dem Tod von Harald Reinl, dem Regisseur von Heimatfilmen und Verfilmungen vieler Karl-May-Romane, bot Wim Wenders eine ganz andere Heimatgeschichte als Reinl, denn er inszenierte nicht nur das Leben der einfachen Leute in der Staatsbibliothek, in Wohnungen und auf den Autobahnen, sondern auch die Odyssee „der astralen Flaneurs"[33].

Als Harry Rowohlt einmal mit dem amerikanischen Schriftsteller Roger Boylan (Tex) Berlin besuchte, entdeckte er an einem Andachtsstand im Dom die CD *Harry Rowohlt liest die schmutzigsten Passagen aus dem Alten Testament* und kam mit Boylan über Wenders' Film ins Gespräch:

> Ich betrat den Dom, der praktischerweise genau vor den Hauptbahnhof gebaut worden war […] und fand ihn, Tex, vor dem Altar […]. „Dutch, du hast recht", sagte er, aus der Verzückung erwachend, „*Der Himmel über Berlin* ist unrealistisch." Ich hatte nämlich gesagt, ich fände den *Himmel über Berlin* unrealistisch, weil, als der Innere Monolog (Drehbuch: Peter Handke) von U-Bahn-Reisenden hörbar gemacht werde, kein einziger ans F***en dächte. Wozu solche

32 Harald Zils, *Autonomie und Tradition. Innovativer Konservatismus bei Rudolf Borchardt, Harold Bloom und Botho Strauß*, Würzburg 2009, S. 103.

33 Wolfgang Jacobsen/Anton Kaes/Hans Helmut Prinzler (Hrsg.), *Geschichte des deutschen Films*, 2. Auflage, Stuttgart, Weimar 2004, S. 312.

> Sakralbauten und die innere Einkehr, die man in ihnen erfährt, doch nutze sein können.[34]

Eine solch unverblümte Kritik an Wenders' Film war privat und informell, sodass ein Skandal nicht zu befürchten war. Diesen gab es bald darauf in einem anderen Forum durch die Presse und eine gekonnte Fotomontage in Verbindung mit einem bekannten Literaturkritiker. Im September 1988 begann das westdeutsche Fernsehen mit der Ausstrahlung der Sendung „Das Literarische Quartett" von Marcel Reich-Ranicki. Das Format hatte schnell einen großen Einfluss auf den Buchmarkt der BRD. Berühmt wurde das Spiegel-Titelbild von 1995, das eine Fotomontage mit Reich-Ranicki darstellte. Der Kritiker wurde gezeigt, wie er das damals neue Buch von Günter Grass, *Ein weites Feld*, zerreißt. „Das Literarische Quartett" überlebte die deutsche Wiedervereinigung und andere politische Turbulenzen und wurde bis Dezember 2001 im ZDF ausgestrahlt. Harry Rowohlt bezog sich in einem Brief an *Die Zeit* vom 21. März 1986 auf die Figur des Reich-Ranicki: „Marcel Reich-Ranicki hat mir in der *FAZ* eine meiner ältesten Fragen (Warum hat sich Heine, dieser coole Typ, ständig über August v. Platens Schwulität lustig gemacht?) so würdig und lehrreich beantwortet (Weil Platen ihn jahrelang als Judensau beschimpft hat.), daß ich ihn nur noch lieben kann."[35] Rowohlt zitierte Reich-Ranicki, der die Frage kurz ansprach, aber beide trafen den Nagel auf den Kopf. Diese Erklärung stammt von Hans Meyer und setzte sich in den 1970er- und 1980er-Jahren durch. „Ab den 1990er Jahren kommt es denn auch zu einer differenzierten Ausarbeitung dieser einfachen Formel Hans Mayers, etwa durch Herauslösung des Streits aus dem persönlichen Kontext und seiner Deutung als Ausdruck des Kampfs um jüdische Emanzipation im 19. Jahrhundert."[36] Rowohlt war Reich-Ranicki für diese „würdige" und „informative" Antwort so dankbar, dass er einen besonderen Aufruf für ihn an den „Eckhard-Henscheid-Fan-Club Hamburg" richtete: „Lacht, worüber Ihr wollt, aber nicht über Marcel Reich-Ranicki! Wenigstens ein Jahr lang nicht!"[37]

---

34 Harry Rowohlt, *Wie ich mich einmal jeden Tag auf Roger Boylan freute*, in: Harry Rowohlt, *Pooh's Corner. Meinungen eines Bären von sehr geringem Verstand. Gesammelte Werke 1997–2009*, Zürich 2009, S. 212–218, hier S. 216–217.

35 Harry Rowohlt, Leserbrief an „Die Zeit" (21.03.1986), in: Harry Rowohlt, *Der Kampf geht weiter! Nicht weggeschmissene Briefe I*, S. 88–89, hier S. 88.

36 Ruth Esterhammer, *Heines Platen-Attacke als ein Skandal mit Langzeitwirkung*, in: Stefan Neuhaus/Johann Holzner (Hrsg.), *Literatur als Skandal. Fälle – Funktionen – Folgen*, Göttingen 2007, S. 190–201, hier S. 196.

37 Harry Rowohlt, Leserbrief an „Die Zeit" (21.03.1986), in: Harry Rowohlt, *Der Kampf geht weiter! Nicht weggeschmissene Briefe I*, S. 88–89, hier S. 89.

Henscheid, ein Vertreter der „Neuen Frankfurter Schule" (eine Gruppe von Schriftstellern, Zeichnern, Satirikern und Karikaturisten, die in den 1960er- und 1970er-Jahren aus den Redaktionen der Satirezeitschriften *Pardon* und *Titanic* hervorging), Mitbegründer der Satirezeitschrift *Titanic* und Autor der *Trilogie des laufenden Schwachsinns* (1978), wurde von Reich-Ranicki öffentlich als „Idiot" bezeichnet.

Rowohlt kam noch einmal auf das Thema Reich-Ranicki zurück. Er benutzte dazu eine Kolumne mit dem Titel *Nieder mit Neuschreib!* (1997) über die Rechtschreibreform in Deutschland und über andere Schriftsteller und Kritiker, die sich zum selben Thema geäußert haben, mit besonderem Augenmerk auf Reich-Ranicki und sein großes Ego. Der Text enthält einen Kommentar von Rowohlt zu Reich-Ranickis markanter Aussage zur Reform „Ich muss mich mit Literatur beschäftigen": „Besonders liebe ich natürlich das vergnatzte ‚Ich muff mich mit Literatur befäfftigen'."[38] Rowohlt verbindet das mit ironischen Bemerkungen zur tatsächlichen Bedeutung der Literaturkritik für die Literatur: „Nicht auszudenken, was die Literatur, sich selbst überlassen, anstellen würde."[39] Rowohlt steht der Reform selbst sehr kritisch gegenüber: „Die Seelchen, die diese Rechtschreibreform erfunden haben, sind graue Gesellen, die noch nie mit Genuss ein Buch gelesen und noch nie einen wohlklingenden Satz gesprochen haben."[40] Er kontrastiert diesen Punkt auf witzige Weise mit seinen eigenen Talenten. Gleichzeitig will er die „Ortographie und Interpunktion" nicht durch eine Reform stören, weil er diese Dinge als „das Einzige" kennt. Sein Respekt für das Schreiben ist mit seinem Respekt für die Literatur verbunden. Reich-Ranicki und seine eigentümliche Aussprache sind weitere Faktoren, die auf eine gewisse Irrelevanz der sogenannten Autoritäten für lebendige Sprache und Originalliteratur hinweisen.

Als die Presse des Axel-Springer-Medienkonzerns endlich auf die pejorative Schreibweise der Abkürzung DDR in Anführungszeichen verzichtete, um die Übergangsform des kommunistischen Staates nicht mehr zu betonen, ging paradoxerweise parallel die Zeit des realen Sozialismus zu Ende. In vielen Ländern des Ostblocks konnten die westdeutschen Botschaften die Massen von Flüchtlingen aus der DDR nicht mehr aufnehmen. Das Regime war auch nicht in der Lage, die regelmäßigen Proteste gegen das System in Ostdeutschland zu kontrollieren. Die wichtigsten

---

38 Harry Rowohlt, *Nieder mit Neuschreib!*, in: Harry Rowohlt, *Pooh's Corner. Meinungen eines Bären von sehr geringem Verstand. Gesammelte Werke 1997–2013*, S. 24–27, hier S. 25.

39 Ebenda, S. 25.

40 Ebenda, S. 27.

Demonstrationen begannen 1989 nach den Montagsgebeten für den Frieden in der Leipziger Nikolaikirche.

SED-Politbüromitglied Günter Schabowski war nicht anwesend, als das kommunistische Politbüro die neue Reiseregelung bestätigte. Auf einer Pressekonferenz am 9. November, die live im Fernsehen übertragen wurde, übersah er das Datum der Pressemitteilung, den 10. November 1989, und antwortete auf die Frage eines Journalisten, dass ostdeutsche Bürger sofort und ohne Verzögerung ausreisen könnten und dass die Genehmigungen kurzfristig erteilt würden. Auf diese Weise wurde er zu dem Mann, der aus Versehen die innerdeutsche Grenze geöffnet hat. Bald darauf ging die Zeit der Berliner Mauer zu Ende.

1989 entschloss sich Rowohlt, die hier schon mehrfach zitierten Kolumnen für *Die Zeit* zu schreiben, vermutlich weil sich dieses Genre an der Grenze zwischen Journalismus und Literatur seit der Französischen Revolution wunderbar mit dem scheinbar Trivialen, aber politisch und kulturell nicht Unbedeutenden beschäftigt. Die Ausführung dieser Themen aus der Sphäre der Kultur und des gesellschaftlichen Lebens ist subjektiv, und der Exkurs eignet sich am besten für das Feuilleton als eine Form der Unordnung in der Erzählung:

> Das Feuilleton, ein Produkt der französischen Revolution, repräsentiert und verhandelt in deren Zeitungen das der Politik Entgegengesetzte, mithin das „Unwesentliche". Als dieses figuriert vorerst das Merkantile. Mit dem Ausbau des Feuilletons und der Auslagerung der Annoncenteile wandern in die Rubrik aber vermehrt literarische Texte ein, handle es sich um Romane, Novellen, Fabeln, Märchen, Dramen, Epigramme, Aphorismen oder aber um jene nicht-fiktionalen Prosatexte an der Schnittstelle zwischen Journalismus und Literatur, die sich im Laufe des 19. Jahrhunderts zur polyfunktionalen Gattung des Feuilletons verfestigen.[41]

So stammten die ersten prominenten Kolumnisten aus Frankreich, aber auch in Deutschland wurde diese Gattung relativ schnell populär, schon in der Zeit des Jungen Deutschlands. Zu den bekanntesten deutschsprachigen Kolumnisten der jüngeren Zeit gehören Hans Bender, Walter Bauer, Wolfgang Ebert, Peter Bamm, Walter

41 Hildegard Kernmayer, Simone Jung, *Feuilleton. Interdisziplinäre Annäherungen an ein journalistisch-literarisches Phänomen*, in: Hildegard Kernmayer/Simone Jung (Hrsg.), *Feuilleton: Schreiben an der Schnittstelle zwischen Journalismus und Literatur*, Bielefeld 2017, S. 9–30, hier S. 10–11.

Henkels, Eckhard Henscheid, Horst Krüger, Sigismund von Radecki, Eugen Skasa-Weiß, Thaddäus Troll, Wolfgang Weyrauch, Ben Witter, Ernst Penzoldt, Alfred Polgar und andere, von denen nur zwei in Rowohlts Briefen und Kolumnen enthalten sind: Eckhard Henscheid und Alfred Polgar.

Einer der wenigen Texte, die Stil und Philosophie von Harry Rowohlts Kolumnen direkt analysieren, ist Elisabeth Tilmanns Artikel *Palaver und Parlando. Harry Rowohlts erzählte, geschriebene und gelesene Anekdoten* (2022). Darin macht die Autorin auf die zentrale Rolle der Anekdote aufmerksam, die eine binäre Anordnung von Texten darstellt und das Zentrum der Erzählung mit ihrer Peripherie vertauscht: „Die Anekdote als Mikroerzählung und das Anekdotische als Erzähl- und Schreibweise avancieren im Werk Harry Rowohlts von der Neben- zur Hauptsache.“[42] Dies entspricht der Vorstellung, dass der Autor von Natur aus ein Geschichtenerzähler ist, der die Anekdote zum Hauptantrieb seiner Erzählungen über die Texte anderer Autoren und sein eigenes Leben macht: „Das zentrale Stilprinzip der Anekdoten und des anekdotischen Erzählens Harry Rowohlts besteht […] im Nebeneinander von Leerstelle und Wiederholung.“[43]

Dieser Stil ist charakteristisch für die verschiedenen Ausdrucksformen von Rowohlt, denn Anekdoten bestimmen auch die Reihenfolge von Leseabenden und Interviews und bilden ganze Kolumnen. Tilmann verweist auf „den von Peter Sieber explizierten Begriff des Parlando, mit welchem er Texte charakterisiert, die Elemente mündlicher Kommunikation in einen geschriebenen Text integrieren“[44].

Ein gewisser Anteil der von Rowohlt veröffentlichten Texte sind Interviews, die natürlich die gesprochene Sprache widerspiegeln, aber auch in seinen Briefen kommt dieser Stil vor, wenn Rowohlt Gespräche und Äußerungen anderer zitiert. Dies beinhaltet natürlich „den Einsatz von elliptischen Satzkonstruktionen, Anakoluthen, Aposiopesen“[45], denn solche mündlichen Erklärungen werden manchmal wörtlich zitiert. Ein weiteres wichtiges Verfahren, das Rowohlt anwandte, war die Gegenüberstellung von Anekdoten und live erzählten Geschichten bei seinen Begegnungen mit dem Publikum, wenn er aus dem Englischen übersetzte Texte präsentierte. Tilmann hebt besonders die Verbindung zwischen der Chronologie des

42 Elisabeth Tilmann, *Palaver und Parlando. Harry Rowohlts erzählte, geschriebene und gelesene Anekdoten*, in: Christian Moser/Reinhard M. Möller, *Anekdotisches Erzählen: Zur Geschichte und Poetik einer kleinen Form*, Berlin, Boston 2022, S. 361–377, hier S. 362.

43 Ebenda, S. 362.

44 Ebenda, S. 363.

45 Ebenda.

Autorenabends und den in bestimmte Handlungsstränge eingewobenen Anekdoten hervor, die die Haupterzählung unterbrechen und die verschiedenen Teile des Treffens durch den Wechsel von Ort und Zeit der Erzählung differenzieren: Rowohlt

> löst Anekdoten aus etwaigen Rahmenerzählungen und den Publikationskontexten von Zeitung und Buch heraus und passt sie beispielsweise an die Chronologie einer Abendveranstaltung [...]. Damit legitimiert der Verfasser bzw. Erzähler die De- und Rekontextualisierung „seiner" Anekdoten und verleiht ihnen so einen hohen Grad an Autonomie.[46]

Kurzum: Rowohlt baut Geschichten über sich selbst in Geschichten aus von ihm übersetzten Büchern ein und schafft so die Voraussetzungen dafür, dass seine Figur mit fiktionalen Inhalten in Verbindung gebracht werden kann. Durch dieses Verfahren erhält er Spitznamen, die ihm bestimmte Eigenschaften oder Charakterzüge solcher Figuren zuschreiben.

Dieses Vorgehen zeigte sich schon zu Rowohlts Lebzeiten, sowohl in seinem persönlichen Engagement, als er seine Kolumne in der Zeitung einrichtete, als auch in der Veröffentlichung von Texten anlässlich seines Geburtstages und insbesondere von posthumen Texten:

> Wie in den Titeln der Nachrufe von Arno Frank (*Ein Bär von sehr großem Verstand*, 2015), und Klaus Bittermann (*Der Mann, der Pu der Bär war*, 2015) wird mit dem Verweis auf den „brummig-bärigen Harry-Bariton" auf eine in diesem Fall paradigmatische Verzahnung von Autor und Werk angespielt, da Rowohlt in Anlehnung an seinen größten Übersetzungserfolg eine selbstironisierende Persona annahm.[47]

Das letzte von Tilmann angeführte Beispiel ist eine klare Fortsetzung der Identifikation Rowohlts mit der fiktionalen Märchenfigur und zugleich ein Beleg dafür, dass diese Identifikation bzw. Selbstidentifikation nicht einfach Selbstzweck ist, sondern einen zweiten Grund verbirgt, nämlich dass sie mit der Autobiografie verknüpft ist und sich daher eher an Erwachsene als an Kinder, also an die ersten Leser des übersetzten Werkes richtet. Darüber hinaus hat Rowohlt einige der Anekdoten mehrfach

46 Ebenda, S. 363–364.

47 Ebenda, S. 364.

verwendet, was zeigt, dass sie sowohl den Charakter hatten, die Fiktion mit autobiografischen Elementen anzureichern, als auch als ästhetische Ausschmückung fungierten und dass ihr Inhalt es erlaubte, die Haupthandlung dank ihrer losen Verbindung mit ihr zu modifizieren oder sogar zu verändern.
Auch Tilmann weist auf diesen Aspekt von Rowohlts Stil hin:

> Die Anekdote wird zwar grundsätzlich als faktuale Gattung etabliert – ein Beispiel dafür ist Rowohlts Verweis darauf, dass er nur erzählen könne, was er selbst erlebt habe [...]. Jedoch gerät die Anekdote insbesondere durch Strukturmomente der Wiederholung unter Fiktionalitätsverdacht [...].[48]

Folglich führte dies zur „Etablierung der Persona des Anekdotenerzählers“[49]. Rowohlt war also als lehrender Künstler nicht nur ein transparenter Vermittler von Inhalten, sondern stellte sich als Kommentator, Übersetzer, Freund oder Bekannter des Autors in den Kontext des präsentierten Werkes. Diese Ausrichtung der Erzählung auf sich selbst ermöglichte es Rowohlt, in den autobiografischen Texten seine Übersetzungstätigkeit zu evozieren, aber auch eine ganze Galerie von Figuren und Tätigkeiten zu erschließen, die es ohne solche Abschweifungen nicht geben könnte, weil sie mit der Übersetzung nichts zu tun hatten, sondern nur durch die Figur des Übersetzers mit ihr verbunden waren:

> Andererseits ziehen erst die Anekdoten die vielfältigen Tätigkeiten Rowohlts in die Aufmerksamkeit, wodurch etwa die Übersetzungen Teil des Werkganzen wurden. Das Wissen um die Übersetzungen und sein Bekanntheitsgrad hatten auch den Effekt, dass sein Name oft in großen Lettern auf den Covern der von ihm übertragenen Bücher zu finden ist.[50]

Die von Rowohlt verfassten Kolumnen enthalten überwiegend erweiterte persönliche Themen aus den Bereichen Kino, Literatur und Sprache. In diesem Sinne steht Rowohlt als Kolumnist in der Tradition des Wiener Kolumnisten Alfred Polgar, vor allem durch seinen individuellen Stil und „satirisch-kabarettistischen Erfolg“[51].

48 Ebenda.
49 Ebenda, S. 364.
50 Ebenda, S. 375.
51 Irmgard Wirtz, *Joseph Roths Fiktionen des Faktischen: Das Feuilleton der zwanziger Jahre und „Die Geschichte von der 1002. Nacht“ im historischen Kontext*, Berlin 1997, S. 25.

Tatsächlich erwähnt er dies sehr oft in seinen Texten. Bereits 1982 schrieb Rowohlt eine Rezension zur Veröffentlichung eines Bandes mit Polgars Texten und verwies auf das polemische Talent des Autors:

> Der 1. Band der Polgar-Gesamtausgabe ist erschienen. […] Gedauert hat das, als hätte man einen völlig unbekannten Autor ausgraben und übersetzen müssen. Aber dafür ist die Sache nun auch ediert. […] In dem Vorwort schreibt Marcel Reich-Ranicki, dass Alfred Polgar ein Opportunist gewesen ist. „Schlimmer als die unnützen Nichtstuer", schreibt Polgar, ohne Namen zu nennen, „sind die unnützen Tuer."[52]

2003 korrespondierte Rowohlt mit dem Schauspieler und Synchronsprecher Friedrich Schoenfelder über eine Anthologie mit Werken von Alfred Polgar und schrieb über seine Beteiligung an der Veröffentlichung dieser Texte: „[…] im Augenblick stelle ich ein Alfred-Polgar-Lesebuch zusammen. […] ‚Ich hatte immer gedacht, ich hätte alles von Polgar gelesen. Stimmt aber gar nicht. Und jetzt werde ich dafür bezahlt, daß ich tatsächlich mal alles von Polgar lese. Ein Traumjob.'"[53] Im selben Brief findet sich auch die Charakterisierung Polgars, die auf seine Ähnlichkeit mit Rowohlt sowie auf die Gemeinsamkeit ihrer linken politischen Ansichten hinweist:

> Wovor mir allerdings graut, ist die Polgar-CD, die ich nach erfolgter Lesebuch-Herausgabe werde machen müssen, weil Kein & Aber als Tonträger-Verlag begonnen hat. Ich habe – so rein physisch! – überhaupt nichts von Polgar an mir. Sonst natürlich schon. Die feine Beobachtungsgabe, den nie versiegenden und nie verletzenden Humor, die unversöhnliche linke, stets aber auf Ausgleich bedachte Einstellung, das unüberhörbare Augenzwinkern … Ich hab's ja so gut.[54]

Im Dezember 2003 verwies Rowohlt erneut auf die Veröffentlichung von Polgars Texten und betonte seine linke Haltung. Er entschied sich auch für eine persönliche Note:

---

52 Harry Rowohlt, *Alfred Polgar: „Kleine Schriften I"*, in: Harry Rowohlt, *Pooh's Corner. Meinungen eines Bären von sehr geringem Verstand. Gesammelte Werke 1989–1996*, S. 429–430.

53 Harry Rowohlt, Brief an Friedrich Schoenfelder, Schauspieler und Synchronsprecher (19.06.2003), in: Harry Rowohlt, *Der Kampf geht weiter! Nicht weggeschmissene Briefe I*, S. 357–364, hier S. 361.

54 Ebenda, S. 363.

> Ich z. B. habe *Das Große Alfred-Polgar-Lesebuch* für Kein & Aber in Zürich zusammengestellt, wobei man über Alfred Polgar wissen muß, daß er einer der obersten und vergessensten austrojüdischlinken Essayisten, Kritiker und allgemeinen Beobachter war, plus ein sehr guter Freund, als ich sechs und er siebzig war.[55]

Rowohlt wiederholte diese Geschichte im Buchinterview mit Ralf Sotscheck *In Schlucken-zwei-Spechte*, in dem er erzählte, wie er sich als Sechsjähriger mit „einem wunderbaren Jahrhundertgenie wie Alfred Polgar“[56] angefreundet hatte.

Rowohlts Kolumnen und Briefe zeigen auch eine recht enge Beziehung zwischen Harry Rowohlt und Eckhard Henscheid, allerdings nicht in dem Maße wie die Beziehung zu Polgar. Im ersten Fall war sie nicht nur persönlich, sondern glich auch einem Meister-Schüler-Verhältnis, wohingegen Rowohlt von Henscheid oft als potenzieller Autor eines Romans oder Gedichts gerügt wurde. Rowohlt erwähnt dies bereits in den 1990er-Jahren: „[...] dank Dir habe ich jetzt auch eine Antwort auf die Frage, die mir am zweithäufigsten gestellt wird [...]: Wann können wir denn mit einem Roman aus Ihrer Feder rechnen? [...] ‚Ich darf ja nicht. Henscheid sagt, er bricht mir den Arm.‘“[57] Viele Jahre später kehrte er zu diesem Thema zurück: „Vor Jahren ließ mir Henscheid androhen, wenn ich einen Roman oder gar Lyrik schriebe, bräche er mir den rechten Arm.“[58] Zugleich räumt Rowohlt ein, dass Henscheid für ihn eine Autorität ist: „[...] jetzt leben von meinen Idolen nur noch Sie und Henscheid“[59]. Diese Meinung stand damals im Zusammenhang mit Rowohlts Interesse an den laufenden Aktivitäten seines „Idols“, d. h. dem Schreiben von Romanen und Henscheids Veröffentlichung von Kolumnen in der Presse: „Es ist schön, es ist angenehm, es ist eine Wohltat, nunmehr verläßlich jede Woche etwas von Eckhard Henscheid im ZEIT-Magazin zu finden; [...] Henscheid ist Henscheid [...].“[60] Zusam-

---

55 Harry Rowohlt, Brief an Roger Boylan (27.12.2003), in: Harry Rowohlt, *Der Kampf geht weiter! Nicht weggeschmissene Briefe I*, S. 385–387, hier 385.

56 Harry Rowohlt/Ralf Sotscheck, *In Schlucken-zwei-Spechte. Harry Rowohlt erzählt Ralf Sotscheck sein Leben von der Wiege bis zur Biege*, S. 29.

57 Harry Rowohlt, Brief an Eckhard Henscheid (29.04.1995), in: Harry Rowohlt, *Der Kampf geht weiter! Nicht weggeschmissene Briefe I*, S. 241–242.

58 Harry Rowohlt, Brief an Peter Rühmkopf (10.11.2007), in: Harry Rowohlt, *Gottes Segen und Rot Front. Nicht weggeschmissene Briefe II*, S. 153.

59 Harry Rowohlt, Brief an Michael Naumann (19.12.2007), in: Harry Rowohlt, *Gottes Segen und Rot Front. Nicht weggeschmissene Briefe II*, S. 169.

60 Harry Rowohlt, Brief an „Die Zeit“ (21.03.1986), in: Harry Rowohlt, *Der Kampf geht weiter! Nicht weggeschmissene Briefe I*, S. 88.

men mit Robert Gernhardt und anderen gründete Henscheid die bereits erwähnte „Neue Frankfurter Schule“ und deren satirische Zeitschrift *Titanic.*

Es ist nicht ohne Bedeutung, dass Rowohlt in *Pooh's Corner* auf eines der Schlüsselwerke Henscheids verweist, nämlich *Auweia: Ein Infantilroman* (2007), in dem der Autor in einer Art konsequent angewandter Parodie von sprachlichen Mitteln einer sich eher dumm stellenden Boulevardpresse die Geschichte der beiden berühmten Tennisspieler Heidi und Ron und ihrer Kinder Laden Bin und Johana Isidora Pia Fuck Surinam darstellt: „Darunter liegt der ‚Infantilroman‘ *auweia* von Eckhard Henscheid. Das Buch ist eine Gute-Laune-Hölle aus ‚Bummsti!‘, ‚Tschüssikowski!‘ und ‚Hallöchen!‘. [...] Ich beschließe, längere Zeit nichts zu sagen, und empfehle das Buch eilig.“[61] Die Geschichte wird von Henscheid mittels einer Parodie von Strategien der Boulevardpresse erzählt und akzentuiert eine gewisse *Inferiorität* des Erzählten, was im Grunde genommen ähnlich erreicht werden kann, wenn man den eigenen Text in *unendliche Abschweifungen* treibt (wie Rowohlt).

In ihrer Korrespondenz mit Rowohlt schreibt Antje Kunstmann am 08.09.2007 über Henscheids Begegnungen mit Lesern und lobt ihn für den Mut, mit dem er sich in den verschiedenen Regionen Deutschlands bewegt, was darauf hindeutet, dass sie und Rowohlt Henscheids Karriere gemeinsam verfolgen. Rowohlt kommentiert die Angelegenheit wie folgt: „Am Samstag geht's ins fränkische Kallmünz zur AUWEIA Buchvorstellung/Lesung. Bin mal gespannt, wie Eckhard die Gute-Laune-Hölle vorträgt und wie die fränkischen Henscheid-Fans reagieren“[62], und: „Mit Kallmünz beweist Henscheid Mut, sind Oberpfälzer und Franken doch streng verfeindet.“[63]

In Rowohlts Kolumnen finden sich viele solcher Reflexionen über Kultur, aber auch Bezüge zur aktuellen politischen Situation. So schrieb Rowohlt über seine ersten Eindrücke nach dem Fall der Mauer in *Pooh's Corner* (1989) wie folgt:

> An jenem Sonntag nach jenem Samstag nach jenem Freitag wollte ich mich ganz heftig wiedervereinigen, und da bin ich auf die Reeperbahn gegangen, Trabis kucken. Ja. Und ich hab ganz schön geschluckt. Vor Rührung. Die Tränen heruntergeschluckt. Sonst erst mal nichts geschluckt. Denn du kannst ja nicht

---

61 Harry Rowohlt, *Sauerkraut aus Rotkohl*, in: Harry Rowohlt, *Pooh's Corner. Meinungen eines Bären von sehr geringem Verstand. Gesammelte Werke 1997–2013*, S. 114–117, hier S. 116.

62 Antje Kunstmann, Brief an Harry Rowohlt (04.09.2007), in: Harry Rowohlt, *Gottes Segen und Rot Front. Nicht weggeschmissene Briefe II*, S. 135–136, hier S. 136.

63 Harry Rowohlt, Brief an Antje Kunstmann (08.09.2007), in: Harry Rowohlt, *Gottes Segen und Rot Front. Nicht weggeschmissene Briefe II*, 137–139, hier S. 137.

> als ausgewiesen gefährlicher Bursche über den Kiez ziehen und angesichts des dicht an dicht geparkten und mit Röschen und Zitrusfrüchten geschmückten Pressspan-Charmes pro zehn Trabis einmal in Tränen ausbrechen. Und das Schärfste waren, wie fast immer, die Kinder. Weil doch in der DDR fast alles verboten ist, nahmen sie an, in der BRD sei fast alles erlaubt, und strömten in die Peep-Shows.[64]

Vor den Ereignissen der deutschen Wiedervereinigung hatte Rowohlt mit der Neuübersetzung von *Pu der Bär* alle Hände voll zu tun. Sie erschien schließlich im Jahr 1987.[65] Im Vergleich zu der 1928 erschienenen Übersetzung von E. L. Schiffers musste sein Text aufgefrischt und an vielen Stellen besser an das Original angepasst werden. Rowohlt hat die deutsche Fassung von Anfang an sehr persönlich genommen und war bestrebt, die Intention des Autors richtig wiederzugeben. Außerdem erschien *Pu der Bär* als Hörbuch, das Rowohlt mit seiner charakteristischen brummigen Stimme vorlas. Adaptionen dieser Übersetzung gibt es nur wenige, da solche Texte nicht als eigenständige und originäre literarische Werke wahrgenommen werden, sondern als Kopien des Originals, aber die verschiedenen Versionen sind doch vergleichbar. Emer O'Sullivan weist in ihrem Aufsatz *Winnie-the-Pooh und der erwachsene Leser: die Mehrfachadressiertheit eines kinderliterarischen Textes im Übersetzungsvergleich* (1994) auf den Hauptunterschied zwischen der alten und der neuen Fassung des deutschen *Pu der Bär*-Kinderbuchs hin:

> Wenn man von der Reaktion von Teilnehmern an Lesungen aus seinen Übersetzungen Schlüsse ziehen könnte, wäre man geneigt zu glauben, dieser Pu spräche Erwachsene stärker an. Bei einer Lesung in Frankfurts Literaturhaus Ende 1991 waren es die Erwachsenen, die die Mehrzahl der Teilnehmer ausmachten (darunter auch viele, die nicht meinten, Kinder als „Vorwand" mitnehmen zu müssen). Dies hängt sicherlich auch mit der Person Rowohlts zusammen, eines Übersetzers mit gutem „Riecher" für „kulturverdächtige" Bücher (wie die von Flann O'Brien), der Pooh schon vor Jahren mit seiner Kolumne

64 Harry Rowohlt, *Möchte ich mich wiedervereinigen?*, in: Harry Rowohlt, *Pooh's Corner. Meinungen eines Bären von sehr geringem Verstand. Gesammelte Werke 1989–1996*, S. 45–48, hier S. 45–46.

65 Vgl. Tomasz Małyszek, *Pu der Bär und Harry Rowohlt*, in: *Germanica Wratislaviensia*, Nr. 147/2022, S. 61–80.

„Poohs Corner" in der Zeit in Deutschland in den „Erwachsenendiskurs" eingeführt hat.[66]

In Anlehnung an O'Sullivan vergleicht Gillian Lathey denselben Abschnitt der Pu-Geschichte in zwei Übersetzungen. Die erste ist von E. L. Schiffer: „‚Eule lebte in den Kastanien in einem alten, schönen Palast, der prächtiger war als alles, was der Bär je gesehen hatte, denn vor der Tür hingen ein Klopfer und ein Klingelzug' (Milne, 1926; *Pu der Bär*, trans. E. L. Schiffer, 1928: 65, zit. nach Sullivan, S. 17)."[67] Rowohlts Übersetzung klingt ganz anders:

> „Eule wohnte an einer Adresse namens ‚Zu den Kastanien', einem Landsitz von großem Zauber, wie man ihn aus der Alten Welt kennt, und diese Adresse war großartiger als alle anderen; zumindest käme es dem Bären so vor, denn sie hatte *sowohl* einen Türklopfer *als auch* einen Klingelzug" (Milne, 1926; *Pu der Bär*, trans. Harry Rowohlt, 1987: 54, zit. nach Sullivan, S. 17).[68]

Lathey kommentiert den obigen Vergleich wie folgt:

> Schiffer lässt sowohl die Parodie der Immobilienmakler-Übertreibung in der „alten Welt mit großem Charme" weg als auch die Anspielung auf die britische Gewohnheit, Häuser im Klischee „The Chestnuts" zu benennen, die beide wahrscheinlich von erwachsenen Lesern geschätzt werden. Glücklicherweise setzt Rowohlt in der späteren Übersetzung die kursive Hervorhebung wieder ein und gibt, wie O'Sullivan es formuliert, dem deutschen erwachsenen Leser mehr Anlass zum Schmunzeln. Im Gegensatz zu Schiffer kümmert sich Rowohlt sowohl um kindliche als auch um erwachsene Leser.[69]

Es handelt sich um die kursiv gedruckte Konjunktion „both … and". Rowohlt erinnert in seiner Übersetzung an die viktorianische Zeit, als in England viele Kinder-

---

66 Emer O'Sullivan, *Winnie-the-Pooh und der erwachsene Leser: die Mehrfachadressiertheit eines kinderliterarischen Textes im Übersetzungsvergleich*, in: Hans-Heino Ewers/Gertrud Lehnert/Emer O'Sullivan (Hrsg.), *Kinderliteratur im interkulturellen Prozess. Studien zur Allgemeinen und Vergleichenden Kinderliteraturwissenschaft*, Stuttgart, Weimar 1994, S. 131–153, hier S. 134.

67 Gillian Lathey, *Translating Children's Literature*, New York 2016, S. 17.

68 Ebenda, S. 17.

69 Ebenda. Übersetzt von Tomasz Małyszek.

bücher auch von Erwachsenen eifrig gelesen wurden. Das zeigt sich an der Mehrdeutigkeit vieler Worte, die Milne verwendet und die Rowohlt mit subtiler Ironie übersetzt, ganz im Sinne dieser Tradition.

In dem Text *Nieder mit Neuschreib!* hinterfragt Rowohlt darüber hinaus die Gattungsspezifik des Kinderbuchs *Pu der Bär*: „*Focus* [...] stellte mich bei der Gelegenheit als ‚Übersetzer des Märchens *Pu der Bär*' vor. Daraufhin schrieb ich einen Leserbrief, der offenbar zu lang war, um abgedruckt zu werden: ‚Aha. *Pu der Bär* von Alan Alexander Milne ist ein Märchen. Und die Bibel ist eine Novelle. Und *Focus* ist ein modernes Nachrichtenmagazin.'"[70]

Die neue Übersetzung von Rowohlt enthält Elemente, die in den früheren deutschen Fassungen wenig Beachtung fanden. Zweifellos konnte sich Rowohlt beim Schreiben der deutschen Fassung auf seinen angeborenen Sinn für Ironie verlassen, der auch in seinen Briefen und vor allem in *Pooh's Corner* zum Ausdruck kam. Er fand in Milnes Buch alles, was zu seiner „Großen Teddybär"-Mentalität oder dem großen Kind, das immer spielen wollte, passen musste. An diese Art von erwachsenen Lesern richtet sich die *Pu der Bär*-Geschichte in der Übersetzung von Rowohlt: „Die Attraktivität für den erwachsenen Leser liegt in der Mischung aus Goldenem Zeitalter und verlorenem Paradies aus der Kindheit, in der Wald-Welt als Utopie, in der Heraufbeschwörung einer idealisierten Vergangenheit des Menschengeschlechts und auch des Individuums."[71] O'Sullivan beruft sich in ihrer Beschreibung der „Mehrfachadressiertheit"[72] solcher Texte wie *Pu der Bär*, besonders in Rowohlts Übersetzung, auf Hans-Heino Ewers: „Die Texte, die den Erwachsenen (auch) als eigentlichen Leser und nicht nur als Vermittler oder Mitleser ansprechen, machen für Ewers die ‚doppelbödige bzw. doppelsinnige Kinderliteratur' [...] aus."[73] Rowohlt übersetzte nicht nur Milnes Text ins Deutsche, sondern führte das Pu-Motiv im Laufe der Zeit auch in seine journalistische Arbeit ein und vermischte Märchenmotive mit Auseinandersetzungen über die deutsche Kultur und Politik und zum Teil sogar mit seinem eigenen Privatleben.

70 Harry Rowohlt, *Nieder mit Neuschreib!*, in: Harry Rowohlt, *Pooh's Corner. Meinungen eines Bären von sehr geringem Verstand. Gesammelte Werke 1997–2013*, S. 24–27, hier S. 26.

71 Emer O'Sullivan, *Winnie-the-Pooh und der erwachsene Leser: die Mehrfachadressiertheit eines kinderliterarischen Textes im Übersetzungsvergleich*, in: Hans-Heino Ewers/Gertrud Lehnert/Emer O'Sullivan (Hrsg.), *Kinderliteratur im interkulturellen Prozess. Studien zur Allgemeinen und Vergleichenden Kinderliteraturwissenschaft*, S. 133–134.

72 Ebenda, S. 131.

73 Ebenda, S. 132.

Um besser zu verstehen, vor welcher Aufgabe Rowohlt stand, als er sich für eine Neuübersetzung von Milnes Text entschied, lohnt es sich, die Geschichte früherer Übersetzungen von *Pu der Bär* ins Deutsche in Erinnerung zu rufen. Sie reicht bis ins Jahr 1928 zurück, als im Verlag Williams & Co. in Berlin Band 1 der ersten Fassung von E. L. Schiffer erschienen ist. Im Jahr 1954 wurde Band 2 *Wiedersehen mit Pu* im Verlag Dressler in der Übersetzung von Ursula Lehrburger veröffentlicht. Harry Rowohlts *Pu der Bär*-Übertragung von 1987 war nicht die letzte Episode in dieser Geschichte. Im Jahr 2009 erschien noch ein Folgeband von David Benedictus *Pu der Bär – Rückkehr in den Hundertsechzig-Morgen-Wald*, auch in Rowohlts Übersetzung.

Für Harry Rowohlt bedeutete die Pu-Geschichte nicht nur einen Übersetzungsauftrag, sondern auch eine Projektion der Tradition, der Motive und der Kontexte von A. A. Milnes Werk *Pu der Bär* (1926) auf seine Kolumnen in *Die Zeit* und auf die Briefe, die Rowohlt fast bis ans Ende seines Lebens schrieb. „Der Große Bär" war Rowohlts Beiname, der von seinen Freunden und in der Presse verwendet wurde. Das Pu-Motiv diente als eine Komponente der Rowohlt'schen Selbstdarstellung und sollte dementsprechend vor allem als ein fester Bestandteil seiner literarischen und journalistischen Argumentationsästhetik betrachtet werden. Rowohlts Übersetzung von *Pu der Bär* und das Hörbuch werden diese Geschichte auf dem deutschen Markt wohl noch viele Jahre lang monopolisieren. Darauf kommt Harry Rowohlt selbst in einem Brief an einen Hörer vom 1. März 2006 zu sprechen, in dem er auf amüsante Weise auf Rufus Beck verweist, einen deutschen Schauspieler, Hörspiel-, Hörbuch- und Synchronsprecher: „Im *Hamburg Journal*, dem hiesigen Lokalfernsehen, wurde Rufus Beck gefragt, welches Hörbuch er gern gemacht hätte. *Pu der Bär*, sagte er, ‚aber das hat mir Harry Rowohlt weggeschnappt.' Sinnentleert brüllte ich den Fernseher an: ‚Die Neuübersetzung hab ich dir auch weggeschnappt!!!'"[74]

Für Rowohlt wurde *Pu der Bär* zum Anstoß für das bereits mehrfach zitierte journalistische Forum *Pooh's Corner*, das von Anfang an mit politischen und weltanschaulichen Themen gespickt war. 1989 schrieb Rowohlt in seiner Kolumne *Ein unsouveränes Volk* direkt über Deutschland und beendete seinen Text mit einem Ausrufezeichen: „AUSSIEDLER RAUS! EINSIEDLER REIN!" Im Gespräch mit dem *Stern* und Gregor Gysi war er bereit, in eine Plattenbauwohnung in Karl-Marx-Stadt

74 Harry Rowohlt, Brief an eine Hörerin (01.03.2006), in: Harry Rowohlt, *Gottes Segen und Rot Front. Nicht weggeschmissene Briefe II*, S. 86–89, hier S. 87.

zu ziehen, wenn damit nur sein Traum von einer gerechten Gesellschaft in Erfüllung gehen würde. *Pooh's Corner* war sein Kommentar und sein Bekenntnis.

Darüber hinaus hat Rowohlt in mehreren Foren politische Themen angesprochen und dabei verschiedene Medien genutzt. Eines dieser Themen war der Kommunismus. Die privaten Briefe der Autoren des *Kommunistischen Manifests* wurden von Harry Rowohlt als Lesungen auf der CD *Marx & Engels intim. Briefwechsel von Karl Marx und Friedrich Engels* (München 2009) veröffentlicht, wobei Marx in diesen Texten viele antijüdische Ressentiments zeigt. Die Folge, so der Plan von Rowohlt, war ein Lachen des Publikums als Reaktion auf die verschiedenen Rassismen und Antisemitismen der zitierten Kapitalismuskritiker. Rowohlts einzigartige Ironie trug dazu bei, dass etablierte Autoritäten und Denkmuster anarchisch außer Kraft gesetzt wurden. Das gilt auch für die Menschen, die zu Rowohlts Zeiten lebten.

Vor der Wiedervereinigung schrieb Harry Rowohlt über seine Haltung gegenüber der DDR und Westdeutschland. In einem Brief an Horst Wandrey berichtete er von der Ignoranz der westdeutschen Kulturbeamten. Seine Mutter wollte das von Olaf Gulbransson gemalte Porträt von Ernst Rowohlt dem West-Berliner Stadtmuseum und anschließend der West-Berliner Akademie der Künste schenken. Die Vertreter der erstgenannten Institution seien dafür „zu blöd“, während die letzteren „nie was von Ernst Rowohlt gehört hatten“. Auf Anraten von Harry Rowohlt sollte sie „es doch der Karl-Marx-Universität zu Leipzig leihen. Dort ist der Alte immerhin Ehrendoktor und eine Ernst-Rowohlt Straße gibt es auch in Leipzig und die freuen sich bestimmt.“[75] Der Kontrast im Nebeneinander von West- und Ostdeutschen wird in dieser Geschichte nur allzu deutlich.

Die Wiedervereinigung und die Zeit danach wurden von Harry Rowohlt mehrmals in *Pooh's Corner* im politischen Kontext kommentiert. Noch 2008 knüpfte er an das Bild der DDR in den westdeutschen Medien der 1980er-Jahre an: „Die Springer-Presse hat bis zum Schluss ‚sogenannte DDR‘ geschrieben. Wäre ‚angebliche DDR‘ oder gar ‚mutmaßliche DDR‘ nicht viel vernichtender gewesen? Verschenkt. Jetzt ist es zu spät.“[76] Im Zusammenhang mit der veränderten politischen Lage der Deutschen wies er schon 1990 auf neue Fassaden mancher Parteien in Deutschland hin: „Und die West-CDU vereinigt sich mit der Ost-CDU. Die CDU, die endlich mal wieder der SPD Vaterlandslosigkeit vorwerfen konnte, vereinigt sich mit einer

---

75 Harry Rowohlt, Brief an Horst Wandrey, den Lektor des Henschel Verlags, Berlin (11.03. 1988), in: Harry Rowohlt, *Der Kampf geht weiter! Nicht weggeschmissene Briefe I*, S. 116.

76 Harry Rowohlt, *Dor'mund*, in: Harry Rowohlt, *Pooh's Corner. Meinungen eines Bären von sehr geringem Verstand. Gesammelte Werke 1997–2013*, S. 162–167, hier S. 166.

Unterorganisation der SED. Ich wähl sie trotzdem nicht."[77] Als deklarierter Kommunist wollte Harry Rowohlt sich 1990 keinen Sand in die Augen streuen lassen.

Inzwischen war die Zeit der Abrechnung mit dem Sicherheitsapparat der DDR gekommen. Nach dem Zusammenbruch der kommunistischen Diktatur wurde die sogenannte Gauck-Behörde eingerichtet, die alle Akten und Dokumente des Ministeriums für Staatssicherheit verwaltete und prüfte. Das Amt wurde von Joachim Gauck, einem ehemaligen Pastor aus Rostock übernommen, der die Einrichtung bis Oktober 2000 leitete. In den folgenden Jahren konnten sich Millionen von Bürgern mit den Akten vertraut machen, die die Geheimpolizei über sie führte.

Die neue Realität veranlasste den sonst eher schweigsamen Schriftsteller Patrick Süskind zur Veröffentlichung des Essays *Deutschland, eine Midlife-crisis* (1990), in dem er seine Skepsis gegenüber der bestehenden Situation zum Ausdruck brachte: „Ja, und ein wenig traurig bin ich, wenn ich daran denke, daß es den faden, kleinen, ungeliebten, praktischen Staat Bundesrepublik Deutschland, in dem ich groß geworden bin, künftig nicht mehr geben wird."[78]

Die Wiedervereinigung gab verschiedenen Vortragskünstlern die Möglichkeit, sich auf einem viel größeren Markt zu etablieren. Auch Rowohlt begann mit öffentlichen Auftritten, zunächst in Aachen in der Buchhandlung Backhaus. Er selbst sagte gern, dass er die Übersetzungen mit seinen vier Vollzeitjobs finanzierte. Rowohlts Begegnungen mit Lesern und Bewunderern seiner Stimme fanden in vielen deutschen Städten statt. Einige dieser Lesungen wurden auf CDs veröffentlicht.

Die Kunst des Rezitierens ist eine der ältesten menschlichen Künste und umfasst sowohl mittelalterliche Spielleute wie auch Live-Darsteller. Dazu gehörten auch die Textlesungen und Rezitationen von Rowohlt. Seitdem er in Aachen erstmals öffentlich auftrat, eilte ihm der Ruf eines exzellenten und unermüdlichen Vortragskünstlers voraus. Manche Lesungen dauerten bis zu sechs Stunden und wurden von Rowohlt als „Schausaufen mit Betonung" beschrieben. Im Jahr 1996 wurde er zu diesem Anlass sogar zum „Ambassador of Irish Whiskey" ernannt. Obwohl seine Lesungen in der Regel ausverkauft waren, musste er sie im Laufe der Zeit aufgrund einer unheilbaren Krankheit, der Polyneuropathie, die ihm das Gehen erschwerte, einstellen.

---

77 Harry Rowohlt, *Breaking in*, in: Harry Rowohlt, *Pooh's Corner. Meinungen eines Bären von sehr geringem Verstand. Gesammelte Werke 1989–1996*, Zürich, S. 86–87, hier S. 87.

78 Patrick Süskind, *Deutschland, eine Midlife-crisis*, in: *Der Spiegel*, Nr. 38/1990, S. 116–125, hier S. 125.

6. Auf der Bühne

1991–2000

In den frühen 1990er-Jahren übersetzte Harry Rowohlt die Texte des Engländers Frank Muir. Muir hatte im Laufe der Jahre als Autor und Moderator für eine Reihe von Programmen gearbeitet. Dabei handelte es sich vor allem um verschiedene satirische Sendungen aus den 1960er-Jahren, aber auch um Synchronsprecherrollen für Werbespots. Wie Rowohlt konnte er seine Stimme beruflich gut einsetzen. Im Jahr 1976 wurde das Buch *Frank Muir: Ein respektloser Begleiter der Sozialgeschichte*, eine Sammlung von Anekdoten und Zitaten, veröffentlicht. Neben der Hochkultur werden in dem Buch auch so alltägliche Themen wie Essen und Trinken angesprochen. Bekannt geworden sind verschiedene Hörbücher und Kinderbücher von Frank Muir, die in Zusammenarbeit mit Harry Rowohlt unter dem Titel *O-Schreck-lass-nach* erschienen sind. Die Geschichten von Oschi, einem kleinen, dicken Hund aus einer edlen Hundefamilie, hat Harry Rowohlt auch im Fernsehen erzählt.

Diese friedliche und fruchtbare Zeit für Rowohlt als Übersetzer erlebten viele Ostdeutsche keineswegs, für die sich die Wiedervereinigung nicht nur als heilsame Fügung, sondern angesichts der kriminellen Aktivitäten des ostdeutschen Sicherheitsapparates auch als Stunde der Wahrheit erwies. Am 15. Januar 1990 stürmten zahlreiche Demonstranten die ehemalige Stasi-Zentrale in Ost-Berlin, um die Vernichtung der gesammelten Akten zu verhindern. Der gesamte Geheimbereich war so groß und verwinkelt, dass die Stasi auch nach dem 15. Januar noch einige Akten verschwinden lassen konnte. Erst am 3. Oktober 1990, nach der Gründung des Bundesamtes für die Unterlagen des Staatssicherheitsdienstes unter der Leitung von Joachim Gauck, wurden die Akten in allen Kellern und Katakomben des Komplexes gesichert. Der 80-jährige ostdeutsche Diktator Erich Honecker wurde 1993 aus der Haft entlassen. Er war schwer an Krebs erkrankt, aber wieder frei. Bald flog er ins chilenische Exil, wo seine Frau auf ihn wartete. Er starb am 29. Mai 1994 in Santiago de Chile, lange nachdem sein Prozess ohne Urteil beendet worden war. Deutschland sollte politisch und wirtschaftlich wieder zusammengeführt werden. Im Osten wurde die D-Mark eingeführt und am 2. Dezember 1990 fanden Bundestagswahlen im vereinten Deutschland statt.

Der damalige Präsident der Westberliner Akademie der Künste, Walter Jens, der zu den linksliberalen Mitgliedern gehörte, die in der Wiedervereinigung einen Akt westlicher Kolonisierung sahen, bestand auf einer pauschalen Aufnahme der Ostberliner Akademiemitglieder, um der ehemaligen ostdeutschen Struktur der Akademie Legitimität zu verleihen. Einige Schriftsteller waren allerdings der Meinung, dass jeder Fall für sich betrachtet werden musste, da die Verantwortung der einzelnen Autoren für ihr unehrenhaftes Verhalten berücksichtigt werden sollte. Aus Protest gegen die „*pauschale*" Aufnahme ostdeutscher Akademiemitglieder durch Jens trat Günter Kunert 1992 aus der West-Berliner Kunstakademie aus.

Rowohlts Einstellung zu Jens war durchweg positiv. In seinem Essay *Ru(h)m für Bären & Poeten* schrieb er über den Aufenthalt bei Jens' Familie in Tübingen, wo er ein Abschiedsgeschenk erhielt:

> [...] als ich aus dem aufregenden Tübingen wieder ins öde Hamburg zurückmusste, schenkte er mir den Ölprinz, und zwar mit der Widmung Goethe spielt Flöte auf Schiller sein' Piller. Dein Freund Walter, und auch dafür werde ich ihn immer lieben. Und dass er mich, weil ich ihm nicht links genug war, du Sozikopp! nannte, war schließlich nichts als schiere Prophetie.[1]

Nach der Wiedervereinigung schrieb Jens in *Plädoyer gegen die Preisgabe der DDR-Kultur. Fünf Forderungen an die Intellektuellen im geeinten Deutschland* über zwei deutsche Staaten, aber eine deutsche Literatur und sprach sich gegen „die Treibjagd" der Moralisten[2] auf ehemalige DDR-Schriftsteller aus, die mitunter in das kommunistische System verstrickt waren.

Die politische und kulturelle Wiedervereinigung wurde bald im vollen Maße sichtbar. Die internationalen Filmfestspiele, kurz Berlinale, fanden 1990 schon im vereinigten Berlin statt. Der Silberne Bär in der Kategorie „Beste Regie" wurde damals an den Regisseur Michael Verhoeven für den Film *Das schreckliche Mädchen* (1989) vergeben.

---

1 Harry Rowohlt, *Ru(h)m für Bären & Poeten*, in: Harry Rowohlt, *Pooh's Corner. Meinungen eines Bären von sehr geringem Verstand. Gesammelte Werke 1989–1996*, S. 301–310, hier 309.

2 Vgl. Kerstin E. Reimann, *Schreiben nach der Wende – Wende im Schreiben? Literarische Reflexionen nach 1989/90*, Würzburg 2008, S. 159.

Verhoevens Film hatte großes Aufsehen im Ausland, besonders in den USA erregt.[3] Die Titelfigur Anna Elisabeth Rosmus musste aufgrund der Anfeindungen und sogar Todesdrohungen, die ihr entgegengebracht wurden, ihre Heimatstadt verlassen und wanderte in die Vereinigten Staaten aus. Das Thema war immer noch aktuell, weil ehemalige NS-Soldaten viele Positionen in deutschen Institutionen bekleideten. Nicht immer waren das Kriegsverbrecher. Manchmal handelte es sich nur um einfache Frontsoldaten. Die gemeinsame Kriegserfahrung hatte einen Einfluss auf ihre weitere Karriere in der BRD. Darüber schrieb Harry Rowohlt im Kontext seines Volontariats: „Der Rowohlt Verlag war durch Kriegskameraden meines Vaters geprägt, die ihm in der Etappe angenehm aufgefallen waren. Ich hätte, um mich wohl zu fühlen, erst mal 180 Menschen feuern müssen, und damit wäre der Verlag, was Abfindungen betrifft, sowieso erledigt gewesen.“[4]

In den frühen 1990er-Jahren gab es nicht viele neue Literaturverfilmungen. Der Anteil der deutschen Filme am gesamten Inlandsmarkt war auf nur noch 9,7 Prozent gesunken.[5] Harry Rowohlt hatte seine eigenen Theorien, wie man Filme klassifizieren kann:

> Filme (und andere epische Kunstwerke) wenden sich an drei Zielgruppen. Wenn ordentlich gehauen und geschossen wird, sind sie was für Jungs. Wenn geknutscht wird, sind sie was für Mädchen. Wenn ganz was anderes geboten wird, sind sie ganz was anderes und für ganz andere Leute.[6]

Zu dieser Zeit begann auch Harry Rowohlt seine praktischen Erfahrungen in der Filmbranche zu sammeln. Ab 1995 war er regelmäßig in der Fernsehserie *Lindenstraße* zu sehen. Zunächst spielte er, ohne dass sein Name im Abspann genannt wurde.

---

3 Vgl. Martina Thiele, *Publizistische Kontroversen über den Holocaust im Film*, Berlin 2007, S. 112.

4 Harry Rowohlt, „*Typisch, 'ne Fünf in Mathe*“, in: Harry Rowohlt, *Pooh's Corner. Meinungen eines Bären von sehr geringem Verstand. Gesammelte Werke 1989–1996*, S. 561–579 hier S. 565.

5 Vgl. Hans Günther Pflaum, Hans Helmut Prinzler, *Film in der Bundesrepublik Deutschland. Der neue deutsche Film. Von den Anfängen bis zur Gegenwart. Mit einem Exkurs über das Kino der DDR*, Bonn 1992, S. 55.

6 Harry Rowohlt, *Rein in den Wald und wieder raus aus dem Wald*, in: Harry Rowohlt, *Pooh's Corner. Meinungen eines Bären von sehr geringem Verstand. Gesammelte Werke 1989–1996*, S. 179–182, hier S. 179.

Das änderte sich schnell, denn seine Rolle als intelligenter und sarkastischer Obdachloser Harry Rennep brachte ihm viel Sympathie beim Publikum ein.

In einem Interview von 1998 erklärte Rowohlt ausführlich, wie es dazu kam. Der Rat seiner Frau, der auch in dem Interview erwähnt wird, war dabei wichtig, aber es waren vor allem Rowohlts Kolumnen in der Presse, die indirekt dazu beitrugen, dass ihm die Rolle in dem Film angeboten wurde:

> Es hat mich ein Mensch vom Magazin *essen & trinken* angerufen und hat gesagt, die machen Folgendes jeden Monat mit einem Prominenten: Die dürfen sich irgendwo in Europa ein Restaurant aussuchen, und dann führe man da hin und da können die sich voll fressen und breit saufen und werden dazu interviewt und fotografiert. Und da habe ich gesagt, er soll mich am Arsch lecken, ich kann mir mein Essen selber bezahlen. Ich bin von Beruf Übersetzer und nicht Promi. […] Da habe ich nochmal angerufen und habe gesagt: „Jetzt ist mir doch noch ein Restaurant innerhalb Europas eingefallen, nämlich Akropolis in der Lindenstraße." […] Wir sind dort sehr schön herumgeführt worden, haben jeder 100 Mark für Komparserie-Arbeiten bekommen. […] Und danach hat Frau von Wissotzky, die Pressetante der Lindenstraße, zu mir gesagt „Einen schönen Gruß von Herrn Geißendörfer und den beiden Drehbuchautorinnen. Alle drei sind begeisterte Leser Ihrer Kolumne *Pooh's Corner* in der ZEIT und wenn Sie Lust haben, dann schreiben sie Ihnen 'ne kleine Rolle rein." Da habe ich gesagt „Dann aber bitte nur einen Penner, denn das ist bisher die einzige Randgruppe, die etwas stiefmütterlich behandelt wurde." Und jetzt bin ich dabeigeblieben.[7]

Abgesehen von der Serie *Lindenstraße* war Rowohlt als Schauspieler nicht sehr aktiv. Im Jahr 2001 sprach er die Rolle des Nilpferds Hippo in der Zeichentrickverfilmung von *Der kleine Eisbär*. In dem surrealistischen Film *Die Reise ins Glück* von Wenzel Storch aus dem Jahr 2004 war er die Stimme des Ersten Offiziers. Die Produktion des Films begann in den 1990er-Jahren und dauerte acht Jahre. Am Ende blieb Rowohlt für viele einfach ein unvergesslicher, ikonischer Obdachloser aus einer TV-Kultserie.

In der Zwischenzeit fanden in Deutschland administrative Veränderungen statt, die sowohl eine neue politische Landschaft als auch eine neue Hierarchie von Ziel-

---

7 „*Ich bin Übersetzer und nicht Promi*". Interview mit Harry Rowohlt über Lesen und „Lindenstraße". Mit Harry Rowohlt sprach Wolfgang Tischer (literaturcafe.de, 31.01.1998), in: https://www.literaturcafe.de/html/berichte/rowohlt/oshtml/ (Zugriff am 20.08.2022).

orten für Künstler, einschließlich Schriftstellern und Vortragskünstlern wie Harry Rowohlt, schufen. Am 20. Juni 1991 stimmte der Deutsche Bundestag für die Verlegung des Sitzes der Bundesregierung und des Bundestages nach Berlin. Diese Entscheidung bedeutete, dass Berlin faktisch die Rolle der deutschen Hauptstadt übernahm.

Einige ostdeutsche Städte wurden zu Zentren für neue kulturelle Initiativen. Nach den alten Konzepten der Leipziger Buchmesse in den Jahren 1990 und 1991 war klar, dass sie nur eine kleine Zahl von Lesern anziehen konnte. Erst 1992 nahm das Projekt mit der Teilnahme von 80 Leseautoren richtig Fahrt auf. Auch Harry Rowohlt besuchte damals die Leipziger Messe. Tatsächlich war er 1961 schon einmal in Leipzig gewesen, als dem verstorbenen Ernst Rowohlt in einer kleinen Feierstunde an der Karl-Marx-Universität die Ehrendoktorwürde verliehen wurde. Nach der Wiedervereinigung las Harry Rowohlt in Speck's Hof und in der Langen Nacht des Hörbuchs. Seine Erinnerungen an diese Ereignisse drehten sich um bestimmte räumliche Defizite in den Gebäuden der Leipziger Buchmesse und die ostdeutsche Mentalität: „Das war sehr angenehm. Ich mein, 400 Leute passen da rein, 500 sind drin, nochmal 500 stehen vor der Tür und skandieren ‚Wir wollen rein', mit genau der gleichen Betonung wie früher ‚Wir sind das Volk' ..."[8] Noch bissiger charakterisierte Rowohlt den intimen Charakter der Veranstaltung, indem er sie mit der Frankfurter Messe verglich, auch wenn er in diesem Fall darauf verzichtete, daran zu erinnern, was die ehemaligen Ostdeutschen vom Kommunismus gelehrt worden waren: „Die Leipziger Buchmesse sind praktisch dreieinhalb Wohnzimmer. Wenn man sich wirklich verzweifelt mit jemandem verabreden möchte, dann sagt man: ‚Wir treffen uns am Stand der *Horen.*' In Frankfurt würde man den nie finden."[9]

Ebenso wie Leipzig musste auch Potsdam seine Konzepte der kulturellen Entwicklung neu erfinden. Eines der letzten erfolgreichen DEFA-Projekte aus Babelsberg war der Film *Verfehlung* (1992) von Heiner Carow nach einer Novelle von Werner Heiduczek aus dem Jahr 1986, der das Schicksal von Menschen zeigte, die sich den DDR-Behörden verweigerten und faktisch zu einer lebenslangen Nichtexistenz im öffentlichen und gesellschaftlichen Leben verurteilt waren. Rowohlt fasste die Situation der DDR-Bürger während seines Aufenthaltes im Osten einmal wie folgt zusammen: „Als ich vor drei Jahren in Ost-Berlin war, habe ich gedacht: ‚Dir, meine

---

8 Harry Rowohlt, „Ich bin der Hauptpenner!", Interview: Björn Achenbach, in: Harry Rowohlt, *Pooh's Corner. Meinungen eines Bären von sehr geringem Verstand. Gesammelte Werke 1989–1996*, S. 580–589, hier S. 586.

9 Ebenda, S. 588–589.

liebe DDR, gebe ich noch drei Jahre. Aber dann ist Schluss.' Denn man durfte ja in der DDR nicht über die Straße gehen, wo man nicht über die Straße gehen durfte."[10] Natürlich war er sich des Widerspruchs zwischen der idealisierten Haltung eines „Kommunisten" und den Realitäten der Welt des realen Sozialismus bewusst, aber das machte er meist zu einem Witz. Das hinderte ihn jedoch nicht daran, gute Kontakte zu ehemaligen ostdeutschen Kommunisten wie Gregor Gysi zu pflegen. In dem *Die Woche*-Fragebogen vom 12. Februar 1995 äußerte er sogar den Wunsch, dass Egon Krenz seine Grabrede halten solle.[11] Auf die Frage, wo er gern beerdigt werden möchte, antwortete Rowohlt: „An der Kremlmauer, aber nicht jetzt gleich."[12]

Im erwähnten Fragebogen und im zweiten aus dem *FAZ*-Magazin vom 23. Mai 1992 finden sich darüber hinaus unter den verschiedenen humoristischen Äußerungen auch einige wenige, aber äußerst interessante Einsichten politischer und historischer Art, die sonst nirgendwo in Rowohlts Texten auftauchen. So verweist er beispielsweise in einer Umfrage von 1992 auf die Vergangenheit. Auf die Frage nach seiner Lieblingsgestalt in der Geschichte erwähnt er seinen Opa, Franz Pierenkämper, der Mitbegründer der USPD war. Das ist nicht verwunderlich, denn seine Figur taucht auch in *In Schlucken-zwei-Spechte* auf. Später jedoch, als Antwort auf eine Frage über „die Helden der Wirklichkeit", erwähnt Rowohlt seinen Freund „Eddy, der in der Résistance gekämpft und dies geheimgehalten hat, damit er keinen Orden kriegt"[13]. Die Antwort auf die nächste Frage ist ebenso humorvoll wie wichtig, denn auch sie ist mit historischen Erfahrungen verknüpft. Als seine „Heldin in der Geschichte" nennt Rowohlt seine „Freundin Martha, die das KZ Ravensbrück überlebte, um Deutschland zu etwas zu machen, was es dann doch nicht geworden ist"[14]. Die dritte geschichtsbezogene Episode ist die Frage „Welche geschichtlichen Leistungen bewundern Sie am meisten?" Die Antwort ist ähnlich zwiespältig wie bei den beiden vorherigen. Sie spielt auch auf eine bestimmte Geschichte an, liefert aber keine Details, um den genauen Ort und die Zeit des Ereignisses zu bestimmen, ebenso wie die bloße Erwähnung der Namen seiner Freunde Eddy und Martha dies

---

10 Harry Rowohlt, *Die Indianereinstellung*, in: Harry Rowohlt, *Pooh's Corner. Meinungen eines Bären von sehr geringem Verstand. Gesammelte Werke 1989–1996*, S. 62–65, hier S. 63.

11 Vgl. Der *Die Woche*-Fragebogen, in: Harry Rowohlt, *Pooh's Corner. Meinungen eines Bären von sehr geringem Verstand. Gesammelte Werke 1989–1996*, S. 596–599, hier S. 599.

12 Ebenda, S. 599.

13 *Erst drängeln und dann trödeln.* Der *FAZ-Magazin*-Fragebogen, in: Harry Rowohlt, *Pooh's Corner. Meinungen eines Bären von sehr geringem Verstand. Gesammelte Werke 1989–1996*, S. 590–595, hier S. 593.

14 Ebenda, S. 593.

nicht zulässt: „Wie der Volkssturm von Berlin-Grünheide sich geschlossen in sowjetische Kriegsgefangenschaft begab und zwei Tage später geschlossen aus derselben wieder entlassen wurde."[15] Obwohl Rowohlt auf bestimmte Personen und Ereignisse Bezug nimmt, lässt er den genauen Kontext weg, weil er sich auf die Idee, den Sinn der Episode konzentriert. In diesem Sinne handelt es sich eher um einen Teil philosophischer Erzählung mit einer Moral oder um Anekdoten, was zeigt, dass Rowohlt in Zeitungsinterviews die gleiche Erzählweise wie in den Kolumnen anwendet.

Für zwei kurze Fragebögen, die immerhin in einer halbwitzigen Konvention gehalten sind, finden sich darin verhältnismäßig viele historische Bezüge, was angesichts der Zeit, in der sie geschrieben wurden, kaum verwunderlich ist. Es war eine Zeit des verstärkten Interesses an der Geschichte des Nationalsozialismus in Literatur und Film, aber auch der jüngeren Ereignisse, die die scheinbar festen Grenzen von vor ein paar Monaten oder Jahren plötzlich zu einem Teil der Geschichte machten.

Damals brachte die Vergangenheitsbewältigung eine neue filmische Perspektive auf den Zweiten Weltkrieg im Osten, wie sie Joseph Vilsmaier in *Stalingrad* (1993) verfilmte. Das Werk zeigt den Fall der eingekesselten 6. Armee bis zu ihrer vernichtenden Niederlage Anfang 1943. Vilsmaier erzählte erneut eine Geschichte, die in der deutschen Literatur und im Kino nach 1945 immer wieder aufgegriffen wurde – die Schuld des Generalstabs, der zum Tod einfacher Soldaten beigetragen hat. Der Regisseur konnte die Geschichte aufwändig inszenieren, weil ihm die neuesten technischen Mittel und ein großes Budget zur Verfügung standen.

Manche Zuschauer empfanden den Film jedoch als voreingenommen und reaktionär. Er war ein neuer und kontroverser Beitrag zu Heinz Günther Konsaliks Roman *Der Arzt von Stalingrad*. Das Buch des ehemaligen Mitglieds einer Propagandakompanie war bereits 1958 verfilmt worden. In Vilsmaiers Film schöpfte die Stalingrad-Geschichte von einer „in den 1950er und 1960er Jahren weit verbreiteten Vorstellung, die Wehrmachtssoldaten seien die eigentlichen Opfer des Krieges gewesen: Opfer der brutalen Roten Armee und der unfähigen und ‚verräterischen' Nationalsozialisten".[16]

Das Thema hätte auch ganz anders formuliert werden können. Die Frage nach den Opfern wurde durch die Frage nach den Überlebenden ersetzt. Und manchmal waren es nicht sowjetische Soldaten, die zum Leid der einfachen Soldaten beitrugen, sondern zynische deutsche Offiziere, die es verstanden, für sich selbst zu sorgen. Sie

---

15 Ebenda, S. 594.

16 *Unsere Russen, Unsere Deutschen: Bilder vom Anderen 1800 bis 2000*, hrsg. von dem Deutsch-Russischen Museum Berlin-Karlshorst e. V., Berlin 2007, S. 158.

schickten andere an die Front in den Tod, während sie selbst überlebten, auch wenn sie als Fanatiker erschienen. Einen solchen Menschen hat Rowohlt einmal in einem griechischen Imbiss getroffen:

> Und da war in der Ecke ein alter Waffen-SSler festgeschraubt. Der stand da immer, rauchte Kette und trank Bier und trug Sandalen mit Socken. Und führte dann manchmal das große Wort. Und ich hab ihn gefragt, ob er sich an die Schrift seines Eides erinnert, nämlich Führer und Vaterland bis zum letzten Blutstropfen zu verteidigen. Und er sagte, ja klar. Und ich fragte: „Was machen Sie dann hier, wenn ich mal fragen darf?" Und dann kam er nie wieder. Das gehört auch zur Kultur.[17]

Es ging natürlich um die Kultur der Heuchelei, auf die Rowohlt in seinem Beitrag treffend hingewiesen hat.

Diese Heuchelei war im Übrigen vielfältig und kam sowohl in linken als auch in rechten Kreisen vor, und es gab einen weiteren Begriff dafür: Moralapostel. Aufgrund der liberalen Tendenzen in der westdeutschen Kultur und der moralischen Revolution der 1960er-Jahre traten auf der linksliberalen Seite mehr prominente Apologeten der Moral auf, und der Angriff auf die Rechte, die Kirche und den Konservatismus wurde zu einer Möglichkeit, die Kunst in die Politik einzubeziehen. Ein spektakuläres Beispiel für einen solchen erfolgreichen Angriff in Deutschland war das bereits erwähnte Drama *Der Stellvertreter* von Rolf Hochhuth, das in West-Berlin im Theater am Kurfürstendamm – damals Sitz der Freien Volksbühne – aufgeführt wurde.

In den Augen konservativer Publizisten wie Caspar von Schrenck-Notzing galten moralisierende Schriftsteller als extravertierte Manipulanten, deren Sprache, „Lebensart" und institutionelle Verankerung aufdringlich und zwanghaft waren. In seinem Text *Der Moralist* (1990) identifizierte Schrenck-Notzing Hochhuth als eine solche Person und wies dann auf die Hauptfigur von Erich Kästners Roman *Fabian* (1931) als Prototyp von Hochhuth hin, als „das Ebenbild des Fabian"[18]. Für den konservativen Publizisten war Hochhuth ein klassischer Vertreter der neuen Nach-

---

17 Harry Rowohlt, *Kulturgeschichten*, in: Harry Rowohlt, *Pooh's Corner. Meinungen eines Bären von sehr geringem Verstand. Gesammelte Werke 1997–2009*, S. 290–292, hier S. 291.

18 Caspar von Schrenck-Notzing, *Der Moralist*, in: Caspar von Schrenck-Notzing, *Konservative Publizistik. Texte aus den Jahren 1961 bis 2008*, Berlin 2011, S. 452–455, hier S. 453.

kriegselite, die man mit einer Kaste von herrschenden Moralisten vergleichen könnte.

Harry Rowohlt verstand die Elitenproblematik ganz anders und sah schon gar nicht das Moralisieren bei Schriftstellern wie Hochhuth, bei dem er, wie schon erwähnt, gleichsam selbst zu seinem Erfolg beitrug. Rowohlt sah in der Zerstörung der deutschen Eliten durch die Nationalsozialisten den Niedergang der öffentlichen Autorität. Dabei hatte er jedoch nicht die Gegenwart vor Augen, sondern die 1930er-Jahre, als Deutschland seinen Anspruch auf den Titel „Kulturnation" verlor. Rowohlt nutzte für diese Überlegungen seine eigene satirische Konvention: „Wir Deutschen haben eben unsere kreative Elite zum größten Teil umgebracht und zum kleineren Teil vertrieben, und jetzt wundern wir uns, dass wir keine Kulturnation sind. Wenn das nicht so wäre, hätte ich es nie zum *Zeit*-Kolumnisten gebracht, weil die Konkurrenz zu hart gewesen wäre."[19] Hochhuth selbst hatte es in den 1990er-Jahren nicht leicht, weil eben damals in Berlin ein langjähriger Streit zwischen Hochhuth und dem Berliner Ensemble begann, aber das ist schon eine andere Geschichte.

Auf jeden Fall wollte man in den 1990er-Jahren der Welt auf verschiedene Art beweisen, dass es in Deutschland zumindest eine höhere politische Kultur gab. 1995 blieb der Reichstag den Blicken der Berliner verborgen, da er mit einem riesigen Aluminium-Polypropylen-Gewebe verdeckt wurde. Das berühmte Künstlerpaar Christo und Jeanne-Claude hüllten den Reichstag im Rahmen einer künstlerischen Aktion in den Stoff. Zwei Wochen lang haben die deutschen Politiker der Welt gezeigt, dass sie „entspannt" sein können. Das Projekt ist zu einer Ikone der jüngeren deutschen Geschichte geworden und wurde von nicht weniger als 292 Bundestagsabgeordneten unterstützt.

Solche Projekte schufen eine neue Realität, aber es war nicht weniger populär, sich auf den Bruch und die Wiedervereinigung Deutschlands zu beziehen und diese aufzuarbeiten. Thomas Brussig hat sich damals in dem Text *Helden wie wir* (1995) mit dem Leben in der DDR auseinandergesetzt. Seine Geschichte kann als satirischer Entwicklungsroman im Geiste des Picardischen Romans interpretiert werden. Das Buch wurde schnell zu einem Bestseller, da es die Nachfrage nach Wenderomanen deckte. Die Verfilmung wurde am zehnten Jahrestag des Falls der Berliner Mauer in die Kinos gebracht.

19 Harry Rowohlt, „*Typisch, 'ne Fünf in Mathe*", in: Harry Rowohlt, *Pooh's Corner. Meinungen eines Bären von sehr geringem Verstand. Gesammelte Werke 1989–1996*, S. 561–579, hier S. 572.

Als Brussigs Text erschien, war die Aufmerksamkeit auf Bernhard Schlinks Bestsellerroman *Der Vorleser* (1995) gerichtet, in dem der Autor eine Initiationsgeschichte behandelte. Wie wichtig dieser Roman für Schlink auch in späteren Jahrzehnten blieb, zeigt eine amüsante Geschichte aus dem Jahr 2010, als er mit Harry Rowohlt und anderen an einer Fotomontage teilnahm. In einer Broschüre der Frankfurter Buchmesse kommentierten sie die bevorstehende Veröffentlichung der „Tagebuchfetzen" der Schauspielerin Marilyn Monroe. Sie alle erschienen mit blonden Monroe-Perücken unter dem Titel „Im Bett mit deutschen Verlagsfrauen". Rowohlt verwendete den Titel *Pu der Bär* und spielte auf seine Filmrolle an: „Ich bin die bessere Marilyn, weil [...] das meiner Pennerrolle als Rowohlt-Harry hundert Jahre Drive gibt. Norma – für mich so viel mehr als ein Supermarkt. *Pu der Bär* hatte mir sowieso immer zu wenig Oberweite."[20] Schlink verknüpfte seine Fotomontage mit seinem Roman *Der Vorleser*: „Ich bin die bessere Marilyn, weil [...] mein *Vorleser* schon in Hollywood war, was nicht mal der blöde Goethe geschafft hat. Notfalls klagt ein Schlink sich hoch."[21] Schlink erlangte mit seinem Roman Weltruhm, weil es ihm gelang, eine berührende Liebesgeschichte mit einer Vergangenheitsbewältigung zu verbinden. Wie in anderen Texten dieser „dritten Welle der Auseinandersetzung mit dem Holocaust"[22] am Ende des 20. Jahrhunderts gibt es auch in *Der Vorleser* keine dokumentarische Darstellung der NS-Verbrechen. Vor dem Hintergrund dieser historischen Ereignisse wird eine individuelle Liebesgeschichte erzählt. Die Idee eines Romans, der die Geschichte des 20. Jahrhunderts im Allgemeinen seziert, ähnelt derjenigen, die auch Brussig verwendet, aber Schlink griff auf eine viel tragischere Zeit zurück und entschied sich nicht für die satirische Konvention des Romans.

Das letzte Jahrzehnt des 20. Jahrhunderts schloss Schlink mit dem Essay *Heimat als Utopie* (2000) ab, in dem er seine Definition des gleichnamigen Ortes formulierte: „Heimat ist Nichtort [...]. Heimat ist Utopie. Am intensivsten wird sie erlebt, wenn man weg ist und sie einem fehlt; das eigentliche Heimatgefühl ist das Heimweh."[23] Solche Überlegungen waren auch symptomatisch für andere Autoren der 1990er-Jahre, die einen Beitrag zur Emigrantenliteratur jener Zeit leisteten, oft

20 https://www.faz.net/aktuell/feuilleton/buchmesse-2010/themen/der-grosse-m-m-aehnlichkeitswettbewerb-ich-bin-die-bessere-marilyn-weil-11057530/ich-bin-die-bessere-marilyn-11061683.html (Zugriff am 20.02.2020).

21 Ebenda.

22 Margret Möckel, *Erläuterungen zu Bernhard Schlink, „Der Vorleser"*, Hollfeld 2004, S. 21.

23 Bernhard Schlink, *Heimat als Utopie*, Frankfurt am Main 2000, S. 32.

linker Provenienz. Ihre Bücher bedeuteten eine klare, autonome Stimme unterschiedlicher Ethnien. Emine Sevgi Özdamar war eine der türkischen Schriftstellerinnen, die schon damals zur Entwicklung dieser Literatur wesentlich beigetragen haben. Nach ihrer Ankunft in Deutschland arbeitete sie in den 1960er-Jahren in einer Berliner Fabrik. Dann kehrte sie in die Türkei zurück, um nach dem Militärputsch in den 1970er-Jahren wieder nach Deutschland zu kommen. Die Autorin lebte in West-Berlin, hatte aber auch ein Visum für Ost-Berlin und arbeitete Mitte der 1970er-Jahre in der Ost-Berliner Volksbühnen-Bohème, unter anderem mit Heiner Müller.

Für einen Auszug aus dem Roman *Das Leben ist eine Karawanserei* gewann sie 1991 den Ingeborg-Bachmann-Preis. Im Roman vergleicht sie das Erzählen mit dem Weben eines Teppichs und so ist eben die Struktur dieser Geschichte. Özdamar verteidigte sie gegen Nachahmungen und warf einem anderen Schriftsteller türkischer Herkunft, Feridun Zaimoğlu, vor, *Das Leben ist eine Karawanserei* plagiiert zu haben. Diese Kontroverse sollte im entsprechenden Kontext gesehen werden. Zaimoğlu wandte sich gegen „die sogenannte ‚Gastarbeiterliteratur', sowie gegen exotisierende Tendenzen innerhalb der Mehrheitsgesellschaft"[24].

Im Jahre 2003 erhielt Zaimoğlu selbst den Ingeborg-Bachmann-Preis. Fünfzehn Jahre später hielt er im Rahmen der Eröffnung der 42. Tage der deutschsprachigen Literatur die Rede *Der Wert der Worte* (2018), in der er sich gegen die politische Rechte richtete. Ihren Intellektuellen und Schriftstellern warf er die Abneigung gegen Einwanderer vor: „Wer die Eigenen gegen die Anderen ausspielt und hetzt, ist rechts [...]. Es gibt keinen redlichen rechten Intellektuellen [und] keinen redlichen rechten Schriftsteller."[25]

Abgesehen davon, wie sich Özdamar innerhalb des politischen Spektrums positionierte, entdeckte Zaimoğlu in der Auseinandersetzung mit ihr etwas, was auch Harry Rowohlt erfahren hatte, nämlich dass Einwanderer selbst nicht immer an ihrer transnationalen Gemeinsamkeit interessiert waren und sich gern von anderen Kollektiven abgrenzten. Außerdem mussten sie an ihrem ursprünglichen Wohnort keineswegs die Toleranz gegenüber Ausländern aufbringen, die sie selbst von den Einwohnern der Länder, in die sie ausgewandert waren, erwarteten. Rowohlts

---

24 Jochen Neubauer, *Türkische Deutsche, Kanakster und Deutschländer: Identität und Fremdwahrnehmung in Film und Literatur: Fatih Akin, Thomas Arslan, Emine Sevgi Özdamar, Zafer Şenocak und Feridun Zaimoğlu*, Würzburg 2011, S. 468.

25 Feridun Zaimoğlu, *Der Wert der Worte*. Zit. nach: Matthias Alexander Schmidt, *Auf dem Altar der Worte*, in: *Christ in der Gegenwart*, Nr. 28/2018, S. 311–312, hier S. 311.

„Lieblingskommunist" Laiki, sein „Freund und Genosse"[26], der manchmal Fragen stellte, die einem „Altstalinisten"[27] sehr ähnlich waren, verwaltete als „kommunistischer Bürgermeister"[28] das Dorf Páltsi, wo Rowohlt ein Haus hatte. In *Pooh's Corner* beschloss Rowohlt, über Laiki während seines Aufenthalts in Deutschland zu sprechen:

> Nenne mir, Muse, den Mann, der es schafft, Laikis, des Ex-Bürgermeisters, Taten zu rühmen. [...] wie er neulich im Sonnenschein auf den Möbeln vor dem „Pressecafé" beim Bahnhof Zoo sturzvoll auf vier arrivierte Türken einschwallte? „Kenossen", radebrechte er, „Grieche, Türke, Kurde, Armenier, alles ssaiss-egal, Chauptsache Kenosse. Hoch die Internationale Solidarität", so dass die vier arrivierten Türken, bass erleichtert, weil es sich bei diesem linksextremen kleinen Hävelmann doch nicht um einen Landsmann handelte, eilig zahlten und sich, mit ihren Goldkettchen klirrend, aus dem Staube machten?[29]

Diese Anekdote zeigte, dass nicht jeder Kommunist automatisch ein Anhänger der Parole „Alle Menschen werden Brüder" war, aber sie ermöglichte es Rowohlt, im Gegensatz dazu seine weltanschauliche Konsequenz zu betonen, denn Rowohlts Haltung gegenüber Einwanderern und Ausländern war immer klar. Dies hat er in seiner Kolumne *Ein unsouveränes Volk* (1989) nachdrücklich zum Ausdruck gebracht, die er mit dem folgenden Klagelied abschließt: „AUSSIEDLER RAUS! EINSIEDLER REIN!"[30]

Obwohl Rowohlt die Texte von Özdamar und Zaimoğlu nicht übersetzte und dies auch gar nicht nötig war, da beide auf Deutsch schrieben, übersetzte er in den 1990er-Jahren zwei sehr wichtige Werke von Einwanderern, was zeigt, dass er dieser Art von Literatur mit Migrationshintergrund in der ganzen Welt besondere Aufmerksamkeit schenkte. Dazu gehören Frank McCourts Roman *Die Asche meiner Mutter* (1997), die Geschichte eines 1930 als Sohn irischer Einwanderer in Brooklyn,

---

26 Harry Rowohlt/Ralf Sotscheck, *In Schlucken-zwei-Spechte. Harry Rowohlt erzählt Ralf Sotscheck sein Leben von der Wiege bis zur Biege*, S. 217.

27 Ebenda, S. 217.

28 Ebenda, S. 202.

29 Harry Rowohlt, *Weinerlich: Mein anderer Lieblingskommunist*, in: Harry Rowohlt, *Pooh's Corner. Meinungen eines Bären von sehr geringem Verstand. Gesammelte Werke 1989–1996*, S. 117–120, hier S. 119.

30 Harry Rowohlt, *Ein unsouveränes Volk*, in: Harry Rowohlt, *Pooh's Corner. Meinungen eines Bären von sehr geringem Verstand. Gesammelte Werke 1989–1996*, S. 49–52, hier S. 52.

New York, geborenen Autors, und David Sedaris' Buch *Nackt* (1999). Hier beschreibt Sedaris als Nachfahre griechischer Einwanderer in 17 autobiografischen Geschichten unter anderem seine Erfahrungen in Amerika als Krankenpfleger in einer psychiatrischen Anstalt.

Rowohlt verband mit Frank McCourt viel mehr als nur eine berufliche Beziehung, wie er 2007 in einem Interview sagte: „Frank McCourt war neulich in Hamburg und hat liebenswürdigerweise vor Publikum gelogen, mit *Die Asche meiner Mutter* wäre er heute noch nicht fertig, wenn nicht auf der anderen Seite des Atlantik sein alter Kumpel Harry gesessen und ihm gedroht hätte. Mit dem bin ich richtig befreundet."[31] In diesem Fall hat das Original dem Übersetzer keine sprachlichen Einwände eingebracht, was man von seiner Arbeit an den Sedaris-Texten nicht behaupten kann, wie Rowohlt im selben Interview auf die Frage nach der „Verbesserung" des Originaltextes im Zuge der Übersetzung in eine andere Sprache gnadenlos feststellte:

> Standard: […] Kann der Übersetzer das Original verbessern? Rowohlt: Dürfte er eigentlich nicht. Ich habe drei Bücher von David Sedaris übersetzt, und ich hasse es, Leute zu übersetzen, deren Englisch schlechter ist als mein Deutsch, aber Sedaris' Englisch ist sogar schlechter als mein Englisch, was man der Übersetzung natürlich leider nicht mehr anmerkt, insofern ist sie nicht werktreu.[32]

Rowohlt übersetzte also die Literatur von Einwanderern oder deren Kindern und kannte die Probleme dieser Bevölkerungsgruppe sowohl in den USA als auch in Deutschland gut.

Die Einwandererliteratur kam in Mode, aber der Markt wurde weiterhin von Büchern bekannter und etablierter Autoren beherrscht. Einige von ihnen waren vielleicht nicht so vertraut mit den aktuellen Moden und Markttrends, aber sie versuchten sich erfolgreich an der Diagnose der Gegenwart. In der Mitte des Jahrzehnts erschien Günter Grass' *Ein weites Feld* (1995), ein Buch, das als Jahrhundertroman gefeiert wurde, „im Gestus des linken Nationaldichters geschrieben"[33], in dem der

---

31 *„Harry ist abgelenkt und treibt Nebendinge": Interview mit Kult-Übersetzer Harry Rowohlt*, in: *Der Standard* (27.02.2007), in: https://www.derstandard.at/story/2776508/harry-ist-abgelenkt-und-treibt-nebendinge-interview-mit-kult-uebersetzer-harry-rowohlt (Zugriff am 20.08.2022).

32 Ebenda.

33 Leonhard Herrmann, Silke Horstkotte, *Gegenwartsliteratur. Eine Einführung*, Stuttgart 2016, S. 22.

Autor die deutsche Wiedervereinigung im Kontext zweier vergangener Jahrhunderte beschreibt, der deutschen Einheit von 1871 und der Wiedervereinigung von 1989/90. Eine der beiden Hauptfiguren ist hier der Informant Hoftaller (Tallhover), der auf einer Figur aus einem anderen Buch basiert. 1986 erschien Hans Joachim Schädlichs Roman *Tallhover*, „eine fiktive Biographie eines deutschen Spitzels der Politischen Polizei, dessen Laufbahn in den 40er Jahren des 19. Jahrhunderts beginnt und in den 50er Jahren des 20. Jahrhunderts nur scheinbar endet“[34]. Dem Schluss stand Günter Grass kritisch gegenüber, vor allem „Tallhovers Selbstbestrafung und sein absehbares Ende“[35], deshalb schrieb er damals an Schädlich, dass sein Tallhover unsterblich sei und nun im Westen lebe. Grass wollte Tallhover als Fonty fortschreiben und seine „Unsterblichkeit“ zeigen. Für Schädlich war die Gleichsetzung der bundesdeutschen Institutionen und der Stasi nicht akzeptabel. Grass fand „üble Machenschaften westlicher Geheimdienste“[36] besonders kritisch und gab Beispiele von Böll, Frisch und Dürrenmatt, deren polizeiliche Daten in der BRD oder in der Schweiz gesammelt wurden. Schädlich war mit Grass nicht einverstanden: „Nach der Lektüre von *Ein weites Feld* war es endgültig klar, daß Grass meine Tallhover-Figur populistisch verkehrt, also verfälscht hatte durch die Verharmlosung des Stasi-Systems und die Gleichsetzung des Spitzels mit dessen Objekt (der Spitzel ist bei Grass zugleich Freund und Gönner des Opfers).“[37]

Schädlich akzeptierte auch Grass’ Übertritt in den Ost-PEN als Protest gegen das „Verdikt der Selbstgerechten im Westen“[38] nicht. Zu dieser Gelegenheit schrieb Schädlich am 20. Juni 1995 einen Brief an Grass, nachdem er in der *Woche* ein Interview des Schriftstellers mit seinem langjährigen Freund Manfred Bissinger gelesen hatte. Das war derselbe Bissinger, von dem Rowohlt im Text *Man sieht sich ja so selten. Beitrag zur Festschrift von Manfred Bissingers 65. Geburtstag* erzählte. Rowohlt hat sein „bisher Lieblingserlebnis mit ihm nicht mal selbst erlebt“, deshalb

34 Hans Joachim Schädlich, *„Tallhover“ – ein weites Feld. Autobiographische Notiz*, in: Andrea Bartl/Jürgen Eder/Harry Fröhlich/Klaus Dieter Post/Ursula Regener (Hrsg.), *„In Spuren gehen …“. Festschrift für Helmut Koopmann*, Tübingen 1998, S. 41–50, hier S. 41.

35 Ebenda, S. 41.

36 Ebenda, S. 44.

37 Ebenda, S. 50.

38 Ebenda, S. 47.

„musste er sich das schildern lassen“[39]. Es handelte sich um ein Gespräch, in dem der linksliberale Publizist Bissinger folgende Fragen stellte:

> Themenkonferenz. MB: Wir müssen mal was über die PDS machen. Wählt einer von euch PDS? Alle: (Schweigen) MB: Kennt denn wenigstens jemand einen, der PDS wählt? Anna Mikula: Ja, der Harrybär, der wählt PDS. MB: Na, der kann sich das ja auch leisten. Wie bei allem wirklich Komischen habe ich keine Ahnung, warum das nun komisch war. Ist es aber.[40]

Nicht zufällig kontextualisierte diese Szene linke Sympathien in den intellektuellen Kreisen der BRD, die in der früheren Geschichte Grass' Einstellung zum ostdeutschen PEN-Club verkörperte und von Schädlich abgelehnt wurde. Bissinger war von 1981 bis 1984 Chefredakteur des linken Politikmagazins *Konkret*, in dem das rot-grüne Bündnis positioniert werden sollte. Dasselbe wurde von ihm in der Zeitung *Die Woche* bis zu ihrem Untergang im Jahre 2002 fortgesetzt. Da sich das politische Klima veränderte, musste Abschied von dem rot-grünen publizistischen Projekt genommen werden.

In Rowohlts Kolumnen und Briefen erscheint Grass episodisch anlässlich anderer Ereignisse und Personen, die in Anekdoten auftauchen. Nichtsdestotrotz kann man in diesen Verweisen die eher beiläufige Haltung ihres Autors gegenüber Grass als einer fast monumentalen Figur erkennen, insbesondere in einem kurzen und bissigen Kommentar aus dem Buch *In Schlucken-zwei-Spechte*, in dem Rowohlt auf die Frage der Wahl des Kulturministers durch Bundeskanzler Gerhard Schröder Bezug nimmt. Während Martin Rickelt feststellt, dass dieser Minister einer von drei Kandidaten sein könnte: Jürgen Flimm, Günter Grass und Hans Geißendörfer, antwortet Rowohlt und charakterisiert Grass beiläufig: „Na ja, wenn man die Wahl hat zwischen einem Regisseur, der zugibt, Shakespeare nicht inszenieren zu können, [...] einem ständig beleidigten Mahner [d. h. Grass – T. M.] und einem begnadeten Organisator von Betriebsausflügen [...], dann fällt die Wahl ja wohl leicht.“[41]

---

39 Harry Rowohlt, *Man sieht sich ja so selten. Beitrag zur Festschrift von Manfred Bissingers 65. Geburtstag*, in: Harry Rowohlt, *Pooh's Corner. Meinungen eines Bären von sehr geringem Verstand. Gesammelte Werke 1997–2009*, S. 274–275, hier S. 274.

40 Ebenda, S. 274–275.

41 Harry Rowohlt/Ralf Sotscheck, *In Schlucken-zwei-Spechte. Harry Rowohlt erzählt Ralf Sotscheck sein Leben von der Wiege bis zur Biege*, S. 191.

In den 1990er-Jahren schrieb Rowohlt unter anderem für *SAISON* (das Reisemagazin von *Geo*) und für *Die Zeit*. In der Zwischenzeit erhielt er zahlreiche Auszeichnungen. 1996 wurde Rowohlt zum „Ambassador of Irish Whiskey“, für sechs *Pu der Bär*-CDs bekam er „eine geschmackvolle Kleinplastik vom Hessischen Rundfunk für das Kinder- und Jugendhörbuch des Jahres 1997“[42]. Darauf folgten weitere Preise, wobei Rowohlt die wichtigste Auszeichnung am 1. Mai 1999 in Erfurt erhielt. Der Johann-Heinrich-Voß-Preis für Übersetzung wurde ihm von der Deutschen Akademie für Sprache und Dichtung zuerkannt. Bei dieser Gelegenheit schrieb Rowohlt in seinem Brief über Asher Reich, einen jüdischen Korrespondenten der Deutschen Akademie für Sprache und Dichtung, dessen sehr bissige Äußerung über Juden (eine „Meckerei“ über Israel) er hier sarkastisch zitierte: „‚Die Juden sind wie Mist. Auf die ganze Erde verteilt wirken sie als Dünger, aber auf einem Haufen stinken sie nur‘. Das war sehr schön.“[43] Diesem jüdischen Korrespondenten verdankte er übrigens den letzten Preis.

Eine ähnliche Art, kontroverse Aussagen und Tabu-Vokabeln zu parodieren, gehörte zum festen Repertoire von Rowohlt. In Briefen und Interviews spielte er mit vielen Tabu-Begriffen, z. B. verglich er sich „wie ein gemeingefährlicher 100 % Neger […]“[44] mit anderen „Negern“[45]. Selbst den Tod eines Familienmitglieds konnte Harry Rowohlt mit Humor und Originalität für die Umstände kommentieren. Als Heinrich Maria Ledig-Rowohlt 1992 starb, schrieb Harry Rowohlt über seine Trauer über den Tod seines Bruders, analysierte aber gleichzeitig die Nachrufe und kommentierte humorvoll die Verdienste des Verstorbenen:

> Ich bin traurig. Mein Bruder ist gestorben, und er wird wohl noch ziemlich lange tot bleiben, bis ich das merke. Im *Spiegel* steht ein lauter Nachruf auf ihn von Siegfried Unseld. ‚Wir wurden‘, schreibt Unseld, ‚Freunde.‘ Hier irrt Unseld. Außerdem hätte ich lieber einen Nachruf von meinem Bruder gelesen. Weil mein Bruder besser als Siegfried Unseld schreiben konnte.[46]

---

42 Ebenda, S. 158.

43 Ebenda, S. 160–161.

44 Harry Rowohlt, Brief an Dan McCall (30.10.1974), in: Harry Rowohlt, *Der Kampf geht weiter! Nicht weggeschmissene Briefe I*, S. 76–77, hier S. 77.

45 Vgl. Harry Rowohlt/Ralf Sotscheck, *In Schlucken-zwei-Spechte. Harry Rowohlt erzählt Ralf Sotscheck sein Leben von der Wiege bis zur Biege*, S. 95.

46 Harry Rowohlt, *Alles wächst irgendwie zu und nach*, in: Harry Rowohlt, *Pooh's Corner. Meinungen eines Bären von sehr geringem Verstand. Gesammelte Werke 1989–1996*, S. 141–144, S. 141.

Als Erzähler war Rowohlt entschieden extravertiert. Man hatte bei der Lektüre seiner Texte oder beim Hören seiner Lesungen den Eindruck, dass es wenige Geheimnisse und Tabus gab, die er nicht brechen konnte. Auffallend war vor allem die Distanz zu sich selbst. Als seine Texte aus *Pooh's Corner* 1993 veröffentlicht werden sollten, gab er eine Erklärung ab, die sich nur ein selbstbewusster Extravertierter leisten konnte:

> Ebenfalls bei Haffmans, aber nicht im Frühjahr, sondern jetzt, *jetzt*, JETZT erscheint ein Büchlein mit dem neugierig machenden Titel *Pooh's Corner – Meinungen usw.*, und ich habe es geschrieben. [...] steht ziemlich viel dummes Zeug drin, und das Korrekturlesen war eine rechte Qual [...].[47]

Für Rowohlt waren die 1990er-Jahre eine Zeit intensiven Übersetzens und journalistischer Arbeit. In seinen Briefen wiederholte er den Spruch: „Mein Arbeitsplatz – mein Kampfplatz für den Frieden". Er beendete so seine Briefe aus dem Jahr 1990 an Hermann L. Gremliza, den Herausgeber von *Konkret* und aus dem Jahre 1998 an Christine Eichel, eine Schriftstellerin. An Kurt Vonnegut schrieb er 1998: „Der Kampf geht weiter!"[48] Diese Bereitschaft, sich für den Frieden einzusetzen, hing mit seinem früheren Briefwechsel zusammen, unter anderem mit Daniela Dahn, einer Schriftstellerin, für die er eine andere Parole aussuchte: „Nie wieder Faschismus! Nie wieder Krieg! Nie wieder 2. Liga!"[49] Im letzten erwähnten Brief handelte es sich überdies um seinen Kommentar zu einem ironischen *taz*-Bericht über die Flüchtlinge aus der DDR, bei denen „Fettleibigkeit und Dauerwelle"[50] die einzigen „Folterspuren" seien.[51]

Rowohlt korrespondierte damals mit vielen Schriftstellern, unter anderem mit Siegfried Lenz, den er anlässlich der Verleihung des Brüder-Grimm-Preises der Stadt Hanau im Jahr 1998 kennengelernt hatte. In seinen Briefen wiederholte sich die Poetik unbedeutender Details, die das Wichtigste an den Rand schoben, z. B. bekannte Rowohlt, dass er damals „nach Knoblauch stank", was die Oberbürgermeisterin von der CDU notierte. An Christine Eichel schrieb er 1998, dass „ihm eine

47 Harry Rowohlt, *Fanpost aus Paris*, in: Harry Rowohlt, *Pooh's Corner. Meinungen eines Bären von sehr geringem Verstand. Gesammelte Werke 1989–1996*, S. 200–203, hier S. 201–202.

48 Harry Rowohlt, Brief an Kurt Vonnegut (24.10.1998), in: Harry Rowohlt, *Der Kampf geht weiter! Nicht weggeschmissene Briefe I*, S. 275.

49 Harry Rowohlt, Brief an Daniela Dahn, Schriftstellerin (26.10.1989), in: Harry Rowohlt, *Der Kampf geht weiter! Nicht weggeschmissene Briefe I*, S. 144.

50 Ebenda, S. 144.

51 Vgl. ebenda.

filiforme Warze am linken Nasenflügel und zwei Zysten“[52] operiert wurden. Dieser künstlerische Exhibitionismus hing mit dem erwähnten „Kampf“ zusammen, der jetzt auch einen Kampf gegen persönliche Schwächen bedeutete. Den Harry-Rowohlt-Zentrismus spürte man auch im Brief an Irene Fischer, Schauspielerin und Drehbuchautorin der *Lindenstraße.* Es wurde hier besonders die Aussage hervorgehoben, in der Harry Rowohlt von Wolfgang Grönebaum „als zu fett für die Rolle“[53] bezeichnet wurde.

Auch die Freundschaft mit Kurt Vonnegut, der 1945 als Kriegsgefangener die Bombardierung der Stadt Dresden durch die Alliierten im selben Luftkrieg, den W. G. Sebald Ende der 1990er-Jahre beschrieb, überlebt hatte und sich selbst später als einen Sozialisten charakterisierte, setzte sich immer wieder als Leitmotiv der Briefe durch. Er und Rowohlt waren linksdenkend und von Natur aus „kämpferisch“ (Protest gegen den Vietnamkrieg). Am deutlichsten äußerte Rowohlt dies im Brief an Jürgen W. Möllemann im Jahr 1999, als er schrieb, dass er fälschlicherweise als ein Liberaler klassifiziert wurde, weil er „letztes Jahr zur Wahl der PDS aufgefordert hat“[54]. Rowohlt zitierte dabei den *Spiegel,* in dem er als „eine altlinke Antiquität“[55] bezeichnet wurde. Am Ende nannte er Gregor Gysi, von dem er lieber Briefe bekam als von dem schon früher erwähnten Möllemann. Diese gewisse Neigung zu postkommunistischen Nachfolgern der SED blieb in Rowohlts Briefen der 1990er-Jahre konstant. Nicht zufällig ließ er sich später von dem ehemaligen Parteisekretär Gysi interviewen und im Jahr 2009 lasen sie sogar zusammen den Briefwechsel zwischen Marx und Engels.

In den 1990er-Jahren setzte sich auch die Familie Milne oft als ein Gegenstand Rowohlt'scher Betrachtungen durch, weil er in seiner Arbeit als Übersetzer mögliche Kontakte mit den Autoren der Originaltexte pflegte. Manchmal handelte es sich sogar um mehrere Familienmitglieder. Die *Pu der Bär*-Geschichten haben Harry Rowohlts Leben und Werk insgesamt in so vielfältiger Weise beeinflusst, dass es sich lohnt, diesem Thema etwas mehr Raum zu widmen, gerade wegen Rowohlts Kolumnen aus den 1990er-Jahren, die sich direkt mit Milne, dem Lebensort des

52 Harry Rowohlt, Brief an Christine Eichel, Schriftstellerin (07.03.1998), in: Harry Rowohlt, *Der Kampf geht weiter! Nicht weggeschmissene Briefe I,* S. 261–263, hier S. 261.

53 Harry Rowohlt, Brief an Irene Fischer, Schauspielerin und Drehbuchautorin *(Lindenstraße)* (20.04.1998), in: Harry Rowohlt, *Der Kampf geht weiter! Nicht weggeschmissene Briefe I,* S. 264.

54 Harry Rowohlt, Brief an Jürgen W. Möllemann (17.10.1999), in: Harry Rowohlt, *Der Kampf geht weiter! Nicht weggeschmissene Briefe I,* S. 284.

55 Ebenda, S. 284.

Schriftstellers und seiner Familie sowie den Zusammenhängen zwischen literarischer Fiktion und der Topografie der in der *Pu der Bär*-Geschichte beschriebenen realen Orte befassten.

An Christopher Robin Milne wandte sich Harry Rowohlt zum ersten Mal am 26. Juli 1990 und zum letzten Mal am 25. Oktober 1990. Seine drei Briefe wurden im ersten Band der Briefsammlung *Der Kampf geht weiter! Nicht weggeschmissene Briefe I* (2005) veröffentlicht. „Der Antwortbrief von Christopher Milne durfte aus rechtlichen Gründen nicht im Wortlaut abgedruckt werden."[56] Über A. A. Milne schrieb Rowohlt noch in zwei Briefen, am 13. November 2013 an Michaela Karl über „die alberne Kindersprache, die bei Milne gar nicht vorkommt"[57], und am 14. Februar 2014 an Daniel Kampa über die Essays von A. A. Milne, die Rowohlt nicht ins Deutsche übersetzen wollte.[58]

In Rowohlts Kolumnen tritt Christopher Milne nur einmal im Jahr 1996 auf. Über A. A. Milne schreibt er im Aufsatz *Who is Pooh. Auf Bärenfang in Sussex*[59] und erzählt von ihm noch einmal im Interview *„Als wäre Milne über ihn gekommen"*, das erstmalig am 12. Januar 2009 bei *DeutschlandRadio Kultur* ausgestrahlt wurde.[60] Auch ohne diesen biografischen Hintergrund gibt es genug Anlehnungen an das Pu-Motiv in Rowohlts Texten, in denen er es nicht als einen Gegenstand literarischer Reflexion, sondern als eine gewisse Erinnerung an die Erziehung und Umerziehung des kleinen Harry Rowohlt bzw. als ein Argument in seinen manchmal äußerst kritischen Betrachtungen über die Welt behandelt.

Eine unmittelbare Konsequenz der Übersetzung von Milnes Buch *Pu der Bär* war selbstverständlich der Titel der Kolumne in *Die Zeit*, die Harry Rowohlt in den Jahren 1989–2013 geführt hat. Alle Texte aus der Kolumne *Pooh's Corner – Meinungen eines Bären von sehr geringem Verstand* wurden gesammelt und in den drei hier

56 Harry Rowohlt, Brief an Christopher Milne (16.08.1990), in: Harry Rowohlt, *Der Kampf geht weiter! Nicht weggeschmissene Briefe I*, S. 180–182, hier S. 181.

57 Harry Rowohlt, Absage an Michaela Karl, Autorin einer Biografie über Dorothy Parker (13.11.2011), in: Harry Rowohlt, *Und tschüs. Nicht weggeschmissene Briefe III*, Zürich, Berlin 2016, S. 204.

58 Harry Rowohlt, Brief an Daniel Kampa, Hoffmann und Campe (14.02.2014), in: Harry Rowohlt, *Und tschüs. Nicht weggeschmissene Briefe III*, S. 332.

59 Harry Rowohlt, *Who is Pooh? Auf Bärenfang in Sussex*, in: Harry Rowohlt, *Pooh's Corner. Meinungen eines Bären von sehr geringem Verstand. Gesammelte Werke 1989–1996*, S. 20–34.

60 Harry Rowohlt, *„Als wäre Milne über ihn gekommen"*, in: Harry Rowohlt, *Pooh's Corner. Meinungen eines Bären von sehr geringem Verstand. Gesammelte Werke 1997–2009*, Zürich 2010, S. 227–232.

bereits mehrmals zitierten Bänden *Pooh's Corner. Meinungen eines Bären von sehr geringem Verstand. Gesammelte Werke 1989–1996* (Zürich/Berlin 2009/2015), *Pooh's Corner. Meinungen eines Bären von sehr geringem Verstand. Gesammelte Werke 1997–2009* (Zürich 2009) und *Pooh's Corner. Meinungen eines Bären von sehr geringem Verstand. Gesammelte Werke 1997–2013* (Zürich/Berlin 2009/2015) veröffentlicht. Populäre Ausgaben hatten auch den Untertitel *Meinungen und Deinungen …* (1996, 1997).

Rowohlt plante von Anfang an, sein feuilletonistisches Werk mit der Pu-Geschichte zu verbinden. Im Vorwort des Bandes *Pooh's Corner* erklärt er, wie die Idee entstanden ist: „[…] Für den blöden Untertitel ‚Meinungen und Deinungen' kann ich nichts; ich habe ihn geträumt. Außerdem kommt dieser Kalauer bereits in dem Gedicht ‚Dorlamm meint' von Robert Gernhardt vor."[61] Rowohlt verweist auch auf den Zusammenhang zwischen dieser Kinderlektüre, seinen ersten Spielzeugen und den Beschreibungen in der Kolumne *Who is Pooh? Auf Bärenfang in Sussex*: „*Pu der Bär* war mein erstes Buch; seitdem mag ich Bücher und Bären, und mein erster eigener Teddy hieß, na? Wie? Genau. Fritz. Wegen Pu heißt meine Kolumne im Feuilleton der *Zeit Pooh's Corner*, und die Menschen sagen ‚Pu' zu mir oder ‚Bär' oder ‚Pu-Bär'."[62]

Im Briefwechsel mit Christopher Milne knüpft Rowohlt unmittelbar an *Pooh's Corner* an. Im ersten Brief an Milne vom 26. Juli 1990 stellt er sich als Übersetzer und Autor der Kolumne in *Die Zeit* vor und bittet um ein Interview. Nicht ohne Grund nennt er auch seinen Spitznamen „Bär". Rowohlt wollte den Hundertsechzig-Morgen-Wald besuchen, um über „mythische, aber existierende Orte"[63] einen Text zu schreiben. Milnes Antwort war nicht besonders aufbauend, weil er seine Erinnerungen an den Wald und an die Kindheit traurig fand. Er wollte beim eventuellen Besuch nicht fotografiert werden. Außerdem hatte er „unter seinem Alter Ego ‚Christopher Robin' gelitten"[64], deshalb schien ihm das peinlich zu sein.

---

61 Harry Rowohlt, *Vorwort*, in: Harry Rowohlt, *Pooh's Corner. Meinungen eines Bären von sehr geringem Verstand. Gesammelte Werke 1989–1996*, S. 15–19, hier S. 18.

62 Harry Rowohlt, *Who is Pooh? Auf Bärenfang in Sussex*, in: Harry Rowohlt, *Pooh's Corner. Meinungen eines Bären von sehr geringem Verstand. Gesammelte Werke 1989–1996*, S. 20–34, hier S. 20.

63 Harry Rowohlt, Brief an Christopher Milne, Schriftsteller (26.07.1990), in: Harry Rowohlt, *Der Kampf geht weiter! Nicht weggeschmissene Briefe I*, S. 176–177, hier S. 176.

64 Harry Rowohlt, Brief an Christopher Milne, Schriftsteller (16.08.1990), in: Harry Rowohlt, *Der Kampf geht weiter! Nicht weggeschmissene Briefe I*, S. 179–180, hier S. 180.

In der Antwort auf Milnes Brief erzählt Rowohlt am 16. August 1990 von seinem „Pu"-Traum, in dem er „das Ashdown-Forest-Dramolett" und Ch. Milne selbst gesehen hatte: „Ich habe alles von vorn bis hinten nochmal geträumt. [...] und Sie selbst, von Pu, Ferkel, Tiger und einer fröhlichen Schar eher kleiner, behaarter Burschen umringt [...]."[65]

Die Reise in den Hundertsechzig-Morgen-Wald fand im selben Jahr statt, aber der erste Bericht darüber wurde von Rowohlt erst im Jahre 1996 in *Pooh's Corner* im Text *Pu im Hundertsechzig-Morgen-Wald* anlässlich des Todes von Christopher Milne abgefasst. Rowohlt charakterisierte ihn damals als jemanden, der im Alter von 75 Jahren in Devon „am unteren Rand des Existenzminimums zurückgezogen als Buchhändler, Tischler und Autor"[66] gestorben war.

Die Geschichte des Briefwechsels mit Milne ist facettenreicher und zeugt davon, dass Rowohlt das Schicksal der Familie Milne tiefer verarbeitete. Leider konnte er von Milne nicht mehr als andere „Pu"-Liebhaber und Journalisten erwarten:

> 1990 schickte mich das *Zeitmagazin* nach East Sussex, um vor Ort im Hundertsechzig-Morgen-Wald knallhart zu recherchieren, und ich schrieb wie vor mir Hunderte anderer einfallsloser Journalisten einen artigen Brief an Christopher Milne und bat um ein Interview. Wie Hunderten vor mir schrieb er eine artige Absage [...].[67]

Der weitere Briefwechsel mit Milne schien ziellos zu sein, deshalb begrenzte sich Rowohlt nur auf zwei kurze Informationen über die Reise nach England. Im Brief an Christopher Milne vom 25. Oktober 1990 erwähnt er auch seinen Reisebericht: „Dies war es also. Ich weiß, daß Ihnen nichts egaler sein könnte, aber der Text ist nicht unflott, und die Fotos sind super."[68] Dass es sich dabei nicht nur um eine journalistische Entdeckungsreise, sondern um einen persönlichen Bericht handelt, zeigt der letzte Satz des Briefes, mit dem Rowohlt den Text beendet: „So gern hätte ich Sie kennen gelernt."[69]

---

65 Ebenda, S. 181.

66 Harry Rowohlt, *Pu im Hundertsechzig-Morgen-Wald*, in: Harry Rowohlt, *Pooh's Corner. Meinungen eines Bären von sehr geringem Verstand. Gesammelte Werke 1989–1996*, S. 285–288, hier S. 285.

67 Ebenda, S. 286.

68 Harry Rowohlt, Brief an Christopher Milne (25.10.1990), in: Harry Rowohlt, *Der Kampf geht weiter! Nicht weggeschmissene Briefe I*, S. 187.

69 Ebenda, S. 187.

Rowohlts Interesse an der Kindheit von Christopher Milne stand nur zum Teil im Zusammenhang mit dem Text der Übersetzung. Es ging um gewisse Parallelen in der Vater-Sohn-Beziehung. Ernst Rowohlt und A. A. Milne waren anerkannte Autoritäten auf ihrem jeweiligen Gebiet. Beide erwarteten auch von ihren Kindern etwas, was ihre Söhne ablehnten. Die Beziehung zwischen Rowohlt und seinem Vater war in gewisser Weise ähnlich unklar wie die Beziehung zwischen Christopher und seinem Vater. Rowohlt hat sie in seinem Buch *In Schlucken-zwei-Spechte* mit viel Ironie charakterisiert: „Ernst Rowohlt war einer der wenigen Menschen, der gar nichts konnte. Es war erstaunlich, wie unbegabt er in jedem Bereich war. Einfach toll."[70]

Im *Stern*-Interview *Zwei Stimmen für Marx und Engels* setzt sich Rowohlt in der Antwort auf die Frage von Stephan Maus noch einmal mit dem Vaterbild auseinander:

> Stern: Herr Rowohlt, Ihr Vater Ernst Rowohlt war eine markante Verlegererscheinung. Hatten Sie mit einem übermächtigen Vaterbild zu kämpfen? Rowohlt: Überhaupt nicht. Als ich meinen Vater kennenlernte, war er alt und krank und mäkelig. [...] Und dann habe ich ihm auf seinem Totenbett [...] den gesamten Schwejk mit verteilten Rollen vorgelesen. Und als er dann tatsächlich starb, war ich sehr, sehr traurig. Aber davor kannte ich ihn kaum, außer eben krank und mäkelig.[71]

Für Christopher Milne bedeutete die Beziehung zum Vater eine lebenslange Auseinandersetzung mit seinem eigenen literarischen Abbild aus dem väterlichen Buch. Harry Rowohlt wollte weder die Arbeit bei seinem Vater noch die Übernahme des Rowohlt Verlags. Obwohl die beiden sich von ihren Vätern distanzierten, hing die literarische Karriere des einen von dem Ruhm seines literarischen „Doppelgängers" im „Hundertsechzig-Morgen-Wald" ab und der andere machte das berufliche Praktikum im Familienunternehmen. Nach dem Verkauf des Verlags und dank dem vererbten Geld konnte Rowohlt sich seiner erträumten Arbeit widmen. In *Pooh's Corner* verarbeitete er zwar Milnes Leben, aber in Wirklichkeit erzählte er wie immer über sich selbst.

---

70 Harry Rowohlt, Brief aus dem Suhrkamp Verlag (21.04.1966), in: Harry Rowohlt, *Der Kampf geht weiter! Nicht weggeschmissene Briefe I*, S. 33.

71 Harry Rowohlt, *Der Laden brummt*, in: Harry Rowohlt, *Pooh's Corner. Meinungen eines Bären von sehr geringem Verstand. Gesammelte Werke 1989–1996*, S. 280–284, hier S. 282–283.

Die komplizierte Vater-Sohn-Beziehung sollte hier nicht nur im privaten Bereich analysiert werden. Weder Ernst Rowohlt noch A. A. Milne waren politisch neutral. Milne erwies sich als Pazifist. Das beeindruckte den Sohn von Ernst Rowohlt ebenso wie die politischen Ansichten seines Vaters, der sogar die Ehrendoktorwürde der Universität Leipzig erhielt. Der alte Rowohlt verstand sich „stets als ein linker Verleger“[72] und „beabsichtigte ‚eine fortschrittliche Belletristik‘ herauszugeben“[73].

In *Pooh's Corner* beschreibt Harry Rowohlt mit Bewunderung den Pazifismus von A. A. Milne (von vielen Engländern während des Ersten Weltkriegs abgelehnt) als die konsequente Suche nach der Liebe im häuslichen Glück, die der Befriedigung im staatlichen und öffentlichen Dienst gegenübergestellt werden kann: „‚Wenn ich dies überlebe‘, schrieb er [Milne – T. M.] seinem Bruder, ‚werde ich die Liebe neu erfinden. Wer meine Frau und mich besuchen kommt, muss mir die linke Hand drücken, denn mit der rechten halte ich Händchen.‘ Für mich ist das flammend genug.“[74]

In derselben Kolumne kritisiert Rowohlt scharf, dass „dem flammenden Pazifisten“[75] A. A. Milne vorgeworfen wurde, über den Ersten Weltkrieg zu schweigen, obwohl er „kaum noch etwas schreiben konnte, aus Ekel, Scham und Wut“[76].

Trotz seiner Begeisterung für den Pazifismus von A. A. Milne, die mit Rowohlts Weltbild vereinbar war, gab es eine unüberbrückbare Differenz zwischen Rowohlt und Milne: Rowohlts Vater hatte einen durch und durch positiven Einfluss auf das Leben seines Sohnes, und Christopher Milne musste einen Vater ertragen, der auf einem Foto, das in Rowohlts Kolumne *Pu im Hundertsechzig-Morgen-Wald* festgehalten ist, so aussieht, „als hätte er [etwas – T. M.] geklaut (hat er ja auch)“[77], und hier geht es nach Rowohlts Ansicht um das gestohlene Leben seines Sohnes.

Auch wenn der politische Kontext für Rowohlt nicht der primäre Grund war, sich Milnes Werk zuzuwenden, besteht kein Zweifel daran, dass er als Publizist in der Konstruktion der Welt und der Sprache des Autors von *Pu der Bär*-Abenteuern ein Potenzial erkannte, das auch von anderen Akteuren im öffentlichen Leben mitunter

72 Julia Frohn, *Literaturaustausch im geteilten Deutschland: 1945–1972*, Berlin 2014, S. 284.

73 Ebenda, S. 285.

74 Harry Rowohlt, *Who is Pooh?*, in: Harry Rowohlt, *Pooh's Corner. Meinungen eines Bären von sehr geringem Verstand. Gesammelte Werke 1989–1996*, S. 20–34, hier S. 28.

75 Ebenda, S. 28.

76 Ebenda.

77 Harry Rowohlt, *Pu im Hundertsechzig-Morgen-Wald*, in: Harry Rowohlt, *Pooh's Corner. Meinungen eines Bären von sehr geringem Verstand. Gesammelte Werke 1989–1996*, S. 285–288, hier S. 287.

genutzt wurde. Dieses politische Potenzial der *Pu der Bär*-Geschichte kam im Jahr 1998 in Deutschland zum Ausdruck. Im Wahlkampf diskutierte man darüber, was die politische Mitte bedeutete. „*Mitte*, so der Tenor der Kommentare, sollte wohl für Ausgewogenheit und Balance, für Tradition *und* Moderne stehen. Diese Kunst des *Anything Goes* hat Josef Joffe in *Die Zeit* als „Pu-Strategie" bezeichnet: Pu der Bär wird auf einer Party gefragt, was er denn als Aufstrich vorzöge: Marmelade oder süße Kondensmilch? Antwort: „Beides – aber auf das Brot kann ich verzichten."[78]

In der Spalte *Pu bei den Parlamentariern. Einige Auszüge aus dem Plenarprotokoll des Nordrhein-Westfälischen Landtags vom 8. Mai 1996* bezieht sich Rowohlt auch auf die Politik im Zusammenhang mit seinem satirischen Text *Über Soldaten*, der in einer Klasse des Bielefelder Bavink-Gymnasiums für eine Rechtschreibreformübung verwendet wurde und einige CDU-Abgeordnete zu einer kritischen Diskussion über eine mögliche „Verunglimpfung der Soldaten" durch die Indoktrination durch Harry Rowohlt veranlasste. In der Diskussion äußerte sich Gabriele Behler, Ministerin für Schule und Weiterbildung des nordrhein-westfälischen Landtags, zur Rolle der Kolumne und verteidigte den Text und den Autor:

> Es geht in Anlehnung an das Kinderbuch *Pu der Bär* um ein Buch von Harry Rowohlt mit dem Titel *Pooh's Corner* – für alle, die eigene kleine Kinder haben, sofort identifizierbar, der Bär ist entsprechend erkennbar – mit dem Untertitel „*Meinungen und Deinungen eines Bären von geringem Verstand*". Das ist der Untertitel dieses Buches. Ich glaube, wenn man sich das klarmacht, wird einem auch deutlich, dass es hier nicht um die Bedeutung der Bundeswehr in dieser Gesellschaft und in diesem Staat ging und gehen konnte.[79]

Tatsächlich war es die Kolumne *Vier Soldaten*, in der Rowohlt 1989 unter anderem die These formulierte und begründete, dass „Berufssoldaten Feiglinge sind"[80]. Er erörterte die öffentlichen Debatten im Zusammenhang mit dem jüngsten Gerichtsurteil, wonach die Verwendung von Tucholskys Satz „Soldaten sind Mörder" aus

78 Klaus Kamps, *Politisches Kommunikationsmanagement. Grundlagen und Professionalisierung moderner Politikvermittlung*, Wiesbaden 2007, S. 227.

79 Harry Rowohlt, *Pu bei den Parlamentariern. Einige Auszüge aus dem Plenarprotokoll des Nordrhein-Westfälischen Landtags vom 8. Mai 1996*, in: Harry Rowohlt, *Pooh's Corner. Meinungen eines Bären von sehr geringem Verstand. Gesammelte Werke 1989–1996*, S. 393–400, hier S. 399.

80 Harry Rowohlt, *Vier Soldaten*, in: Harry Rowohlt, *Pooh's Corner. Meinungen eines Bären von sehr geringem Verstand. Gesammelte Werke 1989–1996*. S. 37–40, hier S. 37.

seiner Glosse *Der bewachte Kriegsschauplatz* (1931) straffrei bleiben sollte. Der Satz wurde zu einem Slogan der Pazifisten, und Rowohlt nutzte die Gelegenheit, um die Geschichte von vier Soldaten zu erzählen, die „zu blöd für was anderes"[81] waren und solche Pazifisten vor Gericht verklagten.

Mit dem Pu-Motiv fand Rowohlt auch Gefallen daran, über Politik zu fantasieren. In dem bereits erwähnten Beitrag zu einer Festschrift zum 65. Geburtstag von Manfred Bissinger imaginierte Harry Rowohlt ein Lieblingserlebnis mit Bissinger und der PDS-Wahl.

Solche Kolumnen erfüllten gleich zwei Aufgaben: Sie würdigten Rowohlts Freunde und dienten ihm als politisches Manifest. Harry Rowohlt ließe sich in diesem Zusammenhang als nahezu ideales feuilletonistisches Subjekt charakterisieren, das sich „[...] als politischer Kommentator, als Chronist historischer Ereignisse, als ironischer Beobachter von Alltagsgeschehen oder aber als traumwandlerischer Spaziergänger"[82] zeigte. Seine journalistische Tätigkeit konzentrierte sich auf das Feuilleton im engeren Sinne oder auf das sogenannte „kleine Feuilleton", das als „‚ein Stück Literatur', eine an ihren medialen Ort gebundene ‚Literaturgattung'"[83] gilt.

Diese Vorliebe für kleine Formen regte auch Rowohlts Korrespondenz an. In mehreren an ihn gerichteten Briefen bezog er sich auf die *Pu der Bär*-Geschichte. Er antwortete auf Anfragen seiner Fans, die später auch in Briefsammlungen veröffentlicht wurden. Zum Beispiel bittet in einem Brief vom 5. November 1990 eine Leserin namens H. B. um ein Treffen mit Rowohlt, weil sie unbedingt eine von Christopher Robin signierte Ausgabe von *Pu der Bär* haben möchte.[84] H. B. braucht die Adresse von Christopher Milne, die Rowohlt ihr nicht geben will. Am 18. November 1990 äußert sich ein anderer Leser im „Neuerlichen Leserbrief des Herrn G." an *Pooh's*

---

81 Ebenda, S. 37.

82 Hildegard Kernmayer, *Zur Frage: Was ist Feuilleton?* In: Hildegard Kernmayer/Simone Jung (Hrsg.), *Feuilleton: Schreiben an der Schnittstelle zwischen Journalismus und Literatur*, Bielefeld 2017, S. 51–66, hier S. 63.

83 Georg Jäger, *Das Zeitungsfeuilleton als literaturwissenschaftliche Quelle. Probleme und Perspektiven seiner Erschließung*. In: *Bibliographische Probleme im Zeichen eines erweiterten Literaturbegriffs. Zweites Kolloquium zur bibliographischen Lage in der germanistischen Literaturwissenschaft, veranstaltet von der Deutschen Forschungsgemeinschaft an der Herzog August Bibliothek Wolfenbüttel 23. bis 25. September 1985*. Im Auftrag der Ständigen Arbeitsgruppe für Germanistische Bibliographie herausgegeben in Verbindung mit Georg Jäger, Wolfgang Harms und Paul Raabe von Wolfgang Martens, Weinheim 1988, S. 53–71, hier S. 59.

84 Vgl. Brief von einer Leserin (05.11.1990), in: Harry Rowohlt, *Der Kampf geht weiter! Nicht weggeschmissene Briefe I*, S. 188.

Corner recht kritisch über Rowohlts Haltung gegenüber anderen Übersetzern. In seinem ironischen Text verwendet er auch die Symbolik von Pooh und den überarbeiteten Untertitel der von Rowohlt betriebenen Kolumne:

> Wo der Einfallsreichtum sich aber darin erschöpft, gegen Übersetzer-Kollegen (oder -Konkurrenten?) zu polemisieren [...], da bewegt sich der Unterhaltungswert der Bärenergüsse denn doch gen Null. Nun ja, vielleicht läßt sich doch noch etwas retten – mit einem veränderten Subtitel unter Umständen [...]: „Meinungen eines Bären ohne Verstand".[85]

Ende der 1990er-Jahre kamen auch einige CDs von Autoren auf den Markt, die von Rowohlt übersetzt und gelesen wurden, darunter CDs mit Werken von David Sedaris. 1999 erschienen zwei CDs mit *Nackt* (zusammen mit David Sedaris), 2000 eine CD mit *Holidays on Ice*, 2001 zwei CDs mit dem Text *Ich ein Tag sprechen hübsch* (zusammen mit Gerd Haffmans), und nach Rowohlts Tod im Jahr 2016 erschien eine CD *Weihnachtliches gelesen von Harry Rowohlt* mit Werken von Autoren wie David Sedaris, David Lodge, Kingsley Amis und Dan Kavanagh. In diesem Fall war die längste von Rowohlt gelesene Geschichte tatsächlich Sedaris' satirischer Text *Holidays on Ice*, die Geschichte eines jungen Mannes, der dringend Geld braucht und sich deshalb um einen Job als Weihnachtself in New Yorks größtem Kaufhaus Macy's bewirbt, was zu vielen amüsanten Beobachtungen von Menschen beim Einkaufen führt.

Rowohlts Zusammenarbeit mit Sedaris begann jedoch mit einem anderen Text, der übrigens autobiografisch war und auch auf seine persönlichen Arbeitserfahrungen als junger Mann in einer nordamerikanischen Kleinstadt anspielte, nämlich dem anekdotischen Roman *Nackt* (ursprünglich *Naked*, 1997), der 1999 in Deutschland erschien. In diesem Buch beschreibt Sedaris offen seine eigenen Schwächen und das verrückte Leben seiner Familie, vor allem seines Vaters mit griechischen Wurzeln, der den Sohn mit interessanten Horrorgeschichten vor den Gefahren des Lebens warnt. Der satirische Stil des Autors und seine treffende Kritik an der Gesellschaft sind deshalb so scharf, weil Sedaris' Familie besondere Fähigkeiten nachgesagt werden: „Weil wir so schlau sind, können meine Eltern und ich durch Menschen hindurchgehen, als wären sie aus hartem, klarem Kunststoff. Wir wissen, wie sie nackt

85 Neuerlicher Leserbrief des Herrn G. (18.11.1990), in: Harry Rowohlt, *Der Kampf geht weiter! Nicht weggeschmissene Briefe I*, S. 193.

aussehen, und können das verzweifelte innere Getriebe ihrer Herzen, Seelen und Eingeweide sehen."[86] All diese humorvollen Motive aus Sedaris' Leben und Werk haben zweifellos Rowohlts Entscheidung beeinflusst, die Texte des amerikanischen Autors ins Deutsche zu übertragen. Am 16. Mai 1999 fand zudem eine Lesung mit Sedaris und Harry Rowohlt im Tränenpalast in Berlin statt, bei der Sedaris Auszüge aus seiner Prosa in englischer Sprache und Rowohlt seine Übersetzungen vortrug. Wie immer mimte Rowohlt verschiedene Berufe und Charaktertypen, und alles, was er brauchte, war seine Stimme.

Diese Aktivitäten trugen u. a. dazu bei, dass Rowohlt im Januar 2001 den Satirepreis „Göttinger Elch" erhielt. Zuvor hatte er bereits zahlreiche andere Auszeichnungen erhalten, darunter den bereits erwähnten Johann-Heinrich-Voß-Preis der Deutschen Akademie für Sprache und Dichtung (1999). Das Präsidium würdigte die Art und Weise, wie Rowohlt Autoren wie Alan Alexander Milne, Flann O'Brien und Frank McCourt ins Deutsche gebracht hat. Der Schriftsteller Herbert Heckmann hielt eine Laudatio. Er erklärt in seiner Rede mit dem Titel *Der Äquilibrist*, dass laut Satzung eine Übersetzung von schriftstellerischem Rang ausgezeichnet wurde. Heckmann weist auf die besonderen Qualitäten des Preisträgers hin: „Er beherrscht die englische Sprache, oder genauer die englischen Sprachen so gut wie die deutsche mit ihren vielen Ebenen und Jargons etc."[87] Er betont bei dieser Gelegenheit insbesondere Rowohlts Anliegen, dass die deutsche Übersetzung den Geist des Originals widerspiegeln sollte, und verweist darauf, dass „die erste deutsche Übersetzung 1928 unter dem Titel *Pu der Bär* publiziert wurde, aber das folgende Pu-Buch *The House at Pooh Corner*, das 1928 in England erschien, erst 1953 unter dem vom Englischen abweichenden deutschen Titel *Wiedersehen mit Pu* herauskam"[88].

In seiner Laudatio zitiert Heckmann Auszüge aus der englischen und der deutschen Fassung von *Pu der Bär*, in denen besonders viele Wiederholungen des Wortes „und" vorkommen, die Rowohlt in der deutschen Fassung recht originalgetreu, aber zurückhaltend wiedergibt. Dies beweise, so Heckmann, dass Rowohlt wie Milne die Fähigkeit habe, sich in die Argumentation von Kindern einzufühlen: „Kinder lieben das verbindende ‚und' und das ‚und dann' in einer Erzählung, doch muß man mit diesen ‚unds' sparsam umgehen, um nicht nur auf den Verlauf der Zeit hinzuweisen

86 David Sedaris, *Naked*. Aus dem Amerikanischen von Harry Rowohlt, München 2005, S. 10.
87 Herbert Heckmann, *Der Äquilibrist. Laudatio auf Harry Rowohlt*, in: *Deutsche Akademie für Sprache und Dichtung. Jahrbuch 1999*, Göttingen 2000, S. 28–33, hier S. 28.
88 Ebenda, S. 28–29.

und darüber das Geschehen zu vergessen."[89] Seiner Ansicht nach richtet sich Rowohlts Übersetzung – anders als die vorherige – sowohl an Kinder als auch an Erwachsene.

Als Antwort auf die Laudatio von Heckmann hielt Rowohlt eine Rede, in der er erklärte, warum ihm dieser Laudator am Herzen lag: „weil er bereits 1997, als ich [d. h. Rowohlt – T. M.] den Brüder-Grimm-Preis der Stadt Hanau bekam, die Laudatio gehalten hat"[90]. In seiner Rede erklärt er auch unverblümt, warum eine Übersetzung aus dem Englischen ins Deutsche in der Zielsprache besser sein kann als in der Originalsprache:

> Und außerdem kann es durchaus passieren, daß ein guter englischer Text auf deutsch, wenn er getreulich 1:1 übersetzt ist, tatsächlich objektiv besser ist als das englische Original, einmal weil Englisch sich aus dem zusammensetzt, was Arbeit macht, also dem angelsächsischen, und dem, was man genießt, also dem normannischen Erbe – *cow* macht Arbeit, *beef* genießt man –, weshalb es auch kein englisches Wort für *herzlich* gibt. *Heart* heißt *Herz*, und das Adjektiv dazu, *cordial*, heißt: *Leck mich am Arsch*. Und deshalb kann eine deutsche Übersetzung tatsächlich besser sein als das englische Original.[91]

So erhält seine Rede bei der Preisverleihung durch die als Kolumnen veröffentlichten Texte einen etwas spöttischen Stil. Daraus lässt sich eines ableiten: Rowohlt wurde von der Deutschen Akademie für Sprache und Dichtung als Übersetzer geehrt, bedankte sich aber für die Auszeichnung als Publizist.

In Kolumnen von 1997 bis 2013 griff Rowohlt häufig das Thema Buchmarkt auf, unter anderem bei seinen Besuchen auf der Buchmesse in Frankfurt am Main. Er schrieb auch gewissenhaft einen eigenen Bericht über seine „Tingeltouren",[92] *Die Zweithymne* (1998), unter anderem über die Übersetzung von Kurt Vonneguts Buch *Zeitbeben* für den Hanser Verlag. In diesem Fall wird seine Übersetzung „der amerikanischen Zweithymne" *America, the Beautiful* zum Vorwand für eine Reflexion über die deutsche Sprache im Allgemeinen, als Rowohlt Bill Ramseys Meinung zu diesem Thema und seinen eigenen Kommentar zitiert: „„Erst auf Deutsch merkt

89 Ebenda, S. 30.

90 Harry Rowohlt, *Dankrede*, in: *Deutsche Akademie für Sprache und Dichtung. Jahrbuch 1999*, Göttingen 2000, S. 34–40, hier S. 34.

91 Ebenda, S. 34.

92 Harry Rowohlt, *Die Zweithymne*, in: Harry Rowohlt, *Pooh's Corner. Meinungen eines Bären von sehr geringem Verstand. Gesammelte Werke 1997–2013*, S. 35–40, hier S. 35.

man, wie scheiße das Original ist.' Das hat die deutsche Sprache so an sich. Deshalb wird ja auch so gern in sie hineinübersetzt und so ungern aus ihr heraus."[93] Auf Vonneguts Geschichte kommt Rowohlt noch einmal in einer ihm gewidmeten Kolumne *Mit Vonnegut auf Tingeltour* (1998) zurück, in der er erzählt, wie er diesen Roman in Rekordzeit ins Deutsche übersetzte. Übrigens beschreibt er auch den Autor selbst: „Kurt Vonnegut ist ein ganz besonderer Schriftsteller: ein humanitärer Aufklärer, der sich gleichwohl wegliest wie nix."[94]

Auch 1999 bleiben die Frankfurter Buchmesse und Dichterlesungen in Städten wie Freiburg, Augsburg, Regensburg, Düsseldorf und Wien dominierende Themen der Kolumnen. In Wien stellt Rowohlt zusammen mit dem Autor David Sedaris seine Texte der Öffentlichkeit vor, u. a. vor „dem Akadém" und „einem *platoon* Amis"[95]. Anschließend beschreibt Rowohlt seinen Auftritt in Wien weiter:

> [...] ich trage ziemlich zu Anfang Kindergedichte von Shel Silverstein vor, zuerst im amerikanischen Original, mit der Original-Stimme von Shel Silverstein, dann meine deutsche Nachdichtung, mit meiner deutschen Nachdichterstimme, und ziemlich gegen Ende den berüchtigten Einakter *Durst* von Flann O'Brien mit vier verteilten Rollen.[96]

In derselben Kolumne schweift Rowohlt über seinen USA-Aufenthalt ab und verbindet ihn mit Nobelpreisträgern:

> In Frankfurt lerne ich endlich meinen ersten Literatur-Nobelpreisträger kennen. Nein, nicht, was Sie jetzt wieder denken, sondern ich sitze plötzlich neben Toni Morrison und erzähle ihr, wie die ersten netten Worte lauteten, die ich je auf amerikanischem Boden gehört habe: „Let the hippie kid finish his drink in peace: at least he's a white man.", „Wann war das?" fragt sie. – „1969." – „Ja, das war ein gutes Jahr für so was." (Gar nicht wahr, Halldór Kiljan Laxness war mein erster Literatur-Nobelpreisträger. Doch das nur so, äh, nebenbei.)[97]

---

93 Ebenda, S. 37.

94 Harry Rowohlt, *Mit Vonnegut auf Tingeltour*, in: Harry Rowohlt, *Pooh's Corner. Meinungen eines Bären von sehr geringem Verstand. Gesammelte Werke 1997–2013*, S. 45–50, hier 45–46.

95 Harry Rowohlt, *Ham-, Frei- und wieder Hamburg*, in: Harry Rowohlt, *Pooh's Corner. Meinungen eines Bären von sehr geringem Verstand. Gesammelte Werke 1997–2013*, S. 53–61, hier S. 54.

96 Ebenda, S. 55.

97 Ebenda, S. 60.

So verbindet Rowohlt durch einen einfachen Exkurs den US-amerikanischen Faden in seinem Leben mit einer ganz anderen Bekanntschaft mit einem bedeutenden isländischen Schriftsteller, den er nur deshalb mit den USA assoziiert, weil er wie die US-amerikanische Schriftstellerin Morrison mit dem Nobelpreis ausgezeichnet wurde und die gleiche Gelegenheit hatte, Rowohlt kennenzulernen.

7. Bilanz des Kampfes

2001–2010

Der Übergang in das neue Jahrtausend schien ein eher unbedeutender kalendarischer Zufall zu sein.[1] Es lassen sich jedoch bestimmte Tendenzen im literarischen Panorama der Zeit erkennen. Seit den 1990er-Jahren werden Texte über ethnische Zugehörigkeit immer beliebter und auch in der Literatur sind die Toten zu einem Thema geworden. „Als ‚phantomisches Erzählen' bezeichnet Katrin Schumacher ein Phänomen, das sich in der Literatur um 2000 bemerkenswert oft manifestiert: ‚Tote' erzählen die Geschichte(n).“[2] Vielleicht geschah dies wegen der Terroranschläge vom 11. September 2001 und schon früher als eine Abwehrreaktion gegen die Jugoslawienkriege. Die Geschichte der früheren Revolten und Studentenbewegungen wurde entmythologisiert, weil die ehemaligen Revolutionäre alt wurden und begannen, Bilanz zu ziehen.

Im Interview ‚*Typisch, 'ne Fünf in Mathe*' (1996) sprach Rowohlt über seine Lesetournee (der Begriff der Spiegel-Journalisten, die das Interview führten) mit der Übersetzung der Autobiografie *Die Asche meiner Mutter* von Frank McCourt. Gerade in diesem Jahr war die irische Literatur der Schwerpunkt der Frankfurter Buchmesse. Rowohlt bestritt nachdrücklich, dass es sich um eine Lesetournee handelte, und erklärte unverblümt und augenzwinkernd, was ein solches Ereignis mit der öffentlichen Wahrnehmung seiner Person macht:

> Davon abgesehen, dass ich nicht damit auf Tournee gehe, sondern hauptsächlich Flann O'Brien und eigenen Kleinscheiß vortrage, also, wie es bei Vortrags-

1 Vgl. Evi Zemanek und Susanne Krones, *Eine Topographie der Literatur um 2000. Einleitung*, in: Evi Zemanek/Susanne Krones (Hrsg.), *Literatur der Jahrtausendwende. Themen, Schreibverfahren und Buchmarkt um 2000*, Bielefeld 2008, S. 11–24, hier S. 11.

2 Ebenda, S. 18.

> künstlern heißt, „bunt arbeite“, bin ich ganz froh darüber, plötzlich als Fachmann für irische Literatur zu gelten, weil ich vorher als Fachmann für Kinderbücher galt und danach für Comics.[3]

Die Journalisten des Magazins *Der Spiegel* interessierten sich für die Tatsache, dass die deutsche Übersetzung des Buches von McCourt zweieinhalb Monate vor dem Original erschien. Dies geschah, weil Rowohlt das Manuskript des Buches erhielt, bevor der Autor das Ganze fertig hatte: „Ich habe es warm bei ihm rausgezogen und ins Deutsche gebracht.“[4] Dann hat McCourt „das erste Drittel umgeschrieben“, was die Situation verkomplizierte, dennoch war die Übersetzung von Rowohlt ein Erfolg. Was Rowohlt gerade in diesem Buch reizte, war – wie immer – die Komik: „Dass es, obwohl ständig gehungert und gestorben wird, so komisch ist.“[5]
In demselben Interview gibt Rowohlt auch eine Erklärung ab:

> *Spiegel*: Gibt es noch TV-Ambitionen, nach dem Zwischenspiel als Penner in der *Lindenstraße*? Rowohlt: Nö, ich gehe nie ins Fernsehen. Ich finde, dass 50 Sekunden im Fernsehen schlimmer sind, als wenn man 15 Jahre lang in jedem Postamt auf dem Fahndungsplakat steht. Dann ist auch noch das letzte bisschen Privatleben dahin, und man kann nicht mehr beim Straßenfest in die Begrünung kotzen, ohne dass jeder weiß, wer das war.[6]

Wie sich später herausstellte, sollte die Rolle in der *Lindenstraße* nicht seine letzte, aber zweifelsohne seine wichtigste sein.

In der Korrespondenz aus der Mitte des ersten Jahrzehnts des 21. Jahrhunderts äußerte sich Rowohlt häufig und ausführlich zu seinen beruflichen Aufgaben, die sowohl Fernsehauftritte als auch Veröffentlichungen umfassten. In einem Brief an den Schriftsteller Thomas Kapielski (09.07.2001) vermerkt Rowohlt beispielsweise, dass er bald nach Dublin reisen wird, wo er Ralf Sotscheck seine „Memoiren bei Lebzeiten in die Kassette labern soll“[7]. Aus demselben Schreiben geht hervor, wie

---

3 Harry Rowohlt, ‚*Typisch, 'ne Fünf in Mathe*‘, in: Harry Rowohlt, *Pooh's Corner. Meinungen eines Bären von sehr geringem Verstand. Gesammelte Werke 1989–1996*, S. 561–579, hier S. 568.

4 Ebenda, S. 570.

5 Ebenda, S. 571.

6 Ebenda, S. 578.

7 Harry Rowohlt, Brief an Thomas Kapielski, Schriftsteller (09.07.2001), in: Harry Rowohlt, *Der Kampf geht weiter! Nicht weggeschmissene Briefe I*, S. 308.

voll sein Terminkalender ist. Er erwähnt auch weitere Veranstaltungen in den nächsten Monaten: „Am 20. September soll ich mich anläßlich der Weltaufführung des Zeichentrickfilms ‚Der kleine Eisbär' verbeugen, in dem ich ein Nilpferd synchronisiert habe, und am 10. November soll ich im Deutschen Theater irgendwas machen."[8] Ebenfalls im Juli 2001 schreibt Rowohlt einen Brief an Olaf Kramer (21.07.2001), in dem er sich für die Auszeichnung „Hörbuch des Monats Juni 2001" bedankt. Rowohlt wurde für die Ringelnatz-CD *Ich hatte leider Zeit* ausgezeichnet. Der Preisträger kommentiert das in einem Brief mit dem ihm eigenen Humor:

> Im Zusammenhang mit dem geliebten Ringelnatz freut mich die Ehrung besonders, weil er – immerhin der erfolgreichste deutschsprachige Lyriker seiner Zeit – vom panchaotischen Ernst Rowohlt so sporadisch bezahlt wurde, daß er eigentlich verhungert ist. So mästet sich ein Rowohlt nach dem anderen an ihm.[9]

Die Tätigkeit in so vielen Bereichen veranlasste Rowohlt, eine Zeit lang keine Kolumnen in *Pooh's Corner* mehr zu schreiben. Wie er im Brief an Michael Naumann, Chefredakteur und Herausgeber der *Zeit* (29.01.2002), erklärte, habe er auf diesem Gebiet sozusagen seinen kreativen Elan verloren: „[...] ich habe mir lediglich das Schreiben abgewöhnt, weil mir meine letzten Kolumnen nicht mehr gefallen haben, und da habe ich mir gedacht: ‚Wenn schon ich selbst so schreibe, daß ich das nicht gern lese, *wie* lausig müssen das erst Leute finden, die es nicht mal geschrieben haben?!'"[10]

In einigen Briefen erwähnt Rowohlt damals auch seine Aktivitäten in elektronischen Medien, so berichtet er zum Beispiel in einem der längsten veröffentlichten Schreiben, nämlich im Brief an Friedrich Schoenfelder, Schauspieler und Synchronsprecher (19.06.2003), dass er vom 25. bis 27. Mai für eine Hörspielproduktion des MDR *Unter dem Milchwald* die „Erste Stimme" in Berlin gesprochen hat. Auch an Fernsehproduktionen war er beteiligt: „Ferner habe ich in Berlin in einem Fernseh-

---

8 Ebenda.

9 Harry Rowohlt, Brief an Olaf Kramer, Jury „Hörbuch des Monats" (21.07.2001), in: Harry Rowohlt, *Der Kampf geht weiter! Nicht weggeschmissene Briefe I*, S. 309–310, hier S. 309.

10 Harry Rowohlt, Brief an Michael Naumann, Chefredakteur und Hrsg. „Die Zeit" (29.01.2002), in: Harry Rowohlt, *Der Kampf geht weiter! Nicht weggeschmissene Briefe I*, S. 324.

film von Bernd Böhlich mit Thekla Carola Wied und Helmut Griem mich selbst gespielt [...]".[11]

Manchmal ist Rowohlts Briefwechsel mit der Welt auch mit Absagen verbunden, vor allem wenn es um weltanschauliche Differenzen geht oder wenn Rowohlt einfach schon zu viel um die Ohren hat. Im Brief an einen Bittsteller vom 2. August 2005 thematisiert Harry Rowohlt seine berufliche Tätigkeit und nutzt die Situation gleichzeitig, um in einem in Klammern eingebetteten Exkurs auf seine Weltanschauung hinzuweisen. Der Vorfall beinhaltet die Weigerung, an einer bestimmten Veranstaltung teilzunehmen, die nicht in direktem Zusammenhang mit den von Rowohlt durchgeführten Aktivitäten steht. Zunächst erfahren wir etwas über seine zeitintensiven beruflichen Aufgaben: „Als ‚erfahrener Übersetzer' habe ich keine Zeit, zumal ich außerdem noch Autor, Hörbuchvollquatscher und Fernsehkleindarsteller bin."[12] Dann unterstreicht Rowohlt seinen beruflichen Erfolg, indem er anmerkt, wie oft er Anfragen für die Teilnahme an verschiedenen Veranstaltungen erhält.

An dieser Stelle taucht ein etwas beiläufig humorvoller Hinweis auf seine Weltanschauung auf. Das Ganze ist offensichtlich ironisch: „Außer Ihrer Anfrage bekomme ich nämlich jeden Tag, den Gott werden läßt, noch drei ähnlich gelagerte, und die muß ich alle freundlich ablehnen. (Davon abgesehen, brauche ich keine zusätzliche Welterklärung. Ich bin Kommunist; da ist die mit eingebaut.)"[13]

Bei aller Ironie dieser Antwort ist festzuhalten, wie vielseitige Aktivitäten Harry Rowohlt im Alter von 60 Jahren hatte. In dieser Zeit arbeitete er an der *Eddie Dickens*-Trilogie von Philip Ardagh, die er 2009 auch vertonte. Die Geschichte des elfjährigen Eddie Dickens, dessen Eltern an einer unbekannten Krankkeit leiden und der aus diesem Grund in einem Waisenhaus landet, enthält britischen Humor in bester Monty-Python-Tradition. Harry Rowohlt fühlte sich hier wohl als Übersetzer von mit viel Wortwitz aufgeladenen Textpassagen angezogen. Ardagh sammelte wichtige berufliche Erfahrungen bei der Arbeit an der Erstellung des ersten Kinderbuchs von Paul McCartney *High in the Clouds* (zusammen mit dem Illustrator Geoff Dunbar). Die Geschichte wurde 2005 von Harry Rowohlt aus dem Englischen übersetzt.

---

11 Harry Rowohlt, Brief an Friedrich Schoenfelder, Schauspieler und Synchronsprecher (19.06.2003), in: Harry Rowohlt, *Der Kampf geht weiter! Nicht weggeschmissene Briefe I*, S. 357–364, hier S. 358.

12 Harry Rowohlt, Brief an einen Bittsteller (02.08.2005), in: Harry Rowohlt, *Gottes Segen und Rot Front. Nicht weggeschmissene Briefe II*, S. 46.

13 Ebenda, S. 46.

Im Fall von Philip Ardagh besteht eine gewisse körperliche Ähnlichkeit mit Rowohlt. Der britische Autor ist über zwei Meter lang und hat einen langen, buschigen Bart. Genau so wie Rowohlt arbeitete er als Werbetexter, war aber auch Reinigungskraft und Vorleser für Blinde. Diese Vorleserarbeit und das Interesse an der Literatur waren nicht unwesentlich für ihre Zusammenarbeit. Rowohlt schreibt über Ardagh im Brief an Kurt Vonnegut vom 16. Februar 2005: „Ich z. B. bin gerade mit dem Korrekturlesen meiner Übersetzung von Teil IV der Eddie-Dickens-Trilogie von Philip Ardagh fertig geworden. [...] Er ist ein großer Brite (tatsächlich so groß, daß er Bibliothekar werden mußte, nachdem er beim Basket versagt hatte) mit langem Bart."[14]

Rowohlt übersetzte nicht nur Ardaghs Texte, sondern arbeitete in dieser Zeit auch mit Ken Bruen zusammen, mit dem ihn eine persönliche Freundschaft verband. Ken Bruen ist der irische Autor der düsteren Kriminalromane der *Jack Taylor* -Reihe, die Rowohlt seit 2001 ins Deutsche übersetzt hat. Die von Bruen geschaffene Romanfigur Jack Taylor ist ein gefallener Polizist, der ein von Alkohol und Drogen ruiniertes Leben führt. Was den Übersetzer an diesem Buch reizen kann, ist vielleicht der Jargon der Figuren, der in Richtung Slapstick abdriftet. Das Leben des Autors ist übrigens nicht weniger interessant als sein literarischer Stil: Bruen hat einen Doktortitel in Metaphysik. Außerdem arbeitete er fünfundzwanzig Jahre lang als Englischlehrer in vielen Ländern der Welt und hatte so die Gelegenheit, die dynamischen Veränderungen in der Mentalität junger Menschen in verschiedenen Kulturen zu beobachten.

Apropos Metaphysik, Geisteszustand und Jugenderziehung im Allgemeinen: 2001 erhielt Harry Rowohlt einen Brief von Jürgen Hess, Jugendhaus am Dicken Turm (27.06.2001), in dem der Veranstalter des Diözesianen Jugendtages „apropos" des Bischöflichen Jugendamtes und des Bundes der katholischen Jugend Würzburg in Münnerstadt Rowohlt einlud, an einer Talk-Runde zum Thema „Wie durchgeknallt kann ich in unserer Kirche sein?" teilzunehmen. Hess begründete seine Einladung mit der unbestrittenen Autorität Rowohlts bei dem jungen Publikum: „Wir sind uns sicher, dass Sie jungen Menschen durch Ihr Leben und Engagement etwas zu sagen haben und dass Sie für die Jugendlichen eine inspirierende Bereicherung wären."[15] Mit mehr als anderthalb Monaten Verspätung antwortete Rowohlt Hess

14 Harry Rowohlt, Brief an Kurt Vonnegut (16.02.2005), in: Harry Rowohlt, *Gottes Segen und Rot Front. Nicht weggeschmissene Briefe II*, S. 17.

15 Jürgen Hess, Brief an Harry Rowohlt (27.06.2001), in: Harry Rowohlt, *Der Kampf geht weiter! Nicht weggeschmissene Briefe I*, S. 306–307.

und wies auf seine anderen Verpflichtungen in diesen Tagen hin, darunter die Teilnahme an einer Benefiz-Gala für den neuen Film von Wenzel Storch, aber der lustigste Teil der Antwort hat mit dem Wort „durchgeknallt“ in der Betreffzeile der Talk-Runde und Rowohlts Einstellung zum Glauben im Allgemeinen zu tun: „Darüberhinaus bin ich seit drei Generationen ungetauft, was ich durchschnittlich zweimal pro Jahr bedaure, weil es bedeutet, daß ich nie werde aus der Kirche austreten können, und so durchgeknallt, daß ich je einer Religion bedürfe, werde ich – gottlob! – nie sein.“[16] Angesichts der unterschiedlichen Weltanschauungen war in diesem Fall kaum eine andere Antwort zu erwarten. Abgesehen davon konzentrierte sich Rowohlt damals lieber auf seine Arbeit als Übersetzer und Vortragsredner, als dass er in brillanter Weise Vorträge vor jungen Menschen hielt, insbesondere zu religiösen Themen. Für diese Aktivitäten und nicht für Podiumsdiskussionen erhielt er 2003 die Platin-Schallplatte für 250.000 verkaufte *Pu der Bär*-CDs und 2004 hat ihm der WDR den deutschen Hörbuchpreis für *Flan O'Brien, „Auf Schwimmen-zwei-Vögel“* verliehen. Überdies wurden seine herausragenden Leistungen auf dem Gebiet der literarischen Übersetzung mit dem Heinrich-Maria-Ledig-Rowohlt-Übersetzerpreis während der Frankfurter Buchmesse 2003 ausgezeichnet.

Um jedoch auf die Frage der Erziehung junger Menschen zurückzukommen, ist anzumerken, dass dieses Thema seinerzeit von einer Reihe von Schriftstellern behandelt wurde, insbesondere im Hinblick auf das Geschichtsbewusstsein und den aktuellen Zustand der Köpfe junger Menschen in der sozialen Marktwirtschaft und unter dem Einfluss der neuen Medien. Einer dieser Schriftsteller war Florian Illies. Zur Jahrtausendwende erschien sein Buch *Generation Golf* (2000), in dem er das Leben „der zwischen 1965 und 1975 Geborenen“[17] analysiert. (Niemand konnte damals ahnen, dass derselbe Florian Illies 2019 Chefredakteur des Rowohlt Verlags werden und nach einem Jahr wieder zurücktreten würde.) Sie sind in den 1980er -Jahren aufgewachsen, „dem langweiligsten Jahrzehnt des 20. Jahrhunderts“[18]. Illies beschrieb seine eigene Generation im Zeitalter der Popkultur im Stil eines Kolumnisten. Er zeigt, wie in den 1990er-Jahren ideologische und ökologische Kämpfe zugunsten des Strebens nach Reichtum oder der Verwöhnung durch die Eltern aufgegeben wurden. Für Illies waren seine Altersgenossen die erste Generation von Deutschen, die ihren Weg zu einem sinnvollen Leben durch Hedonismus fanden.

16 Harry Rowohlt, Brief an Jürgen Hess (16.08.2001), in: Harry Rowohlt, *Der Kampf geht weiter! Nicht weggeschmissene Briefe I*, S. 312.

17 Florian Illies, *Generation Golf. Eine Inspektion*, Frankfurt am Main 2000, S. 18.

18 Ebenda, S. 15.

Rowohlt hat sich Anfang des Jahrtausends ganz ähnliche Gedanken über die neue Mentalität der telekratischen Gesellschaft gemacht, als er in *Pooh's Corner* kritisch über die Nachfrage der Presse nach bestimmten Themen schrieb:

> Die Aufforderungen aus den unterschiedlichsten *Zeit*-Ressorts, z. B. etwas über *Big Brother* („Nein!! Langweilige junge Menschen werden dadurch, dass man sie zusammenpfercht, nicht interessanter." [...]) oder über die Love Parade („Nein!! Wenn hässliche junge Menschen aus Pinneberg zur Dumpfmucke mit ihrer Beringung schlackern und dabei unter sich defäzieren, bis die Kochsalzlösung kommt, so ist das für mich von keinerleiem *news value.*") zu schreiben, perlen an mir ab [...].[19]

Dieses Porträt junger Menschen war nicht optimistisch, aber es zeigte in gewisser Weise die Unbekümmertheit, die sich die neuen Generationen der Deutschen leisteten. Die unbehandelten Traumata der Kriegskinder verschwanden dadurch jedoch nicht. Die Populärkultur drängte diese Erfahrungen an den Rand und machte sie zu etwas Unattraktivem und sogar Schändlichem, aber auch ihre Zeit war gekommen. Zu Beginn des 21. Jahrhunderts gab es einen gewissen Umbruch in der Art, sich der Vergangenheit zu nähern. Als Symptome einer sich entscheidend verändernden Geschichtspolitik, auch im kulturellen Bereich, sind zwei Bücher zu nennen: Günter Grass' *Im Krebsgang* über den Untergang der ‚Wilhelm Gustloff' im Januar 1945 und ihre Auswirkungen bis in die deutsche Gegenwart und Jörg Friedrichs *Der Brand: Deutschland im Bombenkrieg 1940–1945* (2002). Im Jahr 2004 erschien Sabine Bodes Monografie *Die vergessene Generation. Kinder des Krieges brechen das Schweigen.* In der Einleitung der erweiterten Ausgabe von 2013 wies die Autorin auf das damalige Ziel ihrer Veröffentlichung hin:

> Als dieses Buch 2004 erschien, waren die Spätfolgen des Krieges in der deutschen Bevölkerung noch nicht erforscht. [...] Ein öffentliches Interesse am Thema „deutsche Kriegskinder" existierte nicht. Es erwachte erst im April 2005, ausgelöst durch den ersten großen Kriegskinderkongress in Frankfurt am Main. Hatten sich die öffentlichen Medien bis dahin überwiegend auf die Aufarbeitung des Nationalsozialismus konzentriert, wurden nun dem Themenkomplex

19 Harry Rowohlt, *Rätselhaftes Dramolett*, in: Harry Rowohlt, *Pooh's Corner. Meinungen eines Bären von sehr geringem Verstand. Gesammelte Werke 1997–2013*, S. 65–67, hier S. 65.

„deutsche Vergangenheit" die Schrecken von Bombenkrieg und Vertreibung aus Kindersicht hinzugefügt.[20]

Eine erfolgreiche Synthese von Kino und Sachliteratur war der Film *Der Untergang – Hitler und das Ende des Dritten Reiches* (2004) unter der Regie von Oliver Hirschbiegel nach dem gleichnamigen Buch von Joachim Fest (2002) und den Erinnerungen von Adolf Hitlers Sekretärin Traudl Junge *Bis zur letzten Stunde* (2002). Der Hauptdarsteller im Film sollte bald auch in einer von Rowohlts Anekdoten auftreten. Der Drehbuchautor Bernd Eichinger betonte, dass er sich beim Schreiben an die wahre Geschichte gehalten hatte.[21] Das führte bei den Dreharbeiten manchmal zu einer Reinszenierung bekannter Propagandabilder der Zeit des Nationalsozialismus, vor allem der Fotos von Heinrich Hoffmann, der als ein „Reichsbildberichterstatter großen Einfluss auf die visuelle Gestaltung der nationalsozialistischen Propaganda ausübte"[22]. Gleichzeitig bemühte sich der Filmregisseur, „den Narrationskonsens der 50er Jahre zu unterlaufen, indem er die Täterzeichnung zwischen Wehrmacht und SS entdifferenziert hat"[23].

In Bezug auf die Vorwürfe, dass der Regisseur Hitler als eine zu menschliche Figur gezeigt habe, schien die soziologische Studie von Michael Wildt eine treffende Frage nach dem Hauptparadoxon des *Untergangs* zu stellen:

> Wie wenig mutig dieser Film dagegen ist, zeigt sich an der sonderbaren Scheu, den toten Hitler abzubilden […] Was hielt Eichinger und Hirschbiegel davor zurück, dieses tote, zerschossene Stück Fleisch zu filmen? […] Der Film, der so viel Wert darauf legt, Mörder als lebende Menschen zu zeigen, drückt sich um die Konsequenz, auch die Jämmerlichkeit, Obszönität und Hässlichkeit ihres Todes zu zeigen.[24]

---

20 Sabine Bode, *Die vergessene Generation. Die Kriegskinder brechen ihr Schweigen*, Stuttgart 2013, S. 11.

21 Vgl. Christopher Georg Brandt, *„…when the legend becomes fact…". Geschichtsdidaktische Überlegungen zur Medialität, Authentizität und Narrativität des historischen Spielfilms*, Potsdam 2019, S. 80.

22 Ebenda, S. 84.

23 Manuel Köppen, *Die wiedererfundene Vergangenheit. Der neue deutsche Bewältigungsfilm*, in: Carsten Gansel/Heinrich Kaulen (Hrsg.), *Kriegsdiskurse in Literatur und Medien nach 1989*, Göttingen 2011, S. 13–30, hier S. 21.

24 Michael Wildt, *„Der Untergang": Ein Film inszeniert sich als Quelle*, in: *Zeithistorische Forschungen*, Nr. 2/2005, S. 131–142, hier S. 141.

Bruno Ganz war als Hitler so charakteristisch, dass Harry Rowohlt sich in *Pooh's Corner* an eine Geschichte erinnerte, die mit seiner Filmleistung verbunden war. Er erzählte von Matthias Brandt, mit dem er sich auf dem 20. Fernsehfestival in Baden-Baden traf: „Und Matthias Brandts kleine Tochter (8) wünscht sich immer Spaghetti, aber inzwischen glaubt er, dass es weniger wegen der Spagetti ist als deshalb, weil er, Matthias Brandt, nach dem Essen immer als Bruno Ganz als Adolf Hitler sagt: ‚Dos host do got gemocht.'"[25] So vermischten sich in Rowohlts Kolumnen in unzähligen Abschweifungen Filmgeschichten und Leben.

Romane, die sich mit der nahen und fernen Vergangenheit befassen, wurden zu dieser Zeit in großer Zahl produziert. Als Daniel Kehlmanns *Die Vermessung der Welt* (2005), eine Geschichte über zwei Genies: Carl Friedrich Gauß und Alexander von Humboldt, und zugleich einen „Gegenwartsroman, der in der Vergangenheit spielt"[26], publiziert wurde, erschien auch der fast 800-seitige Roman von Ingo Schulze *Neue Leben. Die Jugend Enrico Türmers in Briefen und Prosa. Herausgegeben, kommentiert und mit einem Vorwort versehen von Ingo Schulze* (2005). Schulzes Wenderoman zeigte den Verlust der Orientierung unter den deutschen Schriftstellern nach der Wiedervereinigung, auch den Verlust der Schreibkunst und den Verlust des Ichs. Zehn Jahre nach der Veröffentlichung seines Romans postulierte Schulze immer noch die Notwendigkeit eines Wenderomans aus West-Sicht, der solche Texte wie *Neue Leben* ergänzen könnte. Mit Schulze verbindet sich eine Anekdote, die Harry Rowohlt in einem seiner Briefe aus dem Jahr 2011 zitierte, als er sich über diesen Schriftsteller positiv äußerte:

> „[…] Das war eine große Ehre, die vierte Leipziger Poetikvorlesung zu halten –, nach Ingo Schulze, Uwe Tellkamp und Herta Müller. Uwe Tellkamp und Herta Müller sind zwar Pappnasen, aber Ingo Schulze nicht; da mußte ich mich anstrengen." Darauf hinten links und hinten rechts je ein Klatschen. Dann, ganz langsam, breitete sich der Applaus aus, bis tatsächlich so gut wie alle klatschten. Da war offenbar ein jeder für sich mit sich zu Rate gegangen und fand: „Stimmt ja überhaupt, zweimal Pappnase, einmal nicht."[27]

---

25 Harry Rowohlt, *Fortsetzung Filmfestival*, in: Harry Rowohlt, *Pooh's Corner. Meinungen eines Bären von sehr geringem Verstand. Gesammelte Werke 1997–2013*, S. 186–189, hier S. 188.

26 Daniel Kehlmann, Sebastian Kleinschmidt, *Requiem für einen Hund. Ein Gespräch*, 2. Auflage, Berlin 2009, S. 66.

27 Harry Rowohlt, Brief an Ingo Schulze (11.05.2011), in: Harry Rowohlt, *Und tschüs. Nicht weggeschmissene Briefe III*, Zürich, Berlin 2016, S. 119.

Schulze schrieb 2005 ein Buch, in dem seine perfektionierte Camouflage und Selbstkreation des Autors die Grenze zwischen ihm und dem fiktiven Schulze verwischte. Wie man sieht, haben dieser und seine anderen Texte Harry Rowohlt sehr beeindruckt, wahrscheinlich auch wegen des ironischen Stils des Autors, der diesen und seine späteren Texte für den unaufmerksamen Leser zu einer Herausforderung macht.

Die Zweideutigkeit solcher Geschichtsliteratur wurde bald im wirklichen Leben kompensiert, als die Öffentlichkeit hinter die Maske des Schriftstellers Günter Grass blicken konnte, der sich 2006 plötzlich an seinen bis dahin verschwiegenen Dienst in der Waffen-SS „erinnerte". Nach Jahrzehnten der moralisierenden Geschichtsschreibung, in denen Grass vor und vor allem nach Bölls Tod 1985 als moralische Instanz für „die Generation über Juli Zeh"[28] galt, ist diese Autobiografie Ausdruck seines ohnehin unverzeihlichen Scheiterns.

Auch Harry Rowohlt hatte sein „finsteres Kapitel"[29] im Leben, obwohl beide Situationen natürlich überhaupt nicht vergleichbar sind. Rowohlt schildert in *In Schlucken-zwei-Spechte* die urkomische Geschichte seiner mehrstündigen „Arbeit" für die Stasi als „IM Dödel"[30]. Es war eine wahre Komödie der Missverständnisse während seiner Reise in die DDR:

> Genauso lange wie ich studiert habe, zweieinhalb Stunden, war ich auch IM, ein informeller Mitarbeiter der Stasi. Wir hatten unsere Freundin Martha Engel, genannt die letzte Kommunistin, in Ostberlin besucht. Sie wollte mich mit zwei Freunden zusammenbringen. Wir fuhren aus Berlin hinaus, was man als Westdeutscher ohne eine Sonderaufenthaltsgenehmigung eigentlich gar nicht durfte. Die Freunde hießen wie immer Horst und Manfred. Horst oder Manfred zeigte irgendeinen Ausweis und da hat uns das Grenzsicherungsorgan salutierend durchgelassen. Wir machten einen Waldspaziergang, weil Wälder abhörsicher sind, wie mir inzwischen klar ist. Damals kapierte ich überhaupt nicht, was die von mir wollten. Und als ich es endlich geschnallt hatte, war ich Feuer und Flamme. Ich sagte: „Ja, sehr gern sogar, wann soll ich anfangen und was soll ich

28 Juli Zeh (Jahrgang 1974) war 2006 32 Jahre alt. Als junge Autorin relativierte sie damals in einem Interview für Deutschlandradio Kultur die Bedeutung von Grass für ihre Generation und identifizierte ihn als moralische Instanz eher für die ältere Generation.

29 Harry Rowohlt/Ralf Sotscheck, *In Schlucken-zwei-Spechte. Harry Rowohlt erzählt Ralf Sotscheck sein Leben von der Wiege bis zur Biege*, S. 81.

30 Ebenda, S. 82.

> ausspionieren?“ Da haben sie gemerkt, daß ich zu dämlich für einen IM war. Jetzt würde ich gerne meine Stasi-Akte einsehen, um herauszufinden, ob ich da als IM Dödel geführt bin.[31]

Grass hat jahrelang die Stasiakten-Hysterie Anfang der 1990er-Jahre als falsche Einstellung behandelt und war der Meinung, dass es dabei zu einer Überschätzung des Materials komme. Im Fall von Rowohlt mag die Einsicht in die Akten der Staatssicherheit noch auf eine andere Weise gewirkt haben, nämlich zur Verstärkung des in der oben zitierten Anekdote enthaltenen Situationskomik-Effekts. Tatsächlich hatten nur wenige der Informanten und Verfolgten aus den Stasi-Akten das Glück, sich nach dem Zusammenbruch des Kommunismus nach Belieben über die Stasi lustig machen zu können. Dies erforderte manchmal eine große Selbstdistanz oder Selbstironie oder, im Falle von Informanten, Zynismus. Harry Rowohlt versuchte und schaffte es mit seinem außergewöhnlichen Humor, auch die peinlichsten Situationen glänzend zu meistern. Dazu gehörten sowohl die Hysterie über den Kommunismus als auch die Hysterie über den Terrorismus.

2008 wurde Frankfurt am Main zu einem zentralen Ort in der Geschichte des deutschen Kinos. Uli Edel drehte einen Film mit dem Titel *Der Baader-Meinhof-Komplex*, der auf dem gleichnamigen Sachbuch von Stefan Aust aus dem Jahr 1985 basiert. In Edels Film finden sich Texte, die auch Harry Rowohlt in seinen Briefen aus dem ersten Jahrzehnt des 21. Jahrhunderts verwendet; so spricht Rudi Dutschke die Worte am Grab von Holger Meins: „Holger, der Kampf geht weiter“. Die erste Generation der Terroristen war ein deformiertes Produkt der Umerziehung und wandte sich gegen die Generation ihrer Väter. Die Maßnahmen gegen sie wurden in Meins’ letztem Brief an Manfred Grashof beschrieben: „Das einzige was zählt ist der Kampf – jetzt, heute, morgen [...] DER KAMPF GEHT WEITER.“[32] Harry Rowohlt hat diese Worte in seinen Briefen nach 2005 mehrfach verwendet.

Interessanterweise beginnt der Film von Uli Edel mit den Straßenprotesten gegen den Axel-Springer-Verlag und auch Rowohlt hatte eine ganz bestimmte Meinung von Springer, als er in *Pooh’s Corner* zwischen „richtigen Verlegern“ wie Ernst

31 Ebenda, S. 81–82.

32 Holger Meins, *das einzige, was zählt, ist der Kampf* [Brief an Manfred Grashof], in: Pieter Herman Bakker Schut (Hrsg.), *Das Info. Briefe von Gefangenen aus der RAF aus der Diskussion 1973–1977. Dokumente*, Hamburg 1987, S. 183–186, hier S. 183.

Rowohlt und „schillernden Society-Amöben wie Axel Springer (*Baruch* Schmó)“[33] unterschied. Rowohlt war natürlich gegen die Umbenennung der Lindenstraße in Berlin in die Axel-Springer-Straße: „Dann sollen die gleich Nägel mit Köppen machen und Unter den Linden auch noch umbenennen. In Unter den Axeln.“[34]

Die Themen des Kampfes zwischen Bürger und Staat wurden in der Belletristik aus naheliegenden Gründen unterschiedlich formuliert, je nachdem, ob es sich um das kapitalistische Deutschland oder einen der totalitären kommunistischen Staaten handelte, wie im Falle der von Rowohlt als „Pappnase“ bezeichneten rumäniendeutschen Nobelpreisträgerin Herta Müller. „Der auf der Grundlage von Erinnerungen des 2006 gestorbenen Dichters Oskar Pastior an seine Lagerzeit entstandene Roman *Atemschaukel*, der im Echoraum der ‚großen‘ Shoah- und Gulag-Romane die Geschichte der Deportation deutschstämmiger Männer und Frauen aus Rumänien kurz vor Kriegsende zur Zwangsarbeit in die Sowjetunion erzählt“[35], wurde 2009 veröffentlicht. Müller wurde jahrelang vom rumänischen Geheimdienst Securitate verfolgt, nachdem sie sich geweigert hatte, für den kommunistischen Apparat zu arbeiten. In den 1970er-Jahren gehörte die Autorin zu einem literarischen Zirkel, dessen Aktivitäten eine Zeitlang vom Staat geduldet wurden.

An Müllers Roman wirkte der bereits erwähnte rumäniendeutsche Dichter Oskar Pastior als Inspirator mit. Im Jahr 2010 wurde bekannt, dass er sich zur Zusammenarbeit mit dem Sicherheitsdienst Securitate verpflichtet hatte. Erst nach seinem Tod erfuhr die Autorin von dieser Verpflichtungserklärung. Zuvor wurde Pastior Büchnerpreisträger des Jahres 2006 und galt jahrelang als literarische Autorität. Harry Rowohlt erwähnte seinen Namen nur einmal im Jahr 1996 in *Pooh's Corner*: „Vor einem Jahr hat Oskar Pastior in der *Zeit* Ernst Jandl zum 70. gratuliert. ‚Dann gratulier ich ihm eben zum 71.‘, habe ich da gedacht, ‚und zwar nachträglich.‘“[36]

Pastior und Jandl waren Freunde. Jandl schrieb schon 1966 das Gedicht *lichtung*, in dem er als ein großer Sprachexperimentator politische Referenzen auf die Sprache übertrug:

---

33 Harry Rowohlt, *Im Speisewagen mit Jutta Ditfurth*, in: Harry Rowohlt, *Pooh's Corner. Meinungen eines Bären von sehr geringem Verstand. Gesammelte Werke 1989–1996*, S. 271–274, hier S. 273.

34 Harry Rowohlt, *Carte blanche*, in: Harry Rowohlt, *Pooh's Corner. Meinungen eines Bären von sehr geringem Verstand. Gesammelte Werke 1989–1996*, S. 252–255, hier S. 252.

35 Norbert Otto Eke (Hrsg.), *Herta Müller. Handbuch*, Stuttgart 2017, S. 10–11.

36 Harry Rowohlt, *Der Laden brummt*, in: Harry Rowohlt, *Pooh's Corner. Meinungen eines Bären von sehr geringem Verstand. Gesammelte Werke 1989–1996*, S. 280–284, S. 282.

manche meinen
lechts und rinks
kann man nicht velwechsern
werch ein illtum[37]

Diese Differenzierung gewann im 21. Jahrhundert an neuer Tiefe und Schärfe – ein Aspekt, der in dem Maße immer wichtiger wurde, wie die Umerziehung, die ursprünglich eine entscheidende literaturkonstituierende Wirkung hatte, ihre Bedeutung verlor. Das Ende des Jahrzehnts war wichtig für die Literatur, die man als traditionell oder sogar konservativ bezeichnen könnte: „So hat die Deutsche Akademie für Sprache und Dichtung als Konsekrationsinstanz die Verleihung des Georg-Büchner-Preises 2009 an Walter Kappacher damit begründet, dass dieser ‚poetische Realist' mit seinem bislang wenig beachteten Werk ‚an die große Erzähltradition anknüpft'"[38]. Gemeint waren in dieser Reihe auch Josef Winkler, Arnold Stadler, Martin Mosebach (der im Briefwechsel mit Harry Rowohlt stand), Daniel Kehlmann mit seiner Kritik der fehlenden tradierten Texte im Theater (für Rowohlt war er nicht ertragbar als Literat) oder Uwe Tellkamp mit seiner „Bildungsbürgerlichkeit"[39] (von Rowohlt wurde auch er nicht geschätzt). Walter Kappacher schrieb seinen Roman *Der Fliegenpalast* (2009) über Hugo von Hofmannsthal, dessen politisch konservative Haltung mit der „konservativ-revolutionären Ästhetik"[40] seiner Texte eng verbunden war.

Andererseits wurden die konservativen und religiös geprägten Wurzeln des deutschen Imperialismus des 20. Jahrhunderts kritisiert, die für das spätere tragische Schicksal eines deutsch dominierten Europas verantwortlich gemacht werden konnten. Im Jahr 2009 drehte der österreichische Regisseur Michael Haneke den Film *Das weiße Band – Eine deutsche Kindergeschichte*, in dem er nach der „ersten" Ursache für den künftigen Triumph der Gewaltideologie in Deutschland fragte. Der Regisseur zeigte das Eindringen von Gewalt in den Alltag eines fiktiven deutschen Dorfes im Jahr 1913/1914. Harry Rowohlt hat 2011 Hanekes Film im Brief an

---

37 Ernst Jandl, *lichtung*, in: *Die hundert besten deutschen Gedichte des Jahrhunderts.* Ausgewählt von Marcel Reich-Ranicki, Frankfurt am Main und Leipzig 2000, S. 80.

38 Maike Schmidt, *Vorwort*, in: Maike Schmidt (Hrsg.), *Gegenwart oder Konservatismus in Literatur, Literaturwissenschaft und Literaturkritik*, Kiel 2013, S. 9–18, hier S. 9.

39 Ebenda, S. 12.

40 Heinz Hiebler, *Hugo von Hofmannsthal und die Medienkultur der Moderne*, Würzburg 2003, S. 422.

Nikolaus Heidelbach rezensiert und den Kern der darin aufgeworfenen Fragen unverblümt angesprochen:

> Ach, wenn ich doch noch Filmkritiker wäre! Dann käme in meiner Rezension von *Das weiße Band* diese Formulierung vor: ... in einem rätselhaften pommerschen Dorf, das im Norden an Detlev Buck, im Süden an Josef Bierbichler grenzt und hauptsächlich von Berliner Schauspielern bewohnt wird ... Haargenau die erwartbare Scheiße.[41]

Dem Rest dieser beiläufigen Rezension ist zu entnehmen, dass Rowohlt trotz der Meinung seiner Frau, „der Film wolle den Betrachter voll ungeklärter Fragen entlassen“[42], so skeptisch und kritisch blieb wie zu Beginn, wovon seine Zusammenfassung des Gesprächs zeugt: „‚Kein Wunder, daß das bis 22:30 Uhr dauert; da vorne rechts ist noch ein Huhn, das erklärt werden muß.‘ [...]) (Wieder nichts verstanden.)“[43] Anna Mikula, Herausgeberin des zweiten Bandes der Briefe von Harry Rowohlt, charakterisiert ihren Autor in diesem Lebensabschnitt im Kontext der Vergangenheit wie folgt:

> Harry Rowohlt ist nicht altersmilde geworden, schon gar nicht altersweise im landläufigen Sinn. Als ob ihm keine Zeit vergangen sei zwischen den frühen 60er Jahren des vorigen Jahrhunderts und dem neuen Saeculum, schreibt Harry Rowohlt unbekümmert um die öffentliche Meinung, radikal in Zu- und Abneigung, in klassischer Weise démodé.[44]

Rowohlts Urteil über *Das weiße Band* scheint Mikulas Worte voll und ganz zu bestätigen.

Jedenfalls sollten weitere solcher kritischen und oft amüsanten Stellungnahmen zu Personen, Texten und anderen Dingen erscheinen, manchmal in Form von Wiederholungen aus Briefen und Kolumnen, im Zusammenhang mit einer neuen Publikation zu Rowohlts Leben. Zu Beginn des 21. Jahrhunderts erschien endlich sein

---

41 Harry Rowohlt, Brief an Nikolaus Heidelbach (2011), in: Harry Rowohlt, *Und tschüs. Nicht weggeschmissene Briefe III*, S. 194–195, hier S. 194.

42 Ebenda, S. 194.

43 Ebenda.

44 Anna Mikula, *Neues von der Front*, in: Harry Rowohlt, *Gottes Segen und Rot Front. Nicht weggeschmissene Briefe II*, S. 7–10, hier S. 8.

autobiografisches Interview *In Schlucken-zwei-Spechte. Harry Rowohlt erzählt Ralf Sotscheck sein Leben von der Wiege bis zur Biege*, aus dem hier bereits mehrfach zitiert wurde. Von den sieben Tagen im Juli 2001, die Rowohlt mit dem Kolumnisten Ralf Sotscheck in Ballyvaughan an der irischen Westküste verbrachte, sollten acht Jahre vergehen, bis 2009 eine vierte Auflage mit einem neuen Kapitel „Acht Jahre danach" erschien. In der Zwischenzeit wurden Rowohlts Briefe *Gottes Segen und Rot Front. Nicht weggeschmissene Briefe II* (2005) veröffentlicht. Zu diesem Zeitpunkt hatte ihr Autor bereits 152 Bücher übersetzt und spielte seit 13 Jahren den Obdachlosen Harry in der *Lindenstraße*. Er stand im Briefwechsel mit Lothar Bisky, dem Vorsitzenden der PDS (2005), und mit Gregor Gysi, dem letzten Vorsitzenden der SED, ehemaligen Vorsitzenden der PDS, und von 2005 bis 2015 Vorsitzenden der Linkspartei.

Nicht unbedeutend war das Jahr 2005, als das Buch *Der Große Bär und seine Gestirne. Freunde und Weggefährten grüßen, dichten und malen zum 60. Geburtstag von Harry Rowohlt* veröffentlicht wurde. Manfred Eichel wies dabei auf zwei Jubiläen hin: „Heute feiern wir seinen sechzigsten Geburtstag, vor einem Monat hätten wir seinen zehnten feiern können. Denn damals, am 26. Februar 1995, wurde unser Freund Harry Rowohlt noch einmal geboren – als Fernseh-Star."[45] Manfred Eichel bezog sich natürlich auf die Rolle von Rowohlt in der *Lindenstraße*. Gleichzeitig war Harry Rowohlt im Vorfeld der Bundestagswahl für die Linke auf der politischen Bühne sehr gefragt. Gunnar Hansen, Unterstützer für Bündnis 90/Die Grünen, schrieb ihm am 3. August 2005 und bat ihn, die Grünen vor der Bundestagswahl am 18. September 2005 zu unterstützen. Rowohlt erwiderte damals mit Nachdruck: „Lieber hänge ich tot über einem Zaun im Kosovo, als daß ich auch nur eine Sekunde lang die Grünen unterstütze. Ich rufe seit Alters her [...] zur Wahl der PDS auf, und das wird auch in diesem Jahr so bleiben."[46] In der Tat blieb er seiner politischen Sympathie für die postkommunistische Linke treu. Aus demselben Grund näherte er sich weder den Anarchisten noch den Anhängern des „ökologischen Radikalismus". Obwohl Rowohlt sich immer von extremen politischen Ansichten fernhielt, wurde er manchmal mit berüchtigten Persönlichkeiten aus der Welt der Politik und der Geschichte verwechselt, die solche Ideen einst in die Tat umsetzten. Das führte zu

45 Manfred Eichel, *Harry Rowohlt im Rampenlicht*, in: *Der Große Bär und seine Gestirne. Freunde und Weggefährten grüßen, dichten und malen zum 60. Geburtstag von Harry Rowohlt*, hrsg. von Anna Mikula, Zürich 2005, S. 53–57, hier S. 53.

46 Harry Rowohlt, Brief an Gunnar Hansen (03.08.2005), in: Harry Rowohlt, *Gottes Segen und Rot Front. Nicht weggeschmissene Briefe II*, S. 52.

lustigen Situationen. Das Gleiche gilt für die Reaktionen der Menschen auf einige seiner Bücher. So erhielt Rowohlt 2007 den Brief eines Lesers über Reaktionen auf seine Briefsammlung *Der Kampf geht weiter!*:

> Ende Dezember befanden wir uns auf einem Schiff mitten auf dem Atlantik. [...] Uns saß ein älteres englisches Ehepaar gegenüber, so an die 80 Jahre alt. Ihr Buch lag auf dem Tisch. Der Engländer sprach uns an: „Oh, mein Kampf"! Er fragte, ob es Teil 2 von Hitlers *Mein Kampf* sei! Bevor wir antworten konnten, brachte der Kellner den Tee, sah das Buch und sagte: „Oh, Karl Marx"![47]

Die Reaktion des Kellners kennzeichnete ganz ungewollt Rowohlts Begeisterung für linke, kommunistische Gerechtigkeitsvorstellungen, die nicht nur darin bestand, die Korrespondenz von Marx und Engels öffentlich und mit Humor zu lesen, sondern auch darin, die postkommunistische Partei tatsächlich zu unterstützen, auch wenn das in diesem Fall nichts damit zu tun hatte und es lediglich darum ging, dass Rowohlts Bild auf dem Cover Marx zum Verwechseln ähnlich sah.

Das Verhältnis zu einigen Vertretern der ehemaligen Kommunisten und später der neuen Linken war im Fall von Rowohlt mitunter recht innig. Als 2005 Rowohlts Mutter im Alter von 94 Jahren starb, schrieb er unter anderem einen Brief an Gregor Gysi. In diesem Brief vom 17. April 2005 stellte er fest, dass mit dem Tod der Mutter ein bestimmter Abschnitt in seinem Leben eingetreten sei und er jetzt aufhören könne, „als Längerleberwessi aufzutrumpfen"[48].

In den Briefen, die Harry Rowohlt in dieser Zeit an andere schickte, finden sich Erinnerungen an seine Mutter und seinen Vater. So schreibt Rowohlt in einem Brief an Roger Boylan über den Tod seiner Mutter und zeigt hier auf amüsante Weise in einem kleinen Exkurs, wie nachhaltig die Mutter sein Leben geprägt hat: „Vorgestern habe ich in meiner Trauerrede erwähnt, daß meine Mutter die einzige mir bekannte Mutter war, die, wenn ich mich gegen einen Mittagsschlaf aussprach, weil ich überhaupt nicht müde sei, sagte: ‚Leg dich auf die andere Seite, laß einen fahren und schlaf ein', und es funktioniert immer noch!"[49] Im Antwortschreiben vom 3. Mai

---

47 Brief von einer Leserin (22.03.2007), in: Harry Rowohlt, *Gottes Segen und Rot Front. Nicht weggeschmissene Briefe II*, S. 115.

48 Harry Rowohlt, Brief an Gregor Gysi (17.04.2005), in: Harry Rowohlt, *Gottes Segen und Rot Front. Nicht weggeschmissene Briefe II*, S. 32.

49 Harry Rowohlt, Brief an Roger Boylan (27.04.2005), in: Harry Rowohlt, *Gottes Segen und Rot Front. Nicht weggeschmissene Briefe II*, S. 34.

2005 bekundet Boylan sein Beileid und fügt dem Brief eine kurze Bemerkung über Rowohlts Mutter hinzu: „Nach dem, was ich gehört habe, war sie eine Frau von viel Persönlichkeit und Originalität; und welche Lebenskrisen eine Mutter auch beschleunigen mag, sie ist unersetzlich."[50] Im Briefwechsel nach dem Besuch in Sachsen und Thüringen gedenkt Rowohlt auch seines Vaters. Nach der Rückkehr aus Jena und Dresden schreibt Rowohlt im Brief an einen Veranstalter eine Erinnerung an den ersten Bestseller des Rowohlt-Verlags:

> Den Bahnhof Jena West hielt ich zunächst – völlig zu Recht – für einen Blumenladen, später dann für ein modernes Antiquariat. Dort fand ich eine DDR-Lizenzausgabe von *Besonnte Vergangenheit* von Carl Ludwig Schleich, dem ersten Rowohlt-Bestseller, vielleicht dem ersten geplanten Bestseller überhaupt, weil mein Vater nämlich am Erscheinungstage in Berlin mit U- und S-Bahn überall herumgefahren, an jeder Station ausgestiegen ist und bei „Stilke" nach dem Buch gefragt hat.[51]

Der Vater tritt hier als Geschäftsmann auf, der einen eigenen Verlag betreibt und viel Zeit damit verbringt, den Vertrieb von Büchern zu überwachen.

Das seinem Vater gewidmete Thema kehrte in Rowohlts Briefen wieder, als neue Dokumente über die Gefangenschaft seines Vaters während der Zeit des Nationalsozialismus verfügbar wurden. In einem Brief vom 27. Mai 2008 antwortete Rowohlt auf die Frage des *Spiegels* nach der angeblichen Beteiligung seines Vaters an Nazi-Aktivitäten. Er berichtete zuerst daüber, das die Presse daran interessiert ist: „Am 26.5.2008 hatte der *Spiegel* informiert, dass Ernst Rowohlt ‚in die Kriegs- und Propagandamaschinerie der Nationalsozialisten erheblich heftiger verstrickt (gewesen) sei als bisher bekannt'."[52] In einer Antwort, die im Leserbrief im *Spiegel* vom 9. Juni 2008 veröffentlicht wurde, erklärte Rowohlt dann Folgendes:

> Ich bitte zu bedenken, ob Ernst Rowohlts betont brunzdumme Aussage, auch ein „auf dem rassentheoretischen Gebiet ganz simpel und normal empfinden-

---

50 Roger Boylan, Brief an Harry Rowohlt (03.05.2005), in: Harry Rowohlt, *Gottes Segen und Rot Front. Nicht weggeschmissene Briefe II*, S. 37–38, hier S. 37.

51 Harry Rowohlt, Brief an einen Veranstalter (17.11.2005), in: Harry Rowohlt, *Gottes Segen und Rot Front. Nicht weggeschmissene Briefe II*, S. 72.

52 Harry Rowohlt, Brief an Nikolaus Heidelbach (27.05.2008), in: Harry Rowohlt, *Gottes Segen und Rot Front. Nicht weggeschmissene Briefe II*, S. 186–187, hier S. 186.

> der Mensch“ müsse zugeben, daß angesichts der Tatsache, wie sich Juden in die wichtigen Positionen vorgedrängt hätten, „unbedingt ein Riegel vorgeschoben werden mußte“, in einem Brief von einem Linken (Ernst Rowohlt war immerhin frühes Mitglied der Gesellschaft der Freunde des neuen Rußland) an einen anderen Linken [...] vielleicht für Mitleser gedacht war. In den Herren Hage, Oels und Wiegrefe (Autoren des *Spiegel*-Textes, Anm. d. Red.) hat sie spätestens jetzt ihre Mitleser gefunden.[53]

Harry Rowohlt war oft kritisch gegenüber seinem Vater, deshalb finden sich in dem oben genannten Brief auch bissige Bemerkungen über Ernst Rowohlt, z. B. dass „sein Deutsch zu wünschen übrig ließ“[54] oder dass einige seiner Aussagen schlichtweg dumm seien. Dennoch verteidigte er seinen Vater entschlossen gegen die Anschuldigungen der Presse: „Und die SPIEGEL-Blödis tun, als wäre der Volkssturm kein Himmelfahrtskommando aus Kindern und Greisen gewesen, sondern eine Elite-Einheit.“[55]

Ernst Rowohlt war damals schon fast ein halbes Jahrhundert tot, seine Frau, Harry Rowohlts Mutter, aber erst drei Jahre. Im Übrigen war die Zeit, von der hier die Rede ist, für Rowohlt eine Zeit des Abschieds, auch wegen anderer Menschen. Es ging vor allem um seine Bekanntschaft mit dem Schriftsteller Walter Jens, der damals nur noch sechs Jahre zu leben hatte. Im Jahr 2007 schrieb Rowohlt einen Brief an Inge und Walter Jens. Er erinnerte sich bei dieser Gelegenheit an seinen Aufenthalt im Therapeutischen Reitzentrum Köln-Weiß, wo er Jens einmal getroffen hatte. Daraufhin erhielt er von Inge Jens Informationen über Walter Jens: „Er ist sehr krank, leidet an einer Gefäßerkrankung des Gehirns, einer so genannten Angiopathie, und ist ziemlich schlecht dran. Sein Geist ist arg an Mitleidenschaft gezogen, auch wenn es ihm physisch seit zwei oder drei Wochen wieder merklich besser geht.“[56] Frau Jens schrieb diesen Brief, um sich mit ihrem Schicksal abzufinden und gleichzeitig der Vorsehung für das gute Leben zu danken, das ihrem Mann geschenkt worden war: „Ich kenne wenig Menschen, denen eine so lange kreative Lebensstrecke vergönnt war wie ihm.“[57] In der Antwort an Inge Jens knüpfte Rowohlt auch an die

53 Ebenda, S. 186.

54 Ebenda, S. 187.

55 Ebenda, S. 187.

56 Inge Jens, Brief an Harry Rowohlt (10.2007), in: Harry Rowohlt, *Gottes Segen und Rot Front. Nicht weggeschmissene Briefe II*, S. 145–146, hier S. 145.

57 Ebenda, S. 146.

Situation eines anderen kranken Schriftstellers an und verwendete dabei seine charakteristische Abschweifungsmethode:

> Vor vielen Jahren bin ich in Schleswig oder wo bei den Schleswig-Holsteinischen Literaturtagen [...] für den erkrankten Ingomar von Kieseritzky eingesprungen und habe in der Anschleimphase gesagt: „Ich muß mich dafür entschuldigen, daß ich es bin und nicht Ingomar von Kieseritzky, auf den Sie sich gefreut hatten. Ich hoffe, daß es ihm bald und gründlich bessergeht. Er ist ein guter Freund, hervorragender Schriftsteller, und er liest wie eine gesengte Sau."[58]

Eine solche Anekdote konnte die schlechte Nachricht von Inge Jens teilweise entschärfen oder mildern und Kieseritzky ging es tatsächlich besser. Er starb erst im Jahr 2019.

In der Zwischenzeit kehrte Rowohlt nach einer langen Pause vom Kolumnenschreiben in *Pooh's Corner* zu dieser journalistischen Tätigkeit zurück. Zweifellos erwarteten seine Leser dies von ihm, wie aus einem von Rowohlt veröffentlichten Brief eines gewissen Axel aus St. Pauli (29.08.2001) hervorgeht: „Herr Rowohlt, Herr Rowohlt, Herr Rowohlt, Herr Rowohlt, Herr Rowohlt! Schreiben Sie verdammtnochmal endlich mal wieder einen ‚Corner'. Was soll denn die Scheiße? Sehr freundliche Grüße, Axel"[59]. Auch das Thema des Schriftstellers A. A. Milne und seines Buches *Pu der Bär* kam wieder zur Sprache, diesmal allerdings in einem Interview für DeutschlandRadio Kultur. Hinzuzufügen ist, dass es unter Rowohlts Kolumnen, Briefen und Interviews im 21. Jahrhundert nur wenige Texte gibt, die sich direkt auf A. A. Milne und seinen Sohn Christopher Milne beziehen. Rowohlt kritisierte den alten Milne, weil er seine anderen Texte nie so hoch einschätzte wie *Pu der Bär*. Die Rolle des Sohnes wurde von Rowohlt als entscheidend für die Entstehung des *Pu*-Buches angesehen. Darauf weist er im Zusammenhang mit der Fortsetzung der Geschichte in seinem Interview mit Beatrix Novy *„Als wäre Milne über ihn gekommen"* (2009) hin: „Der eigentliche Autor ist Christopher Robin Milne, weshalb man

---

58 Harry Rowohlt, Brief an Inge Jens (01.11.2007), in: Harry Rowohlt, *Gottes Segen und Rot Front. Nicht weggeschmissene Briefe II*, S. 147.

59 Brief von Axel aus St. Pauli (29.08.2001), in: Harry Rowohlt, *Der Kampf geht weiter! Nicht weggeschmissene Briefe I*, S. 317.

sagen könnte, Christopher Robins Geist ist über David Benedictus gekommen."[60] Das Gleiche wiederholt er am 18. Mai 2006 in einem Brief an den elfjährigen David Cramer: „Alan Alexander Milne hat seinem Sohn Christopher Robin gezielt neue Stofftiere geschenkt, um ihn beim Spielen belauschen und daraus seine Bücher machen zu können. Sein Sohn war also der eigentliche Autor der ‚Pu'-Bücher."[61]

Manche Fragen der *Pooh's Corner*-Leser hingen mit verschiedenen Details aus Milnes Leben zusammen. Soweit Rowohlt Bescheid wusste, schickte er Antworten. In seinem Brief an eine *Pu der Bär*-Freundin vom 4. August 2001 erklärt er der Leserin B. die Bedeutung des Wortes „Heffalump" und schreibt am Ende in einer Digression über Milnes Märchenfiguren, „daß die Stofftiere gar nicht aus dem Hause Milne stammten, sondern den Kindern von E. H. Shepard gehörten [...] Deshalb sieht sich der Original-Pu, der in der New Yorker Public Library ausgestellt wird, auch gar nicht ähnlich."[62] Ebenso ausführlich antwortet Rowohlt 2006 auf den bereits erwähnten Brief eines jungen Lesers, David Cramer, der wissen wollte, „wohin Christopher Robin und Pu nach dem 20. Kapitel gehen?"[63] Die Antwort von Rowohlt an Cramer vom 15. Mai 2006 ist konkret, aber auch humorvoll: „Christopher Robin geht ins Internat und darf Pu nicht mitnehmen, denn *wie* sieht das aus, wenn man im Internat einen Liebhabebären dabeihat? Gar nicht gut sieht das aus."[64]

Die von Rowohlt veröffentlichten Leserbriefe dienten ihm als Vorwand, um sich zu Themen zu äußern, die nicht unbedingt in direktem Zusammenhang mit der Übersetzung standen.

Weitere Pu-Motive finden sich in Rowohlts Band *Und tschüs. Nicht weggeschmissene Briefe III*, in dem sogar eine Zeichnung des achtjährigen Bruno Steinfest aus Stuttgart reproduziert wurde. Der Junge zeichnete 2010 den Bären und Ferkel und bedankte sich bei Rowohlt für seine Lesungen.[65] Im selben Band wurde der Brief

---

60 Harry Rowohlt *„Als wäre Milne über ihn gekommen"*, in: Harry Rowohlt, *Pooh's Corner. Meinungen eines Bären von sehr geringem Verstand. Gesammelte Werke 1997–2009*, S. 227–232, hier S. 230.

61 Harry Rowohlt, Brief an David Cramer (18.05.2006), in: Harry Rowohlt, *Gottes Segen und Rot Front. Nicht weggeschmissene Briefe II*, S. 96–97, hier S. 96.

62 Harry Rowohlt, Brief an eine Pu-der-Bär-Freundin (04.08.2001), in: Harry Rowohlt, *Der Kampf geht weiter! Nicht weggeschmissene Briefe I*, S. 311.

63 Brief von einem jungen Leser (14.05.2006), in: Harry Rowohlt, *Gottes Segen und Rot Front. Nicht weggeschmissene Briefe II*, S. 94–95, hier S. 94.

64 Harry Rowohlt, Brief an David Cramer (18.05.2006), in: Harry Rowohlt, *Gottes Segen und Rot Front. Nicht weggeschmissene Briefe II*, S. 96–97, hier S. 97.

65 Vgl. Harry Rowohlt, *Und tschüs. Nicht weggeschmissene Briefe III*, S. 11.

eines dreizehnjährigen Mädchens namens Leonie veröffentlicht, in dem sie am 17. Februar 2011 um die Vertonung des zweiten *Pu der Bär*-Buchs bittet.[66] Rowohlt weist in seiner Antwort vom 21. Februar 2011 darauf hin, dass *Pu baut ein Haus* schon auf den 6 veröffentlichten CDs vertont wurde. Neben praktischen Ratschlägen erhält die Adressatin in diesem Brief auch Rowohlts Interpretation der Rolle von Pu-Geschichten, und die ist mehr als nur unterhaltsam und erzieherisch für Kinder: „Mach Dir keine Sorgen, weil Du mit 13 immer noch Kinderbücher magst, es gibt nämlich gar keine Kinderbücher, weil Kinderbücher von Erwachsenen geschrieben und gekauft werden, und *Pu der Bär* sollte man alle sieben Jahre lesen […].“[67] Die Antwort an Leonie nutzt Rowohlt auch, um der Leserin das Buch *Der Wind in den Weiden* zu empfehlen, „kein Kinderbuch“[68]. Diese Feststellung ist ein Beweis dafür, dass Rowohlt die *Pu der Bär*-Geschichte im Lichte der viktorianischen Tradition interpretierte. Dies korrespondiert mit anderen Aussagen, in denen Rowohlt die Nützlichkeit der *Pu der Bär*-Geschichte gerade für Erwachsene hervorhebt. Er schreibt zum Beispiel in der Kolumne *Who is Pooh? Auf Bärenfang in Sussex* über die Gemeinschaft der *Pu der Bär*-Leser, die sich durch diese Lektüre eine kindliche Sensibilität bewahrt haben: „Selbstverkenntnis, von der wir alle profitieren, wir, die wir als Kinder *Pu* gelesen haben und dank Pu Kinder geblieben sind, und wir, die wir, falls wir als Kinder nicht *Pu* gelesen haben, dies schleunigst nachholen werden.“[69] Die Gemeinschaft der *Pu der Bär*-Leser ist groß, aber nicht unbegrenzt. Rowohlt stellt dies am Ende seines Textes *Ru(h)m für Bären & Poeten* fest, wenn er die wenigen Erwachsenen erwähnt, die nichts von Milne gelesen haben: „Weshalb es auch nichts Schöneres gibt, als wenn man – alle vier oder fünf Jahre im Leben – auf einen lieben erwachsenen Mitmenschen trifft, dem trotz oder wegen seiner umfassenden Bildung Pu. Der. Bär bisher entgangen ist.“[70]

66 Brief von Leonie (17.02.2011), in: Harry Rowohlt, *Und tschüs. Nicht weggeschmissene Briefe III*, S. 94.

67 Harry Rowohlt, Brief an Leonie (21.02.2011), in: Harry Rowohlt, *Und tschüs. Nicht weggeschmissene Briefe III*, S. 95.

68 Harry Rowohlt, Brief an Leonie (21.02.2011), in: Harry Rowohlt, *Und tschüs. Nicht weggeschmissene Briefe III*, S. 95.

69 Harry Rowohlt, *Who is Pooh?*, in: Harry Rowohlt, *Pooh's Corner. Meinungen eines Bären von sehr geringem Verstand. Gesammelte Werke 1989–1996*, S. 20–34, hier S. 23.

70 Harry Rowohlt, *Ru(h)m für Bären & Poeten*, in: Harry Rowohlt, *Pooh's Corner. Meinungen eines Bären von sehr geringem Verstand. Gesammelte Werke 1989–1996*, S. 301–310, hier S. 310.

Aus Rowohlts Gespräch mit Beatrix Novy *„Als wäre Milne über ihn gekommen“* kann man schließen, dass *Pu der Bär* für ihn eigentlich immer ein perspektivisches Projekt war. Deswegen nahm er eine Fortsetzung der von David Benedictus verfassten Pu-Geschichte in den Plan für seine Übersetzungsarbeit auf: „[...] direkt ablehnend war ich, als ich hörte, dass *Pu der Bär* fortgeschrieben wurde. Und ich habe das mit großer Muffe angefangen zu lesen und war dann, ich schäme mich selbst, richtiggehend begeistert und habe sofort aufgehört, das zu lesen, und stattdessen angefangen, es zu übersetzen.“[71] Rowohlt suchte dabei nach Analogien zwischen A. A. Milne und Benedictus, obwohl er sich zugleich der Werkstattschwächen des *Pu der Bär*-Autors bewusst war: „Es ist, als wäre Milnes Geist über David Benedictus gekommen. Obwohl ja natürlich Milne auch nicht ausschließlich gut war. Das Beste, was er je geschrieben hat, waren die beiden *Pu der Bär*-Bücher.“[72]

Rowohlt wollte Milnes Geschichte in irgendeiner Weise kontextualisieren. Diesem Zweck diente sein Interesse an Benjamin Hoffs *Tao of Pooh* (1982), in dem Milnes Stoff im Geiste des Taoismus interpretiert wurde. Der Text war bereits 2002 unter dem Titel *Tao The Puh. Das Buch vom Tao und von Puh dem Bären* als Taschenbuch in der Übersetzung von Erika Ifang veröffentlicht worden. Rowohlt kam erst spät auf die Idee, seinem Verleger das Buch zu empfehlen und schreibt darüber im Text *What a mess! Die Frankfurter Buchmesse oder: vom Wertewandel in unserer Zeit*:

> Endgültig reift in mir der Plan, meinem Verleger Haffmans das *Tao of Pooh* von Benjamin Hoff aufs Auge zu drücken, ein Buch, in welchem nachgewiesen wird, dass Pu, der Bär von sehr geringem Verstand, alles cool und richtig macht, weil er ein Zen-Meister ist und sein Es handeln lässt, anstatt sich selbst einzumischen. „Das hack ich dir in zehn Tagen runter“, wird meine kristallin durchformulierte Argumentationskette lauten, „und dann hast du wieder was zum Verlegen.“[73]

71 Harry Rowohlt *„Als wäre Milne über ihn gekommen“*, in: Harry Rowohlt, *Pooh's Corner. Meinungen eines Bären von sehr geringem Verstand. Gesammelte Werke 1997–2009*, S. 227–232, hier S. 264.

72 Ebenda, S. 265.

73 Harry Rowohlt, *What a mess! Die Frankfurter Buchmesse oder: Vom Wertewandel in unserer Zeit*, in: Harry Rowohlt, *Pooh's Corner. Meinungen eines Bären von sehr geringem Verstand. Gesammelte Werke 1989–1996*, S. 349–357, hier S. 353.

Am Ende stellt sich heraus, dass das Ganze nur dazu diente, die Aufmerksamkeit der Leser zu erregen, denn Rowohlt wusste längst von der früheren deutschen Ausgabe: „Und das *Tao of Pooh* gibt es bereits auf Deutsch."[74] Interessant ist, dass im Taoismus die monotheistische Vater-Gott-Figur durch die ethischen Ideale ersetzt wurde, die der Mensch anstreben soll. Diese sind es, die anstelle von Gott, dem Vater, im Mittelpunkt stehen. Obwohl *Pu der Bär* seit Rowohlts Kindheit in dessen Leben eine wichtige Rolle spielte, änderte sich die Bedeutung des Textes erst nach 1987, als Rowohlt Milnes Text übersetzte und ihn in seinen Kolumnen in *Pooh's Corner* und in verschiedenen Briefen verwendete. Der Briefwechsel zwischen Rowohlt und Christopher Milne zeigt das gestörte Vater-Sohn-Verhältnis in der Familie, Christopher Robins Versuch, sich von der Autorität seines Vaters zu befreien, und dessen Folgen. Darüber hinaus enthält *Pooh's Corner* Rowohlts Bericht über seinen Aufenthalt in England. Einige der Briefe, insbesondere nach 2000, sind auch ein Gedankenaustausch mit Lesern und Pu-Liebhabern. Dabei ist von Bedeutung, dass Rowohlt Milnes Texte häufig als Erwachsenenlektüre einstuft. Dies hängt auch mit der Verwendung von *Pu der Bär*-Motiven in entsprechenden Kontexten in Rowohlts Briefen und Kolumnen zusammen. Rowohlts Interesse an Milnes Werk führte dazu, dass er sich selbst mit dem Bären identifizierte, was dann von seinen Freunden und in der Presse nachgeahmt wurde. Darüber hatte er sich bereits in einem Brief an Milne vom 26. Juli 1990 beschwert: „Und ich habe zufällig einen berühmten Nachnamen, mit dem man mich plagt."[75] Gleichzeitig lassen sich einige Parallelen zwischen der Beziehung zu seinem Vater und den Beziehungen in Milnes Familie feststellen. Es gab bei Rowohlt eine parallele Anerkennung und Ablehnung der Autorität seines Vaters, aber in diesem Fall war die Situation nicht so destruktiv wie in Milnes Familie. Harry Rowohlt fand bei seinem Vater die richtige Unterstützung und konnte sie für sich nutzen.

Ausgehend vom Pu-Motiv schuf Harry Rowohlt auch eine für seinen Stil charakteristische argumentative Ästhetik. Sie beruhte auf einer Distanz zum Objekt der Beschreibung, das in der Regel Rowohlt selbst war, aber auch zu der von ihm dargestellten politischen und kulturellen Welt. Die Identifikation des Kolumnisten mit der Philosophie von Pu muss seinen grotesken und manchmal übertriebenen Argumentationsstil beeinflusst haben. Dies gilt auch für eine gewisse „Schwarz-Weiß-Malerei" in seinen Exkursen, die er teilweise von der Pu-Poetik übernommen hat.

---

74 Ebenda, S. 357.

75 Harry Rowohlt, Brief an Christopher Milne, Schriftsteller (26.07.1990), in: Harry Rowohlt, *Der Kampf geht weiter! Nicht weggeschmissene Briefe I*, S. 176–177, hier S. 176.

Rowohlts Erziehungsstil und das Umfeld, in dem er sich dank seiner Mutter, einer Schauspielerin, und seines Vaters, der nicht nur deutsche, sondern auch angelsächsische Literatur verlegte, befand, beeinflussten seinen Zugang zu englischsprachigen Büchern, vor allem zu den Geschichten von *Pu der Bär*. Dies zeigt sich in seinen Kolumnen, die in einem humorvollen Ton gehalten sind.

Rowohlts Erzählung von Christopher Robin war unbewusst Teil der für das Nachkriegsdeutschland charakteristischen Umerziehungstendenzen, in denen die Autorität des Vaters untergraben wurde, insbesondere dort, wo dieses Thema in Briefen, Kolumnen und Interviews im ersten Jahrzehnt des 21. Jahrhunderts auftauchte. Rowohlt hat gern die komplizierten Verhältnisse in der Familie Milne aufgezeigt und dabei oft die Autorität des Vaters Ernst analog untergraben. Dabei erkannte er *Pu der Bär* nicht als ein Buch für Kinder, sondern – dank der Zweideutigkeit der Worte und des Stils – als ein Buch für Erwachsene, die einmal Kinder waren. Diese Idee entsprach dem viktorianischen Verständnis von Kinderbüchern und verlagerte den Schwerpunkt der *Pu der Bär*-Geschichte von einem Kinderbuch zu einem philosophischen Text. Da Rowohlt das pazifistische Thema im Leben von A. A. Milne gerne aufgriff, berichtete er in seiner Kolumne über Situationen, in denen er politische Themen ansprach.

In den oben zitierten Antwortbriefen an die Leser konnte er ausführlich über die Beziehung zwischen Sohn und Vater in der Familie Milne schreiben. Anders als Rowohlt blieb Christopher Robin für den Rest seines Lebens ein Gefangener der *Pu der Bär*-Geschichte seines Vaters. Dieses Thema beeinflusste auch Rowohlt am stärksten, der von seinen Freunden sogar Pu genannt wurde, einen verwandten Ausdrucksstil annahm, aber letztlich dem Schicksal des zweiten Christopher Robin glücklicherweise entging. Mehr noch: Die *Pu der Bär*-Übersetzung verhalf Rowohlt zu Popularität in den Massenmedien, über die er selbst gern schrieb, da solche Auftritte seinem extrovertierten Wesen entsprachen.

In seinen Antworten an die Leser erhob Rowohlt nicht den Anspruch, eine Autorität auf Gebieten zu sein, mit denen er wenig zu tun hatte, und sprach von seinen Übersetzungen in erster Linie als Übersetzer, was er geschickt und amüsant zu begründen wusste:

> Der 14. Oktober, der 80. Geburtstag von Pu-dem-Bären, rückt näher, und ich gewähre unzählige Rundfunkinterviews. […] Eine Dame vom *Deutschland-Radio Kultur Berlin* sagt: „Erklären Sie kurz den Zauber, der von diesem Buch ausgeht." Ich sage: „Wenn ich das könnte, wäre ich nicht Übersetzer, also Gefäß,

> geworden, sondern Literaturkritiker. Das ist wie mit der Liebe. Sie können ja auch nicht erklären, warum Sie in Hans verschossen sind und nicht in Franz.“[76]

Es sei auch daran erinnert, dass die *Pu der Bär*-Geschichte untrennbar mit den Illustrationen zum Text verbunden war. Rowohlt selbst skizzierte gern mal etwas, um einen Gedanken in Briefen oder Kolumnen zu ergänzen, aber das waren eher einfache Zeichnungen, obwohl seine Idee der Kombination von Text und Bild im Allgemeinen bemerkenswert ist.

Der genannte Kontext mag Harry Rowohlt dazu bewogen haben, seine Texte ab 1997 gemeinsam mit verschiedenen Bilderbuchautoren zu veröffentlichen. Die meisten dieser Bände wurden dann im folgenden Jahrzehnt und kurz vor Rowohlts Tod geschrieben. So erzählt Harry Rowohlt in seinem Buch *Ich, Kater Robinson* (zusammen mit Peter Schössow, 1997) die urkomische Reise des kleinen Katers ICH zum großen Glück, das er unter anderem dank einer Nacht in einem Bordell und der Hilfe eines Zuhälters findet. Der Text ist vor allem wegen der geschilderten Inhalte nicht für Kinder geeignet, bietet aber eine gute Portion manchmal absurden Humors. Ganz anders verhält es sich mit dem Buch *Happy Birds-Day* (2004). In diesem Fall entschied sich Rowohlt für die Zusammenarbeit mit einem anderen renommierten Cartoonisten, dem Comiczeichner und -produzenten Rudi Hurzlmeier, dessen „animalische Malereien“ von porträtierten Vögeln Rowohlts Gedichte ergänzten.

Bei dieser Art von Verlagsprojekten gab es manchmal eine besondere Beziehung zwischen Autor und Text, z. B. in der Westernparodie *John Rock oder der Teufel* (2004), in der Harry Rowohlt persönlich die Titelfigur spielt, deren Hütte belagert wird. Vom Hunger überwältigt, muss er sein Haus durchsuchen, und da es sich um einen Roman über eine kulinarische Müllhalde handelt, will er alle Lebensmittel, die er in der Hütte findet, in das Gericht „Schlichtglibber Shaolin“ verwandeln.[77] Das Buch wurde von Rowohlt zusammen mit dem Illustrator Peter Gut herausgegeben und später auch vertont. In seiner Kolumne *Ein virtueller Schundroman* (1998) kommentiert Rowohlt die Vorgeschichte der Veröffentlichung des Buches über John Rock und verweist auf einen Text aus den 1960er-Jahren:

> Eins meiner Lieblingsbücher mit einem klasse Anfang und einem noch klasseren Schluss hieß *Mann gegen Mann* und war ein nicht zurückgegebener Lei-

76 Harry Rowohlt, *Auf die Schnauze*, in: Harry Rowohlt, *Pooh's Corner. Meinungen eines Bären von sehr geringem Verstand. Gesammelte Werke 1997–2013*, S. 94–99, hier S. 97.

77 Harry Rowohlt/Peter Gut, *John Rock oder der Teufel*, Zürich 2004.

> bücherei-Western. Anfang und Schluss zitiere ich Ihnen, und wenn Sie sich die 210 Seiten dazwischen vorstellen, haben Sie was für den Stau und obendrein Geld gespart: John Rock oder der Teufel. Das sagten sie alle.[78]

Rowohlt vergleicht seine Veröffentlichung mit dem Stil von Wildwest-Romanen. Diese Romane, die unter dem Verlagspseudonym „Jim Harper" veröffentlicht wurden, waren im Wesentlichen Kurzgeschichten überwiegend von amerikanischen Autoren, die aus dem Englischen übersetzt wurden. Obwohl es nicht in jedem Fall möglich war, die ursprünglichen Autoren und Titel zu ermitteln, ist bekannt, dass der Roman *Mann gegen Mann* (Originaltitel: *The High-Hander*, 1963) von William O. Turner geschrieben wurde.

2005 begann Rowohlt erneut eine Zusammenarbeit mit Rudi Hurzlmeier, aus der die etwas grotesken Bücher *Wahre Engel und andere Geister der Weihnacht* (2005) über exzentrische Engel und die Weihnachtszeit, *Ich wollt, ich wär ein Hund* (2006) und *Miez, miez* (2007), Verse über Kuscheltiere, sowie weitere Texte in ähnlicher Poetik über die Gewohnheiten von Mensch und Tier hervorgingen: *Hipphopp – Die hohe Schule der Roßmalerei mit feinen Pferdeversen* (2008), *Lord Brummel. Bilder aus dem Leben des Dandys unter den Bären* (2009), *Feine Schweine* (2011) und *Monkiss* (2015). In *Pooh's Corner* berichtete Rowohlt über seine Zusammenarbeit mit Rudi Hurzlmeier und die Bedeutung der veröffentlichten Bände wie folgt:

> Am Mittwochabend stelle ich mit Rudi Hurzlmeier die drei Bücher vor, die wir gemeinsam gemacht haben, Rudi trug altmeisterliche Gemälde dazu bei, ich eingängige Zweizeiler, ein Buch über Vögel, eins über Engel und, neuerdings, eins über Hunde im Klabunt, einer wunderbaren Ebbelwoiwirtschaft, in der hessische Parodien auf die Nouvelle Cuisine wie Garnelencurrywurst mit hausgemachtem Apfelketchup serviert werden [...].[79]

In diesen anekdotischen Erzählungen über seine und fremde Performance-Kunst finden sich alle Elemente des eklektischen Charakters der Live-Lesungen, die Reinhart Meyer-Kalkus als Synthese der Stimmungen des Performance-Künstlers beschreibt:

---

78 Harry Rowohlt, *Ein virtueller Schundroman*, in: Harry Rowohlt, *Pooh's Corner. Meinungen eines Bären von sehr geringem Verstand. Gesammelte Werke 1997–2013*, S. 41–44, hier S. 43.

79 Harry Rowohlt, *Auf die Schnauze*, in: Harry Rowohlt, *Pooh's Corner. Meinungen eines Bären von sehr geringem Verstand. Gesammelte Werke 1997–2013*, S. 94–99, hier S. 95.

> Die Vorleser und Rezitatoren treten als Humorist, Tragöde, Exzentriker, Märchenorakel, skeptischer Zeitgenosse oder Melancholiker auf, was immer sie im wirklichen Leben auch sein mögen. Diese auf der Vortragsbühne angenommene Persona, also ihre öffentliche Sprecherrolle und akustische Maske, dient als unverwechselbares Markenzeichen.[80]

Das Duett, das Rowohlt mit Hurzlmeier schuf, war Teil dieser vielschichtigen Mischung aus Rezitation und Performance.

Als Rowohlt nach längerer Pause wieder Kolumnen in *Pooh's Corner* schrieb, berichtete er in einer davon über seine „Tingeltourerlebnisse", diesmal in einer Kolumne mit dem Titel *Leitbache (Rauschig)*, in der er auch den Grund für sein Schweigen erklärte:

> Zunächst muss ich mich dafür entschuldigen (oder loben lassen; je nachdem), dass ich so lange keine *Corner* mehr geschrieben habe: Ich habe meine Kolumnen mit wachsendem Unmut gelesen und fand, ich kann sie Leuten, die sie nicht mal selbst geschrieben haben, noch weniger zumuten als mir. Nun wollen wir mal sehen, ob es noch geht.[81]

Die Rückkehr zum Feuilleton war mit Rowohlts beruflichen Reisen verbunden. Diese reichten von seinen Buchpräsentationen bis hin zu verschiedenen sozialen und politischen Aktivitäten, von denen die meisten indirekt auch etwas mit Kultur zu tun hatten. Im Jahr 2006 berichtet Rowohlt beispielsweise erneut über sein „Lieblingsfrankfurterbuchmessenerlebnis"[82] und lobt in dem Artikel *Auf die Schnauze* Rudi Hurzlmeier: „Am nächsten Vormittag lobe ich Hurzlmeiern, er sei der ideale Partner, das genaue Gegenteil einer Rampensau [...]."[83] Ein Jahr später widmet sich Rowohlt in mehreren amüsanten Kolumnen politischen und gesellschaftlichen Themen, z. B. erzählt er in *Gesicht zeigen!* von seiner Teilnahme an einer Veranstaltung „gegen die Ausländerfeindlichkeit" beim Berliner Kanzleramt. Rowohlt beschreibt, wie er nach diesem Ereignis zufällig 18 Berliner Neonazis auf der Straße

80 Reinhart Meyer-Kalkus, *Geschichte der literarischen Vortragskunst*, Berlin 2020, S. 17.

81 Harry Rowohlt, *Leitbache (Rauschig)*, in: Harry Rowohlt, *Pooh's Corner. Meinungen eines Bären von sehr geringem Verstand. Gesammelte Werke 1997–2013*, S. 71–74, hier 71.

82 Harry Rowohlt, *Auf die Schnauze*, in: Harry Rowohlt, *Pooh's Corner. Meinungen eines Bären von sehr geringem Verstand. Gesammelte Werke 1997–2013*, S. 94–99, hier S. 94.

83 Ebenda, S. 94–95.

traf und sie nach der Rosenthaler Allee fragte: „Meine Herren, würden Sie vielleicht einem deutschen Manne mit einer Auskunft behilflich sein?“[84] Die Situationskomik bezieht sich in diesem Fall natürlich auf die Adressaten der Frage, in der sich die Ironie eines entschiedenen Gegners jeglicher Fremdenfeindlichkeit hinter einer äußerst eleganten Höflichkeitsformel verbirgt.

In einer weiteren Kolumne mit dem Titel *Freiheit für Mumia Abu-Jamal!* (2007) berichtet Rowohlt von seiner Teilnahme an einer politischen Aktion, diesmal vor dem US-Generalkonsulat in Hamburg: „[...] ich habe am 26. Mai zum ersten Mal in meinem Leben *als Redner* an einer Demonstration teilgenommen.“[85] Der Mann, der seit 25 Jahren in Philadelphia in der Todeszelle sitzt, weil er einen Polizisten erschossen haben soll, ist „Black Panther und erfolgreicher linker Journalist, [...]“, „ein roter Schwarzer“[86]. Neben den Zweifeln, die den gesamten Fall umgeben, widmet Rowohlt auch Mumia Abu-Jamals Talenten Aufmerksamkeit, einschließlich seiner anhaltenden linksgerichteten Publikationstätigkeit, die Rowohlts Unterstützung für die Kampagne zur Überprüfung des Urteils sicherlich verstärkt hat: „Jede Woche schreibt er in der Todeszelle eine äußerst lesenswerte Kolumne (die auf Deutsch samstags in der *jungen Welt* erscheint).“[87] Im weiteren Verlauf der Kolumne weicht Rowohlt vom Thema ab und konzentriert sich in seiner typischen abschweifenden Art auf die Reaktionen der Öffentlichkeit auf seinen Auftritt bei der Demonstration, insbesondere auf die eisigen Blicke der Demonstranten und Zuhörer. Bei dieser Gelegenheit zeigt er auch seine zweideutige Haltung gegenüber den USA: „Nach dem ersten Überfall der USA und ihrer Satellitenstaaten auf den Irak hat mich eine Kollegin vom WDR gefragt, ob ich antiamerikanisch sei. Ich antiamerikanisch?!, habe ich gefragt. Ich habe geweint, als Winnetou starb!“[88] Dieses Nebeneinander der politischen Aktivitäten der amerikanischen Regierung und Rowohlts Liebe zu literarischen Figuren, die aus Karl Mays Werk bekannt sind und mit der amerikanischen Kultur in Verbindung gebracht werden, verleiht dem ganzen Exkurs über Amerika eine ironische Dimension und ermöglicht es Rowohlt, sowohl für als auch gegen Amerika zu sein.

---

84 Harry Rowohlt, *Gesicht zeigen!*, in: Harry Rowohlt, *Pooh's Corner. Meinungen eines Bären von sehr geringem Verstand. Gesammelte Werke 1997–2013*, S. 103–105, hier S. 105.

85 Harry Rowohlt, *Freiheit für Mumia Abu-Jamal!*, in: Harry Rowohlt, *Pooh's Corner. Meinungen eines Bären von sehr geringem Verstand. Gesammelte Werke 1997–2013*, S. 106–109, hier S. 106.

86 Ebenda, S. 106.

87 Ebenda, S. 106–107.

88 Ebenda, S. 108–109.

Im Jahr 2009 kehrte Rowohlt auch als Vortragskünstler zurück und konnte seine früher abgeschlossenen Projekte auf der Bühne präsentieren. Der Roman des Iren Roger Boylan *Killoyle: Eine irische Farce* war die hundertste Übersetzung von Harry Rowohlt. Die *Killoyle*-Trilogie erschien komplett im Herbst 2007. Vier Jahre später hatte der 65-jährige Rowohlt eine Lesung in der Tuchfabrik in Trier. Er begann sie mit einem Text, in dem er seine Zusammenarbeit mit dem Autor Boylan beschrieb. Der weitere Verlauf der fast dreistündigen Lesung war typisch: Auszüge aus übersetzten Werken mit Anekdoten und Absurditäten. Im Jahr 2017 erschien das Audiobook mit der Lesung *Abschweifungen in Frankfurt und Kassel*, auf dem sich ein Live-Mitschnitt seines Auftritts im Frankfurter Mouson-Turm am 20. Oktober 2000 befindet. An diesem Abend las Harry Rowohlt Fragmente aus dem Roman *Die Asche meiner Mutter* von Frank McCourt. Der Leseabend an der Berliner Volksbühne am 13. Dezember 2003 und 6. Januar 2005 wurde ebenso aufgenommen und erschien auf 2 Audio-CDs unter dem Titel *Der Paganini der Abschweifung live* (2005). Der Live-Mitschnitt aus dem Festsaal Kreuzberg am 17. April 2013 wurde als *Alles schick in Kreuzberg & Möbel zu Hause, aber kein Geld für Alkohol* auf 2 Audio-CDs (2013) herausgegeben.

2009 veröffentlichte Harry Rowohlt unter Verwendung von Zeichnungen von Walter Trier (Trier schuf unter anderem auch Illustrationen zu Kästners *Emil und die Detektive*) ein Bilderbuch für Kinder ab 4 Jahre *Der lustige Dampfer.*[89] Die aus dem Nachlass Luiselotte Enderles, der Lebensgefährtin Erich Kästners, stammenden Bilder des Zeichners und Illustrators Walter Trier aus den 1940er-Jahren wurden erst im Jahr 2005 gefunden. Rowohlt hat dazu Verse geschrieben. Das Buch handelt von einer Reise mit einem kleinen Ausflugsdampfer durch eine Welt, die Rowohlt in gereimten Zweizeilern darstellt.

Seit 2010 übersetzte Rowohlt Bücher des englischen Schriftstellers Andy Stanton. Bevor Stanton ein vielgelesener Autor wurde, arbeitete er als Stand-up-Comedian, Drehbuchschreiber und Cartoonzeichner. Seine *Mr. Gum*-Bücher wurden mit vielen Preisen ausgezeichnet. Die deutsche Übersetzung der *Mr. Gum*-Reihe wurde von Sauerländer veröffentlicht. Für fast alle übersetzten Bücher der Reihe erschienen auch Hörbuchfassungen bei Sauerländer mit dem Sprecher Harry Rowohlt. Stantons Protagonisten sind entweder gut und dann auch „Witzfiguren“, oder sie gehören zu den Bösen, wie Mr. Gum, der ein wildwütiger Kinderhasser bleibt.

89 Harry Rowohlt, Walter Trier, *Der lustige Dampfer*, Hamburg *2009.*

Am 23. Februar 2014, dem Tag nach der *Mr. Gum*-Premiere, las Andy Stanton im Theater an der Parkaue in Berlin aus den *Mr. Gum*-Büchern in englischer Sprache, und Harry Rowohlt las seine eigene deutsche Übersetzung. Für Rowohlt war es der erste Bühnenauftritt seit langer Zeit, nachdem er aus gesundheitlichen Gründen eine Zwangspause einlegen musste. Er saß im Rollstuhl mit einer Mütze auf dem Kopf. Sein Markenzeichen, der volle Rauschebart, war weg.

8. Kolumnist und Kommunist
2011–2015

Die letzten Lebensjahre Rowohlts waren ausgefüllt mit Begegnungen und Veranstaltungen, an denen er als Vortragskünstler und „belletristischer Übersetzer“ teilnahm. Es wurden auch viele Briefe geschrieben, die Anna Mikula in einem 2016 erschienenen dritten Band der *Nicht weggeschmissenen Briefe* gesammelt hat. So schrieb sie über ihre Aufgabe:

„Harry Rowohlt hat mich zu Lebzeiten autorisiert, dieses Vermächtnis zu kompilieren [...].“[1] Aus ihrer Einleitung zu der Briefsammlung erfährt man, dass „es keine unveröffentlichten Manuskripte, keine Autobiographie, schon gar kein nachgelassenes Romanfragment gibt [...].“[2] Zusammen mit den Kolumnen bilden die Briefe somit die Gesamtheit der schriftlichen Aktivitäten Rowohlts in seinen letzten Lebensjahren ab, und davon gab es eine ganze Menge, vor allem Korrespondenz. Mikula schreibt über die Briefe von 2010 bis 2014:

> [D]as sind nun keine Dankadressen der gewöhnlichen Art, sondern ausformulierte Reiseberichte voller detaillierter Beobachtungen, wie nur er sie tätigen konnte. Sie sind der veritable Ersatz für Harry Rowohlts *ZEIT*-Kolumne „Pooh's Corner“, die er vernachlässigte, wohl auch aus Zeit-Gründen.[3]

2009 besuchte Rowohlt Duisburg auf Einladung des Vereins für Literatur und Kunst und des Literaturbüros. Er hatte dort eine Literaturveranstaltung in der Zentralbibliothek an der Düsseldorfer Straße. Im Rahmen des „Poesie-Palast Ruhr 2009“

1 Anna Mikula, *Was bleibt*, in: Harry Rowohlt, *Und tschüs. Nicht weggeschmissene Briefe III*, S. 7–9, hier S. 7.
2 Ebenda, S. 7.
3 Ebenda, S. 8.

erschien er zusammen mit Christian Maintz, und der Titel der Lesung war „Lieber Gott, du bist der Boss. Amen. Dein Rhinozeros". Es ging um die Präsentation von komischen deutschsprachigen Gedichten des 20. Jahrhunderts, unter anderem von Robert Gernhardt, Heinrich Heine, Wilhelm Busch, Christian Morgenstern und Joachim Ringelnatz. Rowohlt deklamierte und las sie auf seine unnachahmliche Art, Christian Maintz erläuterte, warum diese lustigen Gedichte eigentlich lustig sind. Der Titel des Abends stammte von Rowohlts Zweizeiler *Gebet des Nashorns*, den er früher im Brief an Peter Rühmkorf vom 10. November 2007 zitiert hatte. 2013 war Rowohlt erneut in Duisburg zu Gast. Diesmal las er auf Einladung des Duisburger Vereins für Literatur und Kunst aus dem Roman *Die russische Fracht* von Oleg Jurjew. Der Text wurde 2011 von Rowohlt gesprochen und auf einer CD veröffentlicht. Wahrscheinlich war er von der Erzählsprache in Jurjews Roman fasziniert, weil der Autor zwischen Jargon, Anspielungen und verschiedenen Zitaten aus der Sowjetzeit zu changieren wusste. Der Roman wurde dann von Rowohlt auch in Frankfurt öffentlich gelesen und Jurjew sang und spielte dazu auf der Gitarre russische „Ganoven-Lieder". Inzwischen wurde Harry Rowohlt der *Kleinkunst- und Comedypreis Prix Pantheon 2011* verliehen. Diese Satire-Auszeichnung wird vom Bonner Pantheon-Theater seit 1995 jährlich an einen Künstler vergeben, der sich „sein Leben lang treu geblieben ist".

Außerdem erzählte Harry Rowohlt wie immer spöttisch aus seinem Leben und gab ohne Umschweife bekannt, was er von anderen Menschen dachte und welche politischen Sympathien sich bei ihm entwickelt hatten. Er war fast bis ans Ende seines Lebens beruflich aktiv. Im Brief an eine Veranstalterin schrieb er im Jahre 2011: „2010 [...] hatte ich 97 Lesungen, 14 Lindenstraßen-Drehtage, habe 4 Hörbücher vollgelabert und – und jetzt kommt's – 9 Bücher übersetzt."[4] Dabei handelte es sich hauptsächlich um illustrierte Kinderbücher und Detektivgeschichten. Rowohlt gestand im selben Brief, dass er nicht mehr „säuft". Seine sprachliche Taktik und seine politischen Sympathien hatten sich jedoch nicht geändert. Das spürt man in den Briefen, in denen er über seine Teilnahme an verschiedenen Veranstaltungen, über seine Kontakte zu Politikern und Schriftstellern berichtet. In einem Brief an Joachim Gauck (20.02.2012) beschreibt er die Spannungen, die zwischen ihm und Gauck aufgrund unterschiedlicher politischer Ansichten entstanden sind:

4 Harry Rowohlt, Brief an eine Veranstalterin (18.06.2011), in: Harry Rowohlt, *Und tschüs. Nicht weggeschmissene Briefe III*, S. 139–140, hier S. 139.

> Euer Exzellenz, lieber Joachim Gauck: Sie waren mal in Hamburg, um die Promotion eines Ihrer zahllosen Söhne zu feiern, sahen mich bei unserem Samstagsstammtisch vor der Bar Italia in Eppendorf und machten mich, teilweise auf Platt und deshalb notgedrungen geduzt, weil ich kurz zuvor zur Wahl der PDS aufgerufen hatte, in so netter Form zur Schnecke, daß ich heute noch begeistert bin. „So ein schöner Anschiß", sagte ich seitdem, „ist mir lieber als das meiste Lob."[5]

Gauck hatte keine Sympathie für die Partei des Demokratischen Sozialismus, die faktisch aus der Sozialistischen Einheitspartei Deutschlands (SED) hervorgegangen war. Am 18. März 2012 wurde er zum Präsidenten der Bundesrepublik Deutschland gewählt. Gaucks Antwort ist ebenso ironisch wie der Rowohlt-Bericht, insbesondere der Schluss: „Noch besser ist es natürlich, daß Sie meine Schimpfrede nicht gekränkt, sondern begeistert hat."[6] In diesem Stil schloss Gauck den gesamten Briefwechsel ab. Auch andere Politiker wurden von Rowohlt hinsichtlich ihrer Einstellung zu linken Ideen und deren Vertretern bewertet. Altbundeskanzler Helmut Schmidt, der 2010 bereits über neunzig Jahre alt war, wurde in Rowohlts Brief als Vertreter eines Staatsapparates identifiziert, der Andersdenkende unterdrückt:

> Helmut Schmidt hat in seiner Zeit als Hamburger Innensenator unseren geliebten Hausarzt Prof. Dr. Kurt Gröbe, Hamburger Spitzenkandidat der Deutschen Friedens-Union (DFU), durch jeweils zwei Staatsschutzbeamte schikanieren lassen, die unten an der Haustür standen und Patienten, nachdem sie die übelsten Verleumdungen vorgebracht hatten, woandershin schickten. Was freilich im roten Hamburg kontraproduktiv war und sehr zum Florieren seiner Praxis beitrug.[7]

Rowohlts Text, in dem er das Treffen mit Schmidt als „respektlos" bezeichnet, dürfte bei den Lesern für Verwirrung gesorgt haben, denn Schmidt war Mitherausgeber der Zeitung *Die Zeit*, für die Rowohlt seine Kolumnen schrieb.

---

5 Harry Rowohlt, Brief an Joachim Gauck (20.02.2012), in: Harry Rowohlt, *Und tschüs. Nicht weggeschmissene Briefe III*, S. 225.

6 Brief von Joachim Gauck (28.02.2012), in: Harry Rowohlt, *Und tschüs. Nicht weggeschmissene Briefe III*, S. 226.

7 Harry Rowohlt, Brief an den Leser F. K. (25.10.2010), in: Harry Rowohlt, *Und tschüs. Nicht weggeschmissene Briefe III*, S. 60–61, hier S. 60.

Rowohlts Haltung gegenüber der wiedervereinigten Republik beschränkte sich nicht auf Kritik an einzelnen Politikern, sondern implizierte auch kontrastierende Gegenüberstellungen von wiedervereinigtem Deutschland und ehemaliger DDR, wobei die Stellung seines Vaters in der DDR und seine Sympathien nicht unerheblich waren. In einem Brief an den Veranstalter (2012) bringt Rowohlt dies in einer Bemerkung zum Ausdruck: „Dabei war mein Vater Ehrendoktor der Karl-Marx-Universität Leipzig, und es gab in Leipzig eine Ernst-Rowohlt-Straße. Die ist wahrscheinlich nach der Vereinigung in Dr.-Josef-Goebbels-Straße [sic] zurückbenannt worden. Hauptsache, Akademiker."[8]

Im Vergleich zu dieser Kritik an der Bundesrepublik hatte Rowohlt eine ganz andere Haltung gegenüber bestimmten kommunistischen Funktionären. Er entdeckte bei ihnen, wie schon zuvor bei Castro, häufig kritischen Sinn und Reflexivität. In Rowohlts Brief an die Schriftstellerin Judith Schalansky (2011) schließt er Walter Ulbricht offenbar in diesen Personenkreis ein, wenn auch auf seine eigene spöttische Art:

> Zu dem Zirkel sagte einst kein Geringerer als der große Walter Ulbricht selbst, er sei mit der DDR-Fahne auch nicht so ganz glücklich, für ihn wäre die perfekte deutsche Fahne „ohne Hammer, Zirkel und Ährenkranz aus der DDR-Fahne und ohne das Schwarz und das Gold aus der BRD-Fahne." Chuzpe, wo sie keiner vermutet.[9]

Rowohlts Einstellung zu linken Idealen war auch mit seiner Kritik an den Institutionen und Verlagsgruppen des heutigen Deutschlands verbunden, weshalb er sich selbst als „letzter Springer-Boykotteur [...]"[10] bezeichnete.

Im letzten Band seines Briefwechsels *Und tschüs. Nicht weggeschmissene Briefe III* kommentiert Rowohlt eine Reihe von Schriftstellern, Schauspielern und Politikern, die in seine Schilderungen eigener Erlebnisse und weiterer Überlegungen einfließen. Das Buch enthält auch Briefe über seine literarischen Sympathien im Zusammenhang mit seiner Arbeit in der Jury des Kasseler Literaturpreises. Ein wiederkehrender

---

8 Harry Rowohlt, Brief an eine Veranstalterin (27.06.2012), in: Harry Rowohlt, *Und tschüs. Nicht weggeschmissene Briefe III*, S. 273.

9 Harry Rowohlt, Brief an Judith Schalansky (08.09.2011), in: Harry Rowohlt, *Und tschüs. Nicht weggeschmissene Briefe III*, S. 162.

10 Harry Rowohlt, Brief an Inge Feltrinelli (11.06.2012), in: Harry Rowohlt, *Und tschüs. Nicht weggeschmissene Briefe III*, S. 267.

Name ist der Schriftsteller, Regisseur und Schauspieler Jan Neumann, dessen Texte für Rowohlt eine positive Ausnahme in der Landschaft der neueren Literatur darstellen. Ein Brief aus dem Jahr 2011 bezeugt dies:

> Ich, der ich sonst deutsche Gegenwartsromane scheue, habe gerade *So was von da* beseligt auf einen Haps durchgelesen. [...] Ich sitze in der Jury des Kasseler Literaturpreises für grotesken Humor und habe mir erlaubt, *Swvd* für den Förderpreis zu empfehlen. [...] und in diesem Jahr habe ich Jan Neumann für sein Einpersonendramolett *Knolls Katzen*, glaube ich, sehr glücklich gemacht.[11]

Schließlich wurde Jan Neumann in Kassel der mit 3.000 Euro dotierte „Förderpreis Komische Literatur 2011" verliehen. Mit dem Preis ehren die Stiftung Brückner-Kühner und die Stadt Kassel junge Autoren, die das Komische auf hohem Niveau gestalten. Rowohlt setzt seinen Exkurs zum selben Thema in einem späteren Brief an Loriot fort, Bernhard Victor Christoph Carl von Bülow, einen der größten deutschen Humoristen, dessen amüsante Zeichnungen, Skizzen, Geschichten und Filme Deutschland inspirierten. Für die Kinderbeilage der Zeitschrift *Stern* zeichnete Loriot siebzehn Jahre lang die Serie *Reinhold das Nashorn*. Nota bene, um ein Rhinozeros geht es auch in dem einzigen zweizeiligen Gedicht, das Rowohlt je selbst geschrieben und veröffentlicht hat und das den Titel *Gebet des Nashorns* trägt. Für diesen Exkurs verwendet er eine weitere Anekdote über Walter Jens, die nötig ist, um das Wort „Anamnese" in Neumanns Geschichte einzuführen, was Rowohlts geschichtsträchtige Art zeigt, Erzählungen über einige Autoren durch die Geschichten anderer Autoren zu schaffen:

> Doch diesmal habe ich mich gegen eine Welt von Feinden durchgesetzt und *Knolls Katzen* von Jan Neumann für den Förderpreis durchgepaukt. (Vor vielen Jahren hörte ich im Radio eine Podiumsdiskussion mit Walter Jens, nur war von Walter Jens nichts zu hören –, bis er plötzlich mit Barmbeker Stentorstimme leicht röchelnd „Anamneeeese getrieben!" einforderte.) Also eine Kurzanamnese von *Knolls Katzen*. Das Bochumer Schauspielhaus war teilweise ausgebrannt und hatte unter dem Motto „Ohne alles" Beiträge bestellt. Jan Neumann schickte *Knolls Katzen*, und das war es mehr oder weniger. Sein Bühnenvertrieb

11 Harry Rowohlt, Brief an Tino Hanekamp zu dessen Roman „So was von da" (18.06.2011), in: Harry Rowohlt, *Und tschüs. Nicht weggeschmissene Briefe III*, S. 141–143, hier S. 141.

> schickte das Werk ohne große Hoffnung nach Kassel, und alles Weitere ist, um es mit Arnold Schwarzenegger zu sagen, „history".[12]

Im Brief an Jan Neumann bezeichnet Rowohlt *Knolls Katzen* als „den besten Rausschmeißertext aller Zeiten"[13].

Die bereits erwähnte erzählerische Taktik, Abschweifungen über verschiedene Autoren zu mischen, zeigt sich auch in Rowohlts Kommentaren zum Zustand der deutschen Gegenwartsliteratur im Allgemeinen, insbesondere dort, wo Rowohlt selbst oder andere aus seinem Umfeld den Kern der Anekdote bilden.

Da Rowohlt zeitgenössische Romane „gescheut" hat, schreibt er z. B. nicht viel über Uwe Tellkamps Roman *Der Turm* (2008), der zunächst das Ziel der Aussage im Brief an Klaus Wagenbach zu sein scheint:

> Das einzigste, was ich je von Uwe Tellkamp gelesen habe, ist ein Brief von ihm an Anna Mikula, welche bekanntlich für Grass die Gruppe 47 und die Sozialdemokratische Wählerinitiative wiederbelebt (was ihr von ihrer Kärntner Mutter sonntags nach dem Kirchgang ein telefonisches „Aber, Kind, du bist doch links!?" eingetragen hat). In diesem Brief schreibt U. Tellkamp, „gern" wäre er „an die Trave geeilt" statt nach Lübeck gefahren […].[14]

Tellkamp ist ein Vorwand für Rowohlts Geschichte über Anna Mikula und für eine Randnotiz, in der er über ein bestimmtes Sprachproblem schreibt. Auch ein weiterer bekannter Autor – Christoph Hein – dient Rowohlt nur als ergänzendes Element bei den Informationen über seine eigenen beruflichen Aktivitäten im Jahr 2012: „Mit Christoph Hein habe ich einen feierlichen Händedruck getauscht, weil er einen Tag, nachdem ich in Hamburg vor der Ernst-Merck-Halle anläßlich des Bill-Haley-Konzerts meine erste Straßenschlacht gehabt hatte […], in Berlin die Hasenheide plattgemacht hat."[15] Solche entfernten Assoziationsketten wie die obige führten dazu, dass Rowohlt aus gutem Grund „Paganini der Abschweifung" genannt wurde. Eine

12 Harry Rowohlt, Brief an Loriot (20.06.2011), in: Harry Rowohlt, *Und tschüs. Nicht weggeschmissene Briefe III*, Zürich, Berlin 2016, S. 148–149.

13 Harry Rowohlt, Brief an Jan Neumann, Autor von *Knolls Katzen* (08.01.2011), in: Harry Rowohlt, *Und tschüs. Nicht weggeschmissene Briefe III*, S. 80.

14 Harry Rowohlt, Brief an Klaus Wagenbach (29.01.2012), in: Harry Rowohlt, *Und tschüs. Nicht weggeschmissene Briefe III*, Zürich, Berlin 2016, S. 215–216, hier S. 215.

15 Ebenda, S. 215–216.

Tatsache, die Rowohlt selbst wieder nutzt, indem er in seinem Brief an Eva Koralnik vom 14. Juli 2003 einen neuen Exkurs über die Ersetzung von Paganini durch Papageno konstruiert und das Ganze zudem in Klammern setzt, was auf die marginale Bedeutung dieser Geschichte für den Rest des Briefes hinweist, der Roger Boylans Roman *Killoyle* gewidmet ist:

> (Neulich, in Thurnau, habe ich dem Veranstalter gesagt, die ‚Kieler Nachrichten' hätten mich als „Paganini der Abschweifung" bezeichnet, damit er weiß, was ihn erwartet. Er hat das sofort freudig in seine einleitenden Worte aufgenommen und gesagt: „Und nun freuen Sie sich mit mir auf Harry Rowohlt, den eine Zeitung einmal als Papageno der Abschweifung bezeichnet hat." Teufelsgeiger? Es kann nur eine geben.)[16]

Rowohlts Lesungen waren gespickt mit eigenen Schriften und Übersetzungen, die Anlass zu Anekdoten und oft „Majestätsbeleidigungen" boten, was sich in den letzten beiden Jahrzehnten seines Lebens nicht änderte. Politiker, Schriftsteller und andere, die nicht unbedingt aus der Verlagswelt kamen, wurden thematisiert.

Auch Harry Rowohlts Rolle im Film beschränkte sich nicht auf Gags und einfache Situationskomik. Als er in der Serie *Lindenstraße* in die Rolle eines intellektuellen Obdachlosen schlüpfte und diese 193 Folgen lang spielte, war er nicht nur ein komischer Kommentator, sondern auch einer, der es verstand, den anderen Figuren in ihren Schwierigkeiten zu helfen. Von Anfang an stellte die Serie reale politische Ereignisse dar und behandelte verschiedene gesellschaftliche Themen wie Krankheiten, Rechtsextremismus usw. In Folge 1278 *Beziehungsstress* am 30. Mai 2010 zum Beispiel wacht Harry frühmorgens auf seiner Parkbank auf und bemerkt Hilde Scholz im Nachthemd. Die alte Frau ist verwirrt, orientierungslos und redet wirres Zeug. Harry liefert sie zu Hause ab. Es zeigt sich, dass Frau Scholz an Demenz leidet und Störungen im Gedächtnis und Denken hat. Die Folge thematisiert unter anderem Probleme und Symptome einer chronischen und fortschreitenden Krankheit des Gehirns, deren Zeuge Penner Harry ist. Durch eine Fügung des Schicksals litt auch der echte Harry Rowohlt an der unheilbaren Nervenkrankheit Polyneuropathie, sodass die Episode in der Serie nicht nur auf ein soziales Problem, sondern in gewisser Weise auch auf seine persönliche Situation Bezug nahm.

---

16 Harry Rowohlt, Brief an Eva Koralnik (14.07.2003), in: Harry Rowohlt, *Der Kampf geht weiter! Nicht weggeschmissene Briefe I*, S. 365.

Ein weiteres Thema, das in Rowohlts Texten aus dieser Zeit auftaucht, sind Fragen der Weltanschauung, einschließlich Fragen der ethnischen Zugehörigkeit und der Religion, die dank der Literatur und des Kinos wieder in die öffentliche Debatte eintraten, insbesondere nach dem Erscheinen des Films *Die Fremde* (2010) der Regisseurin Feo Aladağ, in dem es um die Behandlung von Frauen nach ganz anderen Sitten als in der deutschen Kultur ging. Die Deutsche Film- und Medienbewertung (FBW) zeichnete ihre Geschichte mit dem Prädikat „Besonders wertvoll" aus. Es ging um das Problem der sogenannten Ehrenmorde in türkischstämmigen Familien, die in Berlin leben. Aladağs Film war eine extreme Manifestation von Diskursen über Respekt und Toleranz gegenüber Ethnie und Geschlecht, die jedoch auch in viel weniger drastischen Situationen zu einer Falle für einige unverbesserliche Publizisten wurde. Harry Rowohlt schrieb 2013 in *Pooh's Corner* über sein Pech in diesen Dingen während eines beruflichen Aufenthalts in Amerika:

> Als ich '70/'71 Hilfslayouter im feinen, kleinen Verlag Grove Press in New York war, wurde ich zu einem der ersten Opfer der „Neger"-Debatte. Wir bereiteten die Taschenbuchausgabe der *Memoiren eines Revolutionärs* von Pjotr Kropotkin vor. Zuständige Lektorin war unerklärlicherweise Robin Morgan, die ich nicht leiden konnte, weil sie a) eine monothematische Feministin, b) ein Ex-Kinderstar aus einer Fernseh-Familienserie [...] war. [...] Mir nun erteilte sie den Auftrag, nein, gab sie den Befehl, in den gesamten *Memoiren* (519 Seiten) das Wort *girl* durch das Wort *woman* und das Wort *girls* durch das Wort *women* zu ersetzen. „Ach ja?", fragte ich grausam. „Hast du entdeckt, dass im Original *zhjenschtschina* statt *djewuschka* steht?" – „Dies ist ein Befehl", entgegnete sie, auch nicht auf den Mund gefallen.[17]

In Filmen wie *Die Fremde* besteht ein unüberwindbarer Konflikt zwischen dem Bedürfnis der liberalen Linken nach kulturübergreifender Toleranz gegenüber Einwanderern und dem Bedürfnis nach einer Kritik an ihren konservativen Normen, die diese Toleranz untergraben müssen. Die Rivalität zwischen den Geschlechtern innerhalb der patriarchalisch-feudalen Kultur des dargestellten Islam hebt das Bild der Einwanderer als unschuldige Opfer der radikalen Rechten auf.

---

17 Harry Rowohlt, *Girls, Girls, Girls*, in: Harry Rowohlt, *Pooh's Corner. Meinungen eines Bären von sehr geringem Verstand. Gesammelte Werke 1997–2013*, S. 23–239.

> Der westlich-hegemonial geprägte, weiße Feminismus von Regisseurin Feo Aladağ manifestiert sich dadurch, dass sie als das eigentliche Subjekt des Films eine bevormundende und zuweilen herablassende Haltung gegenüber der Figur Umay einnimmt, sie objektiviert und schließlich in ihrer totalisierenden Sichtweise zum ewigen Opfer erklärt.[18]

Sogenannte Ehrenmorde sind nur ein Aspekt der Probleme im Zusammenhang mit der Einwanderung und gehören zu den sichtbaren Zeichen der Gewalt gegen Frauen durch ihre eigenen muslimischen Familien. Obwohl sich viele Muslime mit der deutschen Gesellschaft identifizieren, kommt es überall dort zu Konflikten, wo radikaler Konservatismus direkt mit den säkularisierten Normen Deutschlands in Berührung kommt. Auch der religiöse Konservatismus ist ein Aspekt dieses Problems, und Muslime fühlen sich ebenso wie Christen zunehmend von blasphemischen Künstlern angegriffen. 2012 sprach sich der Schriftsteller Martin Mosebach, selbst ein konservativer Katholik, für Paragraphen zur Blasphemie aus und lobte Muslime dafür, dass sie im Gegensatz zu säkularen Christen ihre Sensibilität für solche Blasphemien nicht verloren haben. Noch im selben Jahr antwortete Harry Rowohlt in einem Brief darauf: „Befürchten Sie nicht, daß Ihre Anregung, Gotteslästerung wieder strafbar zu machen, den Tatbestand der Gottesleugnung erfüllt?"[19] Darauf schrieb Mosebach, dass „man es bei anwachsender muslimischer Bevölkerung für sinnvoll halten könnte, diese Strafbarkeit um des inneren Friedens willen wieder einzuführen"[20]. Aus ideologischen Gründen konnte Rowohlt damit nicht zufrieden sein. Wenn er Themen im Zusammenhang mit Kirche und Religion ansprach, tat er dies in der Regel mit Ironie, wie in seinem Brief an einen Leser, der mit dem folgenden Beitrag endete, in dem er den linken Feiertag mit dem katholischen Kalender verband: „ES LEBE DER 1. MAI, DER TAG DER SELIGSPRECHUNG JOHANNES PAULS DES ZWEITEN!"[21] Rowohlts Einstellung zu Gott und zur Kirche war ebenso

---

18 Canan Turan, *„Darf die Subalterne lachen?" Ehrenmord in Die Fremde (2010) versus tragikomisches Generationentreffen in Almanya – Willkommen in Deutschland (2011)*, in: Ömer Alkin (Hrsg.), *Deutsch-Türkische Filmkultur im Migrationskontext*, Wiesbaden 2017, S. 335–358, hier S. 341.

19 Harry Rowohlt, Brief an Martin Mosebach (22.06.2012), in: Harry Rowohlt, *Und tschüs. Nicht weggeschmissene Briefe III*, S. 270.

20 Brief von Martin Mosebach (ohne Datum), in: Harry Rowohlt, *Und tschüs. Nicht weggeschmissene Briefe III*, S. 271.

21 Harry Rowohlt, Brief an eine Leserin (30.04.2011), in: Harry Rowohlt, *Und tschüs. Nicht weggeschmissene Briefe III*, S. 113–115, hier S. 115.

klar und hat sich auch im letzten Jahrzehnt seines Lebens nicht verändert. In einem *FAZ*-Magazin-Fragebogen mit dem Titel *Erst drängeln und dann trödeln* antwortete Rowohlt auf die Frage „Was wäre für Sie das größte Unglück?" kurz und klar: „Wenn es Gott gäbe."[22] Das heißt aber nicht, dass Rowohlt bestimmte wichtige Funktionen der Institution Kirche nicht anerkannte, soweit diese etwas mit der Befreiungstheologie zu tun hatten. Dies wird besonders im dritten Band der Briefe deutlich.

Im Jahr 2011 bat Pfarrer Mertens von der Evangelischen Paul-Gerhardt-Kirchengemeinde Böblingen Rowohlt in einem Brief um finanzielle Unterstützung einer Konzertlesung mit Ernesto Cardenal. Er schrieb über den Gast der Gemeinde in einer Weise, die das Interesse eines Adressaten mit linken Ansichten weckte: „Am 26. März ist Ernesto Cardenal, der große nicaraguanische Dichter, ehemaliger sandinistischer Kulturminister und – jetzt kommt's – Vetreter der Theologie der Befreiung zu einer Konzertlesung zu Gast in unserer Kirchengemeinde."[23] Im Anschluss an diese Informationen bat der Pfarrer um einen finanziellen Beitrag. In einer kurzen und eklektischen Antwort brachte Rowohlt scheinbar völlig unvereinbare Elemente zusammen und erklärte sich ohne zu zögern bereit, Geld für die Sache zu spenden: „Bitte schön, an der Abendkasse im Jungen Theater Göttingen eingenommen, großgetauscht und mir von diesem [...] Munde abgespart. Schönen Gruß, gutes Gelingen, Gottes Segen und, ja, Rot Front!"[24] Diese Reaktion unterscheidet sich grundlegend von der Weigerung, an einer Gesprächsrunde auf dem Diözesianen Jugendtag 2001 des Katholischen Jugendverbandes teilzunehmen, die hier bereits bei der Besprechung der Korrespondenz aus dem ersten Band der Rowohlt-Briefe behandelt wurde. Dort wurde die Ablehnung der Bitte mit der Abneigung Rowohlts, der im Grunde Agnostiker in dritter Generation war, gegenüber der Institution Kirche und mit der Information, dass er die Religion für nichts brauche, verbunden.[25]

---

22 *Erst drängeln und dann trödeln.* Der *FAZ-Magazin*-Fragebogen, in: Harry Rowohlt, *Pooh's Corner. Meinungen eines Bären von sehr geringem Verstand. Gesammelte Werke 1989–1996*, S. 590–595, hier S. 592.

23 Brief von Pfarrer Mertens, Evangelische Paul-Gerhardt-Kirchengemeinde Böblingen (14.01.2011), in: Harry Rowohlt, *Und tschüs. Nicht weggeschmissene Briefe III*, S. 83–84, hier S. 83.

24 Harry Rowohlt, Brief an Pfarrer Mertens (21.01.2011), in: Harry Rowohlt, *Und tschüs. Nicht weggeschmissene Briefe III*, S. 85.

25 Vgl. Harry Rowohlt, Brief an Jürgen Hess (16.08.2001), in: Harry Rowohlt, *Der Kampf geht weiter! Nicht weggeschmissene Briefe I*, S. 312.

Interessanterweise war der einzige deutsche Bundespräsident, mit dem Rowohlt korrespondierte, kein anderer als der ostdeutsche Ex-Pfarrer Joachim Gauck. Die Art dieses Schriftverkehrs aus dem Jahr 2012 wurde bereits erörtert. Gaucks Popularität war nicht unerheblich, denn als Leiter des „Sonderausschusses zur Kontrolle der Auflösung des Ministeriums für Staatssicherheit" und dann neun Jahre lang als „Bundesbeauftragter für die Unterlagen des Staatssicherheitsdienstes der ehemaligen DDR" verkörperte er die Konfrontation mit den abscheulichsten Seiten der kommunistischen Diktatur.

Die Bewältigung der Folgen der SED-Diktatur im Prozess der deutschen Wiedervereinigung wurde zum Gegenstand einer Studie der zweiten Enquete-Kommission des Deutschen Bundestages (1995), die „gesamtdeutsche Formen der Erinnerung an die beiden deutschen Diktaturen und deren Opfer"[26] finden sollte. Ihr Gedenkstättenkonzept bezog die Rolle ehemaliger nationalsozialistischer Konzentrationslager wie Buchenwald ein, wo der sowjetische Besatzungsapparat nach dem Krieg politische Gegner des Kommunismus inhaftierte.

Die PDS, zu deren Wahl 2012 von Harry Rowohlt aufgerufen wurde, hatte bereits in der ersten Enquete-Kommission ein Sondervotum gegen den gesamten Abschlussbericht eingebracht und auch im Abschlussbericht der zweiten Enquete-Kommission 1995–1998 eine Reihe von Sondervoten, die zum Teil deutlich von der Mehrheit der Kommission abwichen. In gewisser Weise macht dies auch Gaucks Reaktion auf Rowohlts Verhalten in Hamburg verständlicher.

In der Zwischenzeit zeigten Literatur und Kino das wahre Wesen des ostdeutschen Systems der Verfolgung von Bürgern, die eine andere Meinung vertraten als die offizielle SED-Linie. 2012 drehte Christian Petzold den Film *Barbara*, der auf der Berlinale den Silbernen Bären für die beste Regie gewann und die Auswirkungen des ostdeutschen Kommunismus auf den Einzelnen zeigte. Der Film konzentrierte sich auf das System der Bürgerüberwachung und seine Folgen für die Figuren. Harry Rowohlt beschrieb im Zusammenhang mit dem Schicksal von Wolf Biermann, wie total und teilweise absurd diese Überwachung der Bürger in der DDR war: „Das letzte Angenehme, was ich von ihm gelesen habe, war das Transkript eines Stasi-Tonbandes, welches in seinem Schlafzimmer aufgenommen worden war, und da hat

26 Annette Kaminsky, *„Die Steine sprechen lassen?" Die Gedenkstättenlandschaft zur SED-Diktatur*, in: Dagmar Unverhau (Hrsg.), *Hatte „Janus" eine Chance? Das Ende der DDR und die Sicherung einer Zukunft der Vergangenheit*, Münster 2003, S. 203–218, hier S. 203.

mich der Schluß so entzückt: –Beischlafgeräusche, danach Ruhe im Objekt.'"[27] Margot Honecker lernte Biermann schon als Jungen über seine Großmutter kennen. Er wurde 1953 als Hamburger Jungkommunist DDR-Bürger. „Als siebzehnjähriger Schüler entschied er sich für eine Übersiedlung nach Ostberlin."[28] Anders als die filmische Barbara verließ er Westdeutschland in der Hoffnung auf ein besseres Leben in Richtung Ostdeutschland. Zu diesem Zeitpunkt konnte er jedoch noch nichts von den Dutzenden von Spionen wissen, die bald jeden seiner Schritte verfolgen würden. Die von Rowohlt ungenau zitierte Abschrift aus den Transkripten der Tonbänder stammt übrigens von Biermann selbst, der sie einmal öffentlich vorgelesen hat, insbesondere die Geräusche beim Geschlechtsverkehr mit seiner damaligen Lebensgefährtin. Es dauerte 23 Jahre, bis Biermann in die „freie Welt" zurückkehrte, was teilweise durch die bereits erwähnten Umstände bedingt war.

Im Jahr 1983 wurde Biermann Gastdozent an der Ohio State University in den USA. Seine späteren Ansichten und Entscheidungen waren von einer starken Abneigung gegen die kommunistische Vergangenheit Deutschlands, aber auch gegen das Postkommunistische geprägt. Unter anderem griff Biermann 1994 einen guten Freund von Harry Rowohlt, den PDS-Politiker Gregor Gysi, öffentlich an. Biermanns frühere Beziehung zu den USA sorgte dafür, dass sich seine Haltung dem Land gegenüber deutlich von den Ansichten der linken Eliten in Deutschland unterschied. Nach den Anschlägen auf das Word Trade Center und während des Irak-Krieges betonte er das Recht der USA, mit Gewalt gegen Terroristen vorzugehen, und die damit verbundenen Einschränkungen der Menschenrechte. In diesem Zusammenhang äußerte er sich sehr kritisch über den Pazifismus der deutschen Friedensbewegung, der sich häufig gegen den amerikanischen Einsatz militärischer Gewalt im Kampf gegen den Terrorismus richtete. Aus ähnlichen Gründen bedauerte er, dass er einmal auf Einladung der Grünen Lieder gesungen hatte, an deren Botschaft er später zu zweifeln begann. Obwohl er in vielen Fragen anderer Meinung war als Rowohlt, war seine Faszination für die USA als Verteidiger der Demokratie in der Welt unzweifelhaft groß. Rowohlt teilte, wenn auch aus anderen Gründen, diese Faszination, obwohl er in politischen Fragen eine ambivalente, manchmal sogar sehr linke Position gegenüber den USA einnahm. Tatsache ist, dass das Land für viele ein

---

27 Harry Rowohlt/Ralf Sotscheck, *In Schlucken-zwei-Spechte. Harry Rowohlt erzählt Ralf Sotscheck sein Leben von der Wiege bis zur Biege*, S. 172.

28 Angela Borgwardt, *Im Umgang mit der Macht: Herrschaft und Selbstbehauptung in einem autoritären politischen System*, Wiesbaden 2002, S. 395.

wichtiger Bezugspunkt in Zeiten des Umbruchs war und blieb oder einfach die erste Ursache für die neue Erziehung, die Deutsche wie Harry Rowohlt betraf. Das Motiv der Reise in die USA wird daher von deutschen Regisseuren und Schriftstellern immer wieder als archetypische Reise zur Quelle der unbegrenzten Freiheit verwendet. Eine solche Reise wurde auch von Biermann und Rowohlt unternommen.

Bei einigen dieser Reisenden in die USA wurde ein paradoxer Gedankenkonflikt deutlich: auf der einen Seite die Bewunderung für die Freiheit und den zivilisatorischen Entwicklungsstand, auf der anderen Seite die ideologische Abneigung gegen den amerikanischen Imperialismus, die im Übrigen gerade wegen der freiheitlichen und demokratischen Prinzipien, die den American Way of Life ausmachen, frei zum Ausdruck gebracht werden kann. Dieses Paradoxon von Faszination und Abneigung gegenüber den USA wurde unter anderem von der Schriftstellerin Felicitas Hoppe hervorgehoben, die 2012 mit dem Georg-Büchner-Preis ausgezeichnet wurde. Die Begeisterung für die Freiheit, die Amerika verkörpert, wurde in ihrem späteren Buch *Prawda. Eine amerikanische Reise* (2018) besonders deutlich. In *Prawda* trifft man auf eine Mischung aus fiktionalisierten Geschichten, Reiseberichten, Träumen und Kommentaren. Im Hintergrund stehen zwei authentische Schriftsteller, Jewgeni Petrow, ein Russe, und Ilja Ilf, der aus einer jüdischen Familie stammte. Jahrelang arbeiteten sie in Moskau als Autorenduo, wobei der eine schrieb und der andere die Texte redigierte. Im Jahr 1935 besuchten sie im Auftrag der Parteizeitung *Prawda* New York und reisten anschließend sechs Monate lang kreuz und quer durch die USA. Hoppe beschreibt ihre Reise nach Amerika viele Jahre nach dem Bericht der beiden Russen. Sie ist auch die Autorin des Nachworts zur deutschen Übersetzung des Buches *Das eingeschossige Amerika: Eine Reiseerzählung* (2011, erstmals 1936 in der Sowjetunion veröffentlicht). Der russische Reisebericht ist geprägt von der Begeisterung für die Technik, die sich damals in der Sowjetunion und in den USA rasant entwickelte. Ihre Bewunderung wird jedoch auch von einem ideologischen Konflikt begleitet, der sich trotz aller Faszination für die Vereinigten Staaten als unüberwindbar erweist.

In diesem Zusammenhang sei daran erinnert, wie Harry Rowohlt mit einem ähnlichen Paradox umging, als er nach seinem Aufenthalt in den USA schrieb, dass er nur sehr ungern nach Deutschland zurückkehren würde. Gleichzeitig schloss Rowohlt in Amerika sehr ausgeprägte Bekanntschaften und Freundschaften mit Menschen, von denen mindestens einer tatsächlich versuchte, die herrschende Gesellschaftsordnung zu untergraben:

> Mein damaliger bester Freund Mike Perpich saß in dem Großbüro mir direkt gegenüber, und wenn ich etwas an Amerika nicht verstand oder haßte, hat er mir erklärt, warum das so war. [...] Mike Perpich war während der McCarthy-Ära Vorsitzender des amerikanischen Komsomol, der Jugendorganisation der amerikanischen KP [...]. Er war mal Art Director von *Better Homes & Gardens.* [...] Auf diese Weise kam *Better Homes & Gardens* etwa zwei Monate lang auf die schwarze Liste, weil er nicht anders konnte, als bolschewistische Propaganda zu machen.[29]

In diesem Exkurs über Amerika offenbart sich also das oben erwähnte Paradoxon – Rowohlts bester Freund in den USA ist ein fanatischer Kommunist, der in Opposition zum demokratischen Staat steht, was ihm erlaubt, ein bolschewistisches Ressentiment, wenn nicht gar Hass gegen das mutterdemokratische, aber kapitalistische System zu hegen.

Während der Arbeit an Kurt Vonneguts *Zeitbeben* übersetzte Rowohlt auch die amerikanische Zweithymne *America, the Beautiful* ins Deutsche, worüber er in seiner Kolumne *Die Zweithymne* (1998) berichtet. Tatsächlich übersetzte Rowohlt dann zusammen mit Vonneguts Text einen großen Teil des Mythos Amerika, der in solchen Zweithymnen wie *God Bless America* oder eben *America, the Beautiful* genährt wird. Interessanterweise dominiert in beiden Texten ein starker Bezug zu Gott, für den Rowohlt keinen Platz in seinem Leben vorgesehen hatte, obwohl er auch solche religiös orientierte Literatur übersetzte. „Ich bin [...] mit großem Behagen in der 3. Generation ungetauft, wildwütiger Agnostiker und leidenschaftlicher Christenfresser [...]"[30], erklärte er.

In seiner Kolumne zum Thema *America, the Beautiful* präsentiert sich Rowohlt den Lesern als Übersetzer, der mit dem Ergebnis der Übersetzung voll und ganz zufrieden ist, was er in einem treffenden Vergleich seiner Arbeit mit Jimi Hendrix' Interpretation der eigentlichen Hymne Amerikas hervorhebt:

> Auf Seite 107 des Werks (Kurt Vonnegut, Zeitbeben, erscheint bei Hanser, aber fragen Sie mich bloß nicht, wann) kam mir die amerikanische Zweithymne *America, the Beautiful* von Katharine Lee Bates unter, und was Jimi Hendrix

---

29 Harry Rowohlt/Ralf Sotscheck, *In Schlucken-zwei-Spechte. Harry Rowohlt erzählt Ralf Sotscheck sein Leben von der Wiege bis zur Biege*, S. 96.

30 Harry Rowohlt, Brief/Auf eine Anfrage (30.10.2012), in: Harry Rowohlt, *Und tschüs. Nicht weggeschmissene Briefe III*, S. 287.

> 1969 in Woodstock mit der amerikanischen Ersthymne gemacht hat, das hoffe ich mit meiner Nachdichtung der Zweithymne angetan zu haben.[31]

Jimi Hendrix beendete das legendäre Woodstock-Festival am 18. August 1969 mit dem Song *The Star-Spangled Banner*, aber nicht als klassische Musikaufführung. Mit verschiedenen Effektpedalen und dem Vibratohebel imitierte er damals unter anderem den Einschlag von Bomben, das Rattern von Maschinengewehren und Raketen und verwandelte so die amerikanische Nationalhymne in einen kunstvollen Protestsong, der von vielen Rezensenten als Kritik an der damaligen US-Politik, insbesondere dem Vietnamkrieg, verstanden wurde, obwohl Hendrix selbst seine Interpretation keineswegs als Antikriegshymne verstand. Während Rowohlts Aussage zweifellos die sprachliche Dimension der Übersetzung betrifft, sind die ideologischen Untertöne von Hendrix' Leistung nicht unbedeutend, auch wenn der Vergleich übertrieben erscheint.

Indirekt mit Amerika verbunden ist übrigens auch die Geschichte eines gewissen geglätteten „Streits" zwischen Harry Rowohlt und Daniel Kehlmann. Als „belletristischer Übersetzer"[32] schätzte Rowohlt seine Arbeit zu Recht, und die zahlreichen Auszeichnungen waren nur eine Bestätigung seiner Fähigkeiten, derer er sich durchaus bewusst war. Dennoch konnte er die Kritik mit erstaunlicher Gelassenheit ertragen, wie sein Briefwechsel mit dem Autor von *Die Vermessung der Welt* im Jahr 2007 zeigt. Rowohlt schreibt ihm damals einen Brief als Antwort auf die Kritik des Schriftstellers an seiner Übersetzung von Vonneguts Kurzgeschichten unter dem Titel *Suche Traum, biete mich* (2001). Er nimmt Kehlmann nicht den Vorwurf der Flapsigkeit in der deutschen Übersetzung übel, sondern dass Kehlmann von „gewollter Flapsigkeit"[33] gesprochen hat. Dennoch beendet Rowohlt das Schreiben mit dem Satz „Schönen Gruß und nichts Böses; als Übersetzer freut man sich immer, wenn man wahrgenommen wird."[34] Daraufhin weicht Kehlmann seine ursprüngliche Position deutlich auf: „In der Zwischenzeit habe ich mich mehr mit der englischen Sprache und dem Übersetzen beschäftigt, weiß, wie groß die Schwierigkeiten

31 Harry Rowohlt, *Die Zweithymne*, in: Harry Rowohlt, *Pooh's Corner. Meinungen eines Bären von sehr geringem Verstand. Gesammelte Werke 1997–2013*, S. 35–40, hier S. 35–36.

32 Harry Rowohlt, Brief/Auf eine Anfrage von 3SAT (31.10.2009), in: Harry Rowohlt, *Und tschüs. Nicht weggeschmissene Briefe III*, S. 65.

33 Harry Rowohlt, Brief an Daniel Kehlmann (19.11.2007), in: Harry Rowohlt, *Gottes Segen und Rot Front. Nicht weggeschmissene Briefe II*, S. 157.

34 Ebenda, S. 157.

sind, und würde nicht mehr so geradeheraus und ohne zu Zögern einen so schwerwiegenden Vorwurf wie ‚gewollte Flapsigkeit' herausrufen."[35] Vonneguts Geschichten, die die Kontroverse ausgelöst haben, sind eine Beschreibung der USA vor dem Zeitalter der Computer und Handys. Obwohl Kehlmann Vonneguts Buch nicht besonders schätzte, muss es Rowohlt gefallen haben, der seine Texte zeitlebens mit der Schreibmaschine schrieb. Tatsächlich war Rowohlt in dieser Sache äußerst konsequent. Als beispielsweise 2010 seine Schreibmaschine nicht mehr richtig unterstreichen konnte, schrieb er einen Brief an den Schreibmaschinenhersteller (15.02. 2010) und bat um technische Unterstützung.[36]

In einigen Fragen erwies sich die USA konservativer als Europa, wie etwa bei dem Versuch, in den USA ein Bilderbuch von Peter Schössow und Harry Rowohlt mit dem Titel *Ich, Kater Robinson* zu veröffentlichen. Dem Brief von Rowohlt an den Verlag (03.11.2011) zufolge „kann das Buch in den USA nicht erscheinen, weil Zigarettenpackungen und Filterkippen zu sehen sind"[37]. Das Kinderbuch erschien übrigens 2012 in München, wo Rowohlt, wie er schreibt, „zweieinhalb Stunden lang" Amerikanistik studiert hat.[38]

---

35 Brief von Daniel Kehlmann (02.12.2007), in: Harry Rowohlt, *Gottes Segen und Rot Front. Nicht weggeschmissene Briefe II*, S. 158.

36 Vgl. Harry Rowohlt, Brief an den Schreibmaschinenhändler (15.02.2010), in: Harry Rowohlt, *Und tschüs. Nicht weggeschmissene Briefe III*, S. 21.

37 Harry Rowohlt, Brief an den Hanser Verlag (03.11.2011), in: Harry Rowohlt, *Und tschüs. Nicht weggeschmissene Briefe III*, S. 200–201, hier S. 200.

38 Ebenda, S. 201.

Schlusswort

Im Jahr 2012 las Rowohlt eine Hörbuchversion von Mark Twains *Meine geheime Autobiographie.* In einem Brief an den Organisator vom 15. September 2012 schrieb er:

> Mein Lieblingsbeitrag am nächsten Abend (Vorstellung von Mark Twains geheimer Autobiographie im tak, dem Theater Aufbau Kreuzberg) ging so: Der Verleger hielt eine Rede, der Übersetzer (nicht ich) hielt eine Rede, dann spielten Dieter Faber (Gitarre, Dobro), und Steve Baker (Mundharmonika) den Delta-Blues, dann war ich dran und sagte […]: „So ist es doch ein schöner Abend geworden."[1]

Twain hatte verfügt, dass seine Autobiografie erst hundert Jahre nach seinem Tod veröffentlicht werden sollte. Im Text folgte er dem Prinzip, die Welt als Abfolge von Anekdoten zu sehen. Damit gehörte er einer ähnlichen Autorenklasse an wie Rowohlt selbst, also Autoren, die den Leser auf die eine oder andere Weise persönlich über ihr Leben informierten – in Autobiografien, Briefen oder in subjektiven Texten wie Kolumnen. Zweifellos waren sie beide große Ironiker. Im Gegensatz zu Twain hielt Rowohlt jedoch nichts geheim, sodass einige seiner Briefe noch zu seinen Lebzeiten und die übrigen kurz nach seinem Tod veröffentlicht wurden.

Die Fülle an Material, die Rowohlts umfangreiche Korrespondenz mit der Welt enthält, zeigt, dass er ein extrovertierter Autor war, der seine Gedanken sorgfältig in privaten Texten formulierte, die er dann genauso sorgfältig aufbewahrte. Im Zeitalter der kurzen E-Mail-Korrespondenz ist die Institution des Briefes so selten geworden, dass Rowohlt wohl einer der letzten Autoren bleiben wird, die so traditionell und sorgsam komponiert mit der Welt kommunizierten.

Auf den Sinn dieser Tendenz zur Verwendung eines Papierbriefes hat Anna Mikula in ihrer Einleitung zur Ausgabe des dritten Bandes der Rowohlt-Briefe hingewiesen, die, wie sie schreibt, „[…] beweisen, daß im Twitter-Zeitalter noch

1 Harry Rowohlt, Brief an einen Veranstalter (15.09.2012), in: Harry Rowohlt, *Und tschüs. Nicht weggeschmissene Briefe III*, S. 280–281, hier S. 280.

Nuancen möglich sind. Und weil sie für eine unbedingte, hellwache Zeitgenossenschaft stehen, die ihresgleichen sucht."[2] Mikula zitiert in der Einleitung auch Hellmuth Karasek, der in seinem Buch zum Briefwechsel *Briefe bewegen die Welt* (2014) feststellt, dass Rowohlts Briefe „[...] zum Komischsten zählen, was jemals in ein Kuvert gesteckt wurde"[3].

Die zeitlich geordnete, zyklische Anordnung der Kolumnen und ihre, trotz des scheinbaren Chaos, durchdachte Zusammenstellung zeigen, dass Rowohlt ein präziser, systematischer und konsequenter Autor war, der sich hinter der Ironie nicht versteckte und auch über sich selbst ironisieren konnte – er war ein ehrlicher Ironiker und seine Texte funktionierten etwa so wie ein leicht verzerrter Spiegel oder ein halber Scherz. Er nahm die Welt halbernst durch das Prisma aller seiner Rollen wahr, die er sich ausgesucht hat oder die ihm zugewiesen wurden. Dank zahlreicher Auftritte, Briefe und Kolumnen wirkte er wie ein Mann ohne Geheimnisse, ein extrovertierter Erzähler, der bereitwillig über seine privaten Schwächen spricht und dabei keinen Raum für Understatement lässt.

Aber gerade diese Art, über sich selbst zu erzählen, kann irreführend sein, denn das Sichtbare ist nicht immer das Wirkliche, und bei Abschweifungen, Ironie und Understatement kann das Ausmaß der geschaffenen Offensichtlichkeit das Darunterliegende völlig verdunkeln. Der Sinn versteckt sich nicht unbedingt woanders, in den Tiefen des Unbewussten, sondern kommt verstreut, konserviert in Referenzen, Zitaten und Kollokationen zum Ausdruck. Ihre Vielfalt und ihr Reichtum waren nicht darauf zurückzuführen, dass Rowohlt ein Autor war, denn er betrachtete sich nicht als solchen. Darüber schrieb er zum Beispiel in seiner Antwort auf eine Anfrage der DVA (03.06.2010): „Da ich kein Autor, sondern nur belletristischer Übersetzer und, na schön, Kolumnist bin, kann ich keine Eitzes über das Schreiben geben [...]."[4] Obwohl Rowohlt seine Briefe in dieser Darstellung nicht thematisiert hat, nehmen sie in dem veröffentlichten Werk einen wichtigen Platz ein. Ihre Bearbeitung erfolgte durch eine Freundin der Familie, über die Rowohlt in einem Brief an eine Leserin (27.10.2012) folgende Informationen lieferte: „Anna Mikula war früher Journalistin (ZEIT-Magazin; Ressortleiterin Kultur bei der wöchentlich erschienenen Wochenzeitung Die Woche) und hat dann zusammen mit meiner Frau

2 Anna Mikula, *Was bleibt*, in: Harry Rowohlt, *Und tschüs. Nicht weggeschmissene Briefe III*, S. 280–281, S. 7–9, hier S. 9.

3 Zitiert nach: ebenda, S. 9.

4 Harry Rowohlt, Brief/Auf eine Anfrage der DVA (03.06.2010), in: Harry Rowohlt, *Und tschüs. Nicht weggeschmissene Briefe III*, S. 35.

und anderthalb weiteren Damen eine kleine Buchhandlung gegründet."[5] In Anbetracht der obigen Ausführungen sollte außerdem klargestellt werden, dass Rowohlt sich trotz der Veröffentlichung seiner Übersetzung von *Die grüne Wolke* nicht als Übersetzer von Kinderbüchern verstand und Geschichten wie *Pu der Bär* überhaupt nicht als Kinderbuch behandelte. Als Rowohlt 2006 einen Brief von Ursula Vogel, GmbH Catania (14.07.2006) erhielt, in dem der Sender ihn über ein Programm zur Unterstützung traumatisierter Kinder und Jugendlicher – Opfer psychischer und physischer Gewalt – informierte und ihn bat, dieses Programm als Schirmherr zu unterstützen, konnte er den folgenden Satz am Anfang des Schreibens lesen: „[...] am Beginn Ihrer Karriere als Übersetzer stand ein Kinderbuch, soviel ich weiß war es *Die grüne Wolke* von Summerhill – A. S. Neill."[6] Dies sollte Rowohlt besonders dafür prädestinieren, das Programm zu unterstützen. Daraufhin scheute er sich, als Übersetzer von Kinderliteratur bezeichnet zu werden, und lehnte dies auf leicht ironische Art und Weise ab: „Nur weil das erste Buch, das ich übersetzt habe, zufällig ein Kinderbuch war (inzwischen sind es 131, 5 Theaterstücke und ein Film, meist glücklicherweise nichts für Kinder) [...], sehe ich mich, besonders in meiner Eigenschaft als unregelmäßig und nur im Affekt verdroschenes Ex-Kind, außerstande, Ihnen irgendwie dienlich zu sein."[7] Wie aus dem obigen Exkurs hervorgeht, hat Rowohlt die Grenzen seiner Kompetenz klar definiert, aber er fühlte sich auch äußerst sicher in dem, was er am besten konnte, nämlich in den Übersetzungen aus dem Amerikanischen und Englischen ins Deutsche. Dabei kam es gelegentlich vor, dass Rowohlt andere Übersetzer kritisierte, was bei einigen seiner Leser auf Ablehnung stieß[8], doch zumeist zollte er ihnen Respekt und bemühte sich, nicht in das von anderen besetzte Gebiet einzudringen.

Dies gilt nicht für die Übersetzungen, die er für eindeutig schlecht und überarbeitungsbedürftig hielt. Zum Beispiel antwortet er in einem Brief an einen Verleger (05.11.2012) mit Nachdruck auf eine Anfrage über die Möglichkeit einer Neuübersetzung eines Textes des englischen Dichters, Schriftstellers und Drehbuchautors Laurence Edward Alan „Laurie" Lee, *Cinder with Rosie* (1959), die 1964

---

5 Harry Rowohlt, Brief an eine Leserin (27.10.2012), in: Harry Rowohlt, *Und tschüs. Nicht weggeschmissene Briefe III*, S. 286.

6 Brief von Ursula Vogel, GmbH Catania (14.07.2006), in: Harry Rowohlt, *Gottes Segen und Rot Front. Nicht weggeschmissene Briefe II*, S. 101.

7 Harry Rowohlt, Brief an Ursula Vogel (17.07.2006), in: Harry Rowohlt, *Gottes Segen und Rot Front. Nicht weggeschmissene Briefe II*, S. 102.

8 Vgl. Neuerlicher Leserbrief des Herrn G. (18.11.1990), in: Harry Rowohlt, *Der Kampf geht weiter! Nicht weggeschmissene Briefe I*, S. 193.

in der Übersetzung von Grete Felten erschienen war[9]: „Ich mache keine Neuübersetzungen, weil die Affront gegen die Kollegin sind, die die vorherige Übersetzung gemacht hat, und weil ich zu alt für Neuübersetzungen bin.“[10] Gleichzeitig erklärt er, warum er sich in der Vergangenheit für die Übersetzung anderer, bereits auf Deutsch erschienener Texte entschieden hat:

> *Winnie-the-Pooh, The House at Pooh Corner* und *The Wind in the Willows* habe ich neuübersetzt, weil die vorhergegangenen Übersetzungen so lausig waren (*Hallo, Meister Dachs* und *Die Leutchen aus dem Wilden Walde,* for crying out loud, hießen die), daß ich himmelhochmotiviert war.[11]

Obwohl Rowohlt der Idee der Neuübersetzung eines bereits übersetzten Textes kritisch gegenübersteht, bittet er in dem Brief gleichzeitig den Verlag um die ersten zweieinhalb Seiten, da er die deutsche Fassung nicht kennt und zunächst wissen möchte, ob *Cinder with Rosie* auch „lausig“ übersetzt wurde. Der Roman ist schließlich 2015 in einer neuen Übersetzung von Walter Hartmann und pociao erschienen. Der ganze Exkurs zeigt aber, dass Rowohlt in seiner Arbeit als Übersetzer den goldenen Mittelweg zu finden versuchte – er wollte die Kompetenz anderer Übersetzer nicht unnötig untergraben, war aber gleichzeitig nicht bereit, Kompromisse einzugehen, wenn die Übersetzung sein ästhetisches Empfinden offen verletzte.

Ähnlich kompromisslos war er in Bezug auf seinen gesamten beruflichen Werdegang und seine Weltanschauung. Obwohl viele versuchten, Rowohlt zu beeinflussen und ihn dazu zu bringen, im Sinne der Ziele anderer Personen und Institutionen zu handeln, ging er seinen eigenen Weg. Er lehnte die Rolle von Harry Rowohlt als Erbe seines Vaters ab. Seine Unterstützung für die PDS bedeutete eine Absage an die Grünen, die sich bei der Europawahl 2019 schließlich auf Kosten anderer Linker durchsetzen konnten. Als extrovertierter „Kommunist“ aus „linkem Uradel“[12] wurde er vom *Stern* zu Marx und seiner Haltung zum Marx'schen Antisemitismus befragt. Er antwortete mit einer Gegenfrage: „Wenn Juden nicht Anti-

---

9 Laurie Lee, *Des Sommers ganze Fülle*, München 1964.

10 Harry Rowohlt, Brief an einen Verleger (05.11.2012), in: Harry Rowohlt, *Und tschüs. Nicht weggeschmissene Briefe III*, S. 288–289, hier S. 288.

11 Ebenda, S. 288.

12 *Zwei Stimmen für Marx und Engels*, in: Harry Rowohlt, *Pooh's Corner: Meinungen eines Bären von sehr geringem Verstand. Gesammelte Werke 1997–2009*, S. 233–249, hier S. 234.

semiten sein dürfen, wer denn dann?"[13] Auf die nächste Frage „Herr Rowohlt, Sie rezitieren Briefe von Marx, die ihm heute sicher peinlich wären. Ist Ihnen unwohl bei dem Gedanken, dass man nach Ihrem Tode all Ihre Briefe vorlesen könnte?"[14] antwortete er: „Nach meinem Tode ist mir doch sowieso alles wurscht."[15] Es war die Pose eines Extrovertierten, dessen offenes Bekenntnis zum Kommunismus keine oder keine so harsche Kritik hervorrief, als ob solche Ideologien nicht selbstverständlich abzulehnen wären. Die Affinität einer linken Weltanschauung mit der Praxis des Antikapitalismus war für Rowohlt Grund genug, die PDS zu unterstützen.

Als Harry Rowohlt 60 Jahre alt wurde, erschien der Band *Der Große Bär und seine Gestirne. Freunde und Weggefährten grüßen, dichten und malen zum 60. Geburtstag von Harry Rowohlt* (Zürich 2005), in dem Rowohlts Freunde und Bekannte kurze Texte über seine Aktivitäten verfassten. Die Analogie zwischen Rowohlt und dem Bären wurde rege genutzt, wie man dem Titel entnehmen kann. Wenn man die Analogie zu Pu dem Bär außer Acht lässt, könnte man argumentieren, dass dieser Spitzname auch zu Rowohlt passte, weil dieses Tier natürliche Eigenschaften wie Kraft und Vitalität besitzt. Rowohlt blieb tatsächlich bis an sein Lebensende beruflich aktiv. Er übersetzte Kinderbücher mit Illustrationen und Kriminalromane und trat in der Fernsehserie *Lindenstraße* auf.

In einem Interview, das der Deutschlandfunk nach Rowohlts Tod mit einem seiner langjährigen Freunde, Denis Scheck, führte, finden sich die Formulierungen „Multitalent" und „begnadeter Entertainer", vor allem aber charakterisiert Scheck Rowohlt als Übersetzer und beschreibt seine Technik des Umgangs mit Texten im Zusammenhang mit einer bestimmten Tradition des literarischen Übersetzens. Seiner Ansicht nach

> ging Rowohlt in die Schule, für die der Name literaturhistorisch von Wieland steht. Ich denke an Wielands große Shakespeare-Übersetzungen. Man kann nämlich auch übersetzen, indem man etwas ganz sich selber dem eigenen Ausdrucksvermögen anverwandelt. Arno Schmidt hat das auch getan. Das ist ein bisschen schwierig. Aber Harry Rowohlt ist da an die Grenzen gegangen und hat schlauerweise sich natürlich Autoren gewählt, die zu seiner literarischen Identität sehr gut passten. Ich denke an den wunderbaren Amerikaner Padgett Powell, dann natürlich an Flann O'Brien. Das ist nun wirklich sein Lebensautor

13 Ebenda, S. 236.
14 Ebenda, S. 238.
15 Ebenda, S. 238.

> geworden in *Schwimmen-zwei-Vögel*, der große Roman. Oder an A. A. Milne von *Pu der Bär*. Das sind Autoren, die so sehr mit seiner Stimme, übrigens auch der Stimme des Vortragskünstlers Harry Rowohlt verschmolzen sind, dass er sie wirklich zu seinen Autoren gemacht hat."[16]

Im selben Interview verweist Scheck auf eine Legende über Rowohlts frühe Kindheit, laut der er seinen ersten Satz mit Wörtern aus der Literatur sprach:

> Harry Rowohlt hat als Kind zunächst relativ lange nicht gesprochen und sein erster Satz war angeblich eine Dialogzeile aus Medea von Jean Anouilh, die da lautet: „Ich habe gelogen, betrogen, gestohlen, meine Hände sind schmutzig." Ob das eine Legende ist – man ist geneigt, es dafür zu halten –, weiß ich nicht.[17]

Die Bücher, die Rowohlt las, erleichterten ihm die Durchführung seiner Lesungen ungemein. In der Regel waren sie für 90 Minuten geplant, aber dank seiner Eloquenz verlängerte Rowohlt ihre Dauer manchmal auf mehrere Stunden. Dabei war alles möglich, deshalb waren für Harry-Rowohlt-Events Karten meist schwer zu bekommen. So inszenierte Rowohlt bei seiner Live-Lesung in Göttingen im April 2011, die später auf der Doppel-CD *Rumba, Rumba, Rumba ist modern* (Zürich 2011) zu kaufen war, nicht nur das Ein-Mann-Stück *Knolls Katzen* von Jan Neumann, sondern sang auch die zweite amerikanische Nationalhymne *America the Beautiful* im Original und in eigener Übersetzung.

Nach Rowohlts Tod sorgten Freunde und Bekannte dafür, dass seine Texte ein größeres Publikum erreichten. 2016 veranstaltete das Wilhelm Busch-Museum für Karikatur und Zeichenkunst in Hannover eine Ausstellung zu Ehren von Rowohlt. Zu sehen waren 70 Bilder des Münchner *Titanic*-Karikaturisten Rudi Hurzlmeier, die er gemeinsam mit Rowohlt geschaffen hatte. Rowohlt schrieb für sie skurrile zwei- bis vierzeilige Gedichte. Ihre Zusammenarbeit wurde durch die Anregung des Verlegers Gerhard Haffmans ermöglicht und ihr erstes gemeinsames Buch war *Happy Birds-Day* (2004). Ihr achtes gemeinsames Werk war *Monkiss*, an dem Rowohlt bis kurz vor seinem Tod arbeitete. In der Ausstellung war ein Porträt von

16 *Denis Scheck zum Tode von Harry Rowohlt. „Er war einer der großen Bären und Bärentreiber"*. Denis Scheck im Gespräch mit Doris Schäfer-Noske (16.06.2015), in: https://www.deutschlandfunk.de/denis-scheck-zum-tode-von-harry-rowohlt-er-war-einer-der-100.html (Zugriff am 05.09.2022).

17 Ebenda.

Rowohlt zu sehen – Hurzlmeier zeigte ihn als Tangotänzer mit einer blonden Frau im Arm. In diesem Fall war es ein Verweis auf den kolumbianischen Künstler Botero. Ebenfalls Rowohlt gewidmet war die Bildergeschichte *Vögel im Vogelparadies*, die dann erstmals der Öffentlichkeit gezeigt wurde. In gewisser Weise war dies eine Umkehrung der Situationen, in denen Rowohlt zu Lebzeiten seine Freunde und Bekannten förderte, zum Beispiel schrieb er das Vorwort zu den Glossen von Ralf Sotscheck *Irish Toffee* (Hamburg 1999).

Im Jahr 2007 veröffentlichte Wolf Erlbruch sein Kinderbuch *Ente, Tod und Tulpe*. Es ist eine philosophische Fabel über eine Ente, die einen Dialog mit dem Tod führt und schließlich stirbt. Der Tod ist hier ihr Begleiter und übergibt ihren Körper dem Fluss. Drei Jahre später wurde die Geschichte von Matthias Bruhn mit den Stimmen von Anna Thalbach und Harry Rowohlt verfilmt. In diesem Gleichnis ist der Tod nahe, solange man lebt, und wenn das Leben vergeht, lässt der Tod einen an die Schönheit des Augenblicks denken, der das Leben war. Eben in einem solchen Film trat Harry Rowohlt fünf Jahre vor seinem Tod als Synchronsprecher auf. Vielleicht war es sein Memento mori. Der letzte *Corner*-Beitrag erschien im März 2013. Die letzte Penner-Harry-*Lindenstraße* wurde am 18. August 2013 in Folge 1443 (*Alarmzeichen*) ausgestrahlt. Harry Rowohlt starb nach langer schwerer Krankheit am 15. Juni 2015, einem Montag, in Hamburg. Er war 70 Jahre alt. Er wurde auf dem Ohlsdorfer Friedhof, in der sogenannten Dichter-Ecke, in Hamburg beigesetzt. Der Grabstein ist ein Findling, auf dem Rowohlts Autogramm eingemeißelt wurde.

Nach seinem Tod erschienen zahlreiche Nachrufe. Ein Jahr später schrieb *Die Zeit* über den „Abschied vom Großen Bären“[18]. In seinem letzten Brief an einen Freund (vom 19. April 2014) aus dem Band *Und tschüs. Nicht weggeschmissene Briefe III* erzählte Rowohlt dem Adressaten von seinen nächtlichen Fantasien: „Ich habe die irischen Ostern gebührend gefeiert, indem ich mit einem Traum in sie hinein aufwachte, in dem ich eine japanische Waisenkinder-Revolte anführte. Immer im Dienste der großen gemeinsamen Sache unterwegs!“[19] Diese Sorte von Bär war Harry Rowohlt.

18 Stephan Stein, *Sprechen über Sterben und Tod zwischen Euphemismen und Dysphemismen. Zum Sprachgebrauch in Textsorten im Umfeld von Tod und Trauer*, in: Enrico Garavelli/Hartmut E. H. Lenk (Hrsg.), *Verhüllender Sprachgebrauch: Textsorten- und diskurstypische Euphemismen*, Berlin 2017, S. 83–118, hier S. 111.

19 Harry Rowohlt, Brief an einen Freund (14.04.2014), in: Harry Rowohlt, *Und tschüs. Nicht weggeschmissene Briefe III*, S. 336.

Literaturverzeichnis

„Harry ist abgelenkt und treibt Nebendinge": Interview mit Kult-Übersetzer Harry Rowohlt, in: *Der Standard* (27.02.2007), in: https://www.derstandard.at/story/2776508/harry-ist-abgelenkt-und-treibt-nebendinge-interview-mit-kult-uebersetzer-harry-rowohlt (Zugriff am 20.08.2022).

„Ich bin Übersetzer und nicht Promi". Interview mit Harry Rowohlt über Lesen und „Lindenstraße". Mit Harry Rowohlt sprach Wolfgang Tischer (literaturcafe.de, 31.01.1998), in: https://www.literaturcafe.de/html/berichte/rowohlt/oshtml/ (Zugriff am 20.08.2022).

„Typisch, 'ne Fünf in Mathe". Interview mit Harry Rowohlt, in: *Der Spiegel*, Nr. 40/1996, S. 254–259.

Altendorfer, Otto/Hilmer, Ludwig (Hrsg.), *Medienmanagement Band 2: Medienpraxis – Mediengeschichte – Medienordnung*, Wiesbaden 2016.

Arntz, Heiko/Haffmans, Gerd (Hrsg.), *Der Harry-Rowohlt-Rabe*, Frankfurt/Main 2005.

Becker, Susanne, *Zur Komplexität einer kleinen Welt. Kenneth Grahames „Der Wind in den Weiden"*, in: Bettina Hurrelmann (Hrsg.), *Klassiker der Kinder- und Jugendliteratur*, Frankfurt a. M. 1995, S. 459–478.

Bentele, Günter/Brosius, Hans-Bernd/Jarren, Otfried (Hrsg.), *Lexikon Kommunikations- und Medienwissenschaft*, 2., überarbeitete und erweiterte Auflage, Wiesbaden 2013.

Bissinger, Manfred, *Wie Harry R. den Hühnerkalender rettete*, in: *Der Große Bär und seine Gestirne: Freunde und Weggefährten grüßen, dichten und malen zum 60. Geburtstag von Harry Rowohlt.* Eingesammelt und zusammengetragen von Anna Mikula und Peter Haag, Zürich 2005, S. 11–14.

Bode, Sabine, *Die vergessene Generation. Die Kriegskinder brechen ihr Schweigen*, Stuttgart 2013.

Bodmer, Thomas, *„Sálü, Schafseckel"*, in: *Der Große Bär und seine Gestirne: Freunde und Weggefährten grüßen, dichten und malen zum 60. Geburtstag von Harry Rowohlt.* Eingesammelt und zusammengetragen von Anna Mikula und Peter Haag, Zürich 2005, S. 15–16.

Borchert, Wolfgang, *Das ist unser Manifest*, in: Wolfgang Borchert, *Draußen vor der Tür und ausgewählte Erzählungen*, Reinbek bei Hamburg 1964, S. 129–134.

Borgwardt, Angela, *Im Umgang mit der Macht: Herrschaft und Selbstbehauptung in einem autoritären politischen System*, Wiesbaden 2002.

Böttiger, Helmut, *Die Gruppe 47. Als die deutsche Literatur Geschichte schrieb*, München 2012.

Boylan, Roger, Brief an Harry Rowohlt (03.05.2005), in: Harry Rowohlt, *Gottes Segen und Rot Front. Nicht weggeschmissene Briefe II*, Zürich 2009, S. 37–38.

Brandt, Christopher Georg, *„... when the legend becomes fact ...". Geschichtsdidaktische Überlegungen zur Medialität, Authentizität und Narrativität des historischen Spielfilms*, Potsdam 2019.

Bredow, Wilfried von, *Die Außenpolitik der Bundesrepublik Deutschland: Eine Einführung*, Wiesbaden 2006.

Brief des Herrn G. (18.11.1990), in: Harry Rowohlt, *Der Kampf geht weiter! Nicht weggeschmissene Briefe I*, Zürich, Berlin 2017, S. 193.

Brief von Axel aus St. Pauli (29.08.2001), in: Harry Rowohlt, *Der Kampf geht weiter! Nicht weggeschmissene Briefe I*, 2. Auflage, Zürich, Berlin 2005/2017, S. 317.

Brief von Daniel Kehlmann (02.12.2007), in: Harry Rowohlt, *Gottes Segen und Rot Front. Nicht weggeschmissene Briefe II*, Zürich 2009, S. 158.

Brief von einem jungen Leser (14.05.2006), in: Harry Rowohlt, *Gottes Segen und Rot Front. Nicht weggeschmissene Briefe II*, Zürich 2009, S. 94–95.

Brief von einer Leserin (05.11.1990), in: Harry Rowohlt, *Der Kampf geht weiter! Nicht weggeschmissene Briefe I*, Zürich, Berlin 2017, S. 188.

Brief von einer Leserin (22.03.2007), in: Harry Rowohlt, *Gottes Segen und Rot Front. Nicht weggeschmissene Briefe II*, Zürich 2009, S. 115.

Brief von Inge Jens (10.2007), in: Harry Rowohlt, *Gottes Segen und Rot Front. Nicht weggeschmissene Briefe II*, Zürich 2009, S. 145–146.

Brief von Heinrich Maria Ledig-Rowohlt (24.03.1966), in: Harry Rowohlt, *Der Kampf geht weiter! Nicht weggeschmissene Briefe I*, Zürich, Berlin 2017, S. 27–28.

Brief von Heinrich Maria Ledig-Rowohlt (25.01.1966), in: Harry Rowohlt, *Der Kampf geht weiter. Nicht weggeschmissene Briefe I*, Zürich, Berlin 2017, S. 22.

Brief von Joachim Gauck (28.02.2012), in: Harry Rowohlt, *Und tschüs. Nicht weggeschmissene Briefe III*, Zürich, Berlin 2016, S. 226.

Brief von Leonie (17.02.2011), in: Harry Rowohlt, *Und tschüs. Nicht weggeschmissene Briefe III*, Zürich, Berlin 2016, S. 94.

Brief von Martin Mosebach (ohne Datum), in: Harry Rowohlt, *Und tschüs. Nicht weggeschmissene Briefe III*, Zürich, Berlin 2016, S. 271.

Brief von Peter Hacks (15.07.2002), in: Harry Rowohlt, *Der Kampf geht weiter! Nicht weggeschmissene Briefe I*, Zürich, Berlin 2017, S. 335.

Brief von Pfarrer Mertens, Evangelische Paul-Gerhardt-Kirchengemeinde Böblingen (14.01. 2011), in: Harry Rowohlt, *Und tschüs. Nicht weggeschmissene Briefe III*, Zürich, Berlin 2016, S. 83–84.

Brief von Ursula Vogel, GmbH Catania (14.07.2006), in: Harry Rowohlt, *Gottes Segen und Rot Front. Nicht weggeschmissene Briefe II*, Zürich 2009, S. 101.

Cammann, Alexander, *Schlossherr in der DDR*, in: *Die Zeit*, 19.08.2010, Nr. 34, in: https://www.zeit.de/2010/34/Peter-Hacks (Zugriff am 20.02.2020).

Chiellino, Camine, *Am Ufer der Fremde. Literatur und Arbeitsmigration 1870–1991*, Stuttgart, Weimar 1995.

Denis Scheck zum Tode von Harry Rowohlt. „Er war einer der großen Bären und Bärentreiber". Denis Scheck im Gespräch mit Doris Schäfer-Noske (16.06.2015), in: https://www.deutschlandfunk.de/denis-scheck-zum-tode-von-harry-rowohlt-er-war-einer-der-100.html (Zugriff am 05.09.2022).

Der *Die Woche*-Fragebogen, in: Harry Rowohlt, *Pooh's Corner. Meinungen eines Bären von sehr geringem Verstand. Gesammelte Werke 1989–1996*, Zürich, Berlin 2009/2015, S. 596–599.

Der Große Bär und seine Gestirne. Freunde und Weggefährten grüßen, dichten und malen zum 60. Geburtstag von Harry Rowohlt, hrsg. von Anna Mikula, Zürich 2005.

Eichel, Manfred, *Harry Rowohlt im Rampenlicht*, in: *Der Große Bär und seine Gestirne. Freunde und Weggefährten grüßen, dichten und malen zum 60. Geburtstag von Harry Rowohlt*, hrsg. von Anna Mikula, Zürich 2005, S. 53–57.

Eins in die Fresse. Ein Interview mit Harry Rowohlt. Von Wolfram Runkel/Christof Siemens, DIE ZEIT 23.03.2005 Nr. 13, in: https://www.zeit.de/2005/13/Harry_Rowohlt/komplettansicht (abgerufen am 10.09.2022).

Eke, Norbert Otto (Hrsg.), *Herta Müller. Handbuch*, Stuttgart 2017.

Erst drängeln und dann trödeln. Der *FAZ-Magazin*-Fragebogen, in: Harry Rowohlt, *Pooh's Corner. Meinungen eines Bären von sehr geringem Verstand. Gesammelte Werke 1989–1996*, Zürich, Berlin 2009/2015, S. 590–595.

Esterhammer, Ruth, *Heines Platen-Attacke als ein Skandal mit Langzeitwirkung*, in: Stefan Neuhaus/Johann Holzner (Hrsg.), *Literatur als Skandal. Fälle – Funktionen – Folgen*, Göttingen 2007, S. 190–201.

Fassbinder, Klara-Marie, *Zwischen Katholizismus und Kommunismus. Zu Paul Claudels 100. Geburtstag*, in: *Die Zeit*, Nr. 31/1968, in: https://www.zeit.de/1968/31/zwischen-katholizismus-und-kommunismus/komplettansicht (Zugriff am 20.02.2020).

Frank, Gustav/Scherer, Stefan (Hrsg.), *Hans-Fallada-Handbuch*, Berlin, Boston 2019.

Frohn, Julia, *Literaturaustausch im geteilten Deutschland: 1945–1972*, Berlin 2014.

Frühstück mit Harry Rowohlt (06.04.2012), in: https://kurier.at/stars/fruehstueck-mit-harry-rowohlt/773.299 (Zugriff am 25.06.2022).

Fuchs, John Andreas, *The Making of Democrats: Die US-amerikanische Bildungsarbeit in Nachkriegsdeutschland*, in: *Forum für osteuropäische Ideen- und Zeitgeschichte*, 18. Jahrgang (2014), H. 1, S. 127–139.

Graf, Rüdiger, *„das hinterhältigste und wirksamste Instrument gesellschaftlicher Unterdrückung". Gemeinschaft und Gesellschaft in Rainer Werner Fassbinders „Angst essen Seele auf"*, in: Martin Baumeister, Moritz Föllmer, Philipp Müller (Hrsg.): *Die Kunst der Geschichte: Historiographie, Ästhetik, Erzählung*, Göttingen 2009, S. 373–392.

Grimm, Gunter E., *Das Prinzip Ordnung und seine Kritiker in westdeutschen Romanen der Nachkriegszeit*, in: Hein Hoebink (Hrsg.), *Fokus Europa. Öffentliche Ordnung und innere Sicherheit als Spiegel politischer Kultur in Deutschland und in den Niederlanden nach 1945*, Münster, New York, München, Berlin 2001, S. 135–148.

Hamm, Heinz, *Einleitung*, in: Peter Hacks, *Marxistische Hinsichten. Politische Schriften 1955–2003*, hrsg. von Heinz Hamm im Auftrag der Peter-Hacks-Gesellschaft, Berlin 2018, S. 13–59.

Häntzschel, Günter/Hummel, Adrian/Zedler, Jörg, *Deutschsprachige Buchkultur der 1950er Jahre. Deutschsprachige Literatur der 1950er Jahre. Fiktionale Literatur in Quellen, Analysen und Interpretationen*, Wiesbaden 2009.

Haufler, Daniel, *Amerika, hast du es besser? Zur deutschen Buchkultur nach 1945*, in: Konrad Jarausch/Hannes Siegrist (Hrsg.), *Amerikanisierung und Sowjetisierung in Deutschland 1945–1970*, Frankfurt am Main, New York 1997, S. 387–408.

Heckmann, Herbert, *Der Äquilibrist. Laudatio auf Harry Rowohlt*, in: *Deutsche Akademie für Sprache und Dichtung. Jahrbuch 1999*, Göttingen 2000, S. 28–33.

Heinz, Falko, *Landau in der Pfalz unter französischer Besatzung 1945–1949*, Frankfurt am Main 2008.

Herrmann, Leonhard/Horstkotte, Silke, *Gegenwartsliteratur. Eine Einführung*, Stuttgart 2016.

Hess, Jürgen, Brief an Harry Rowohlt (27.06.2001), in: Harry Rowohlt, *Der Kampf geht weiter! Nicht weggeschmissene Briefe I*, Zürich, Berlin 2017, S. 306–307.

Hiebler, Heinz, *Hugo von Hofmannsthal und die Medienkultur der Moderne*, Würzburg 2003.

https://schauburgorbiter.wordpress.com/2015/06/16/das-buch-must-du-in-der-ubersetzung-von-harry-rowohlt-lesen-im-original-geht-da-viel-verloren-sagt-in/ (Zugriff am 25.06.2022).

https://www.faz.net/aktuell/feuilleton/buchmesse-2010/themen/der-grosse-m-m-aehnlichkeits-wettbewerb-ich-bin-die-bessere-marilyn-weil-11057530/ich-bin-die-bessere-marilyn-11061683.html (Zugriff am 20.02.2020).

https://www.faz.net/aktuell/feuilleton/harry-rowohlt-zum-sechzigsten-paganini-der-abschweifung-1212573.html (Zugriff am 25.06.2022).

Illies, Florian, *Generation Golf. Eine Inspektion*, Frankfurt am Main 2000.

Jacobsen, Wolfgang/Kaes, Anton/Prinzler, Hans Helmut (Hrsg.), *Geschichte des deutschen Films*, 2. Auflage, Stuttgart, Weimar 2004.

Jäger, Georg, *Das Zeitungsfeuilleton als literaturwissenschaftliche Quelle. Probleme und Perspektiven seiner Erschließung*. In: *Bibliographische Probleme im Zeichen eines erweiterten Literaturbegriffs. Zweites Kolloquium zur bibliographischen Lage in der germanistischen Literaturwissenschaft, veranstaltet von der Deutschen Forschungsgemeinschaft an der Herzog August Bibliothek Wolfenbüttel 23. bis 25. September 1985*. Im Auftrag der Ständigen Arbeitsgruppe für Germanistische Bibliographie herausgegeben in Verbindung mit Georg Jäger, Wolfgang Harms und Paul Raabe von Wolfgang Martens, Weinheim 1988, S. 53–71.

Jandl, Ernst, *lichtung*, in: *Die hundert besten deutschen Gedichte des Jahrhunderts*. Ausgewählt von Marcel Reich-Ranicki, Frankfurt/Main, Leipzig 2000, S. 80.

Janzin, Marion/Güntner, Joachim, *Das Buch vom Buch: 5000 Jahre Buchgeschichte*, Hannover 2007.

Jourdheuil, Jean, *Die Hamletmaschine*, in: Hans-Thies Lehmann/Patrick Primavesi (Hrsg.), *Heiner Müller Handbuch. Leben – Werk – Wirkung*, Stuttgart, Weimar 2005, S. 221–226.

Kamber, Urs Viktor, *Über Redeweisen vom Tod in Gegenwartsromanen*, in: Hans Helmut Jansen (Hrsg.), *Der Tod in Dichtung, Philosophie und Kunst*, Darmstadt 1978, S. 234–242.

Kaminsky, Anna, *Frauen in der DDR*, Berlin 2016, S. 208.

Kaminsky, Annette, *„Die Steine sprechen lassen?“ Die Gedenkstättenlandschaft zur SED-Diktatur*, in: Dagmar Unverhau (Hrsg.), *Hatte „Janus“ eine Chance? Das Ende der DDR und die Sicherung einer Zukunft der Vergangenheit*, Münster 2003, S. 203–218.

Kamps, Klaus, *Politisches Kommunikationsmanagement. Grundlagen und Professionalisierung moderner Politikvermittlung*, Wiesbaden 2007.

Kehlmann, Daniel/Kleinschmidt, Sebastian, *Requiem für einen Hund. Ein Gespräch*, 2. Auflage, Berlin 2009.

Kernmayer, Hildegard, *Zur Frage: Was ist Feuilleton?* In: Hildegard Kernmayer/Simone Jung (Hrsg.), *Feuilleton: Schreiben an der Schnittstelle zwischen Journalismus und Literatur*, Bielefeld 2017, S. 51–66.

Kernmayer, Hildegard/Jung, Simone, *Feuilleton. Interdisziplinäre Annäherungen an ein journalistisch-literarisches Phänomen*, in: Hildegard Kernmayer/Simone Jung (Hrsg.), *Feuilleton: Schreiben an der Schnittstelle zwischen Journalismus und Literatur*, Bielefeld 2017, S. 9–30.

Kießling, Friedrich, *Der intellektuelle Wiederbeginn nach 1945 und der Merkur*, in: *Benn-Forum. Beiträge zur literarischen Moderne 2016/2017*, Bd. 5, hrsg. von Joachim Dyck, Hermann Korte, Nadine Jessica Schmidt, Berlin, Boston 2017, S. 29–52.

Köppen, Manuel, *Die wiedererfundene Vergangenheit. Der neue deutsche Bewältigungsfilm*, in: Carsten Gansel/Heinrich Kaulen (Hrsg.), *Kriegsdiskurse in Literatur und Medien nach 1989*, Göttingen 2011, S. 13–30.

Kuhn, Annette, *Wie gefährlich ist die Didaktik der Geschichte? Der Fall Klara Marie Fassbinder*, in: Jan P. Bauer/Andreas Körber/Johannes Meyer-Hamme (Hrsg.), *Geschichtslernen – Innovationen und Reflexionen: Geschichtsdidaktik im Spannungsfeld von theoretischen Zuspitzungen, empirischen Erkundungen, normativen Überlegungen und pragmatischen Wendungen. Festschrift für Bodo von Borries*, Kenzingen 2008, S. 463–476.

Kunstmann, Antje, Brief an Harry Rowohlt (04.09.2007), in: Harry Rowohlt, *Gottes Segen und Rot Front. Nicht weggeschmissene Briefe II*, Zürich 2009, S. 135–136.

Lathey, Gillian, *Translating Children's Literature*, New York 2016.

Lee, Laurie, *Des Sommers ganze Fülle*, München 1964. Dt. von Grete Felten.

Lenz, Siegfried, Brief an Harry Rowohlt (02.02.1998), in: Harry Rowohlt, *Der Kampf geht weiter! Nicht weggeschmissene Briefe I*, Zürich, Berlin 2017, S. 260.

Loquai, Franz, *Hamlet und Deutschland. Zur literarischen Shakespeare-Rezeption im 20. Jahrhundert*, Stuttgart 1993.

Lorenz, Matthias, *Literatur und Betrieb nach dem „Tod der Literatur". Fiktionales Schreiben in der Bundesrepublik der siebziger Jahre*, in: Werner Faulstich (Hrsg.), *Die Kultur der 70er Jahre*, München 2004, S. 147–164.

Lorenz, Robert/Walter, Franz, *1964. Anfänge des tiefgreifenden gesellschaftlichen Wandels*, in: Robert Lorenz/Franz Walter (Hrsg.), *1964. Das Jahr, mit dem »68« begann*, Bielefeld 2014, S. 9–32.

Luchtenberg, Sigrid, *Zum Umgang mit „Störfällen" im Migrationsdiskurs*, in: Thomas Niehr/Karin Böke (Hrsg.), *Einwanderungsdiskurse. Vergleichende diskurslinguistische Studien*, Wiesbaden 2000, S. 71–92.

Mai, Gunther, *Der Alliierte Kontrollrat in Deutschland 1945–1948: Alliierte Einheit – deutsche Teilung?*, München, Wien 1995.

Małyszek, Tomasz, *Harry Rowohlt i Caspar von Schrenck-Notzing. Zderzenie dwóch narracji o Niemcach po 1945 roku*, Kraków 2021.

Małyszek, Tomasz, *Pu der Bär und Harry Rowohlt*, in: *Germanica Wratislaviensia*, Nr. 147/2022, S. 61–80.

Maurer, Bruno, *'ich bin konservativ'. Max Frisch (1911–1991) und das neue Schauspielhaus in Zürich. Ein Beitrag zum Frisch Jahr*, in: *Kunst + Architektur in der Schweiz*, Bd. 62 (2011), H. 4, S. 12–21.

Meid, Volker, *Metzler Literaturchronik. Werke deutschsprachiger Autoren*, 2. Auflage, Stuttgart, Weimar 1998.

Meins, Holger, *das einzige, was zählt, ist der Kampf* [Brief an Manfred Grashof], in: Pieter Herman Bakker Schut (Hrsg.), *Das Info. Briefe von Gefangenen aus der RAF aus der Diskussion 1973–1977. Dokumente*, Hamburg 1987, S. 183–186.

Memorandum Rowohlts für die Information Control vom 16.11.1945. Zit. nach: Ursula Reinhold, *RoRoRo-Bücher für alle*, in: Ursula Heukenkamp (Hrsg.), *Unter Notdach: Nachkriegsliteratur in Berlin 1945–1949*, Berlin 1996, S. 197–218.

Meyer-Kalkus, Reinhart, *Geschichte der literarischen Vortragskunst*, Berlin 2020.

Meyer-Sickendiek, Burkhard, *Affektpoetik: Eine Kulturgeschichte literarischer Emotionen*, Würzburg 2005.

Mikula, Anna, *Neues von der Front*, in: Harry Rowohlt, *Gottes Segen und Rot Front. Nicht weggeschmissene Briefe II*, Zürich 2009, S. 7–10.

Mikula, Anna, *Vorwort*, in: Harry Rowohlt, *Der Kampf geht weiter! Nicht weggeschmissene Briefe I*, Zürich, Berlin 2017, S. 7–11.

Mikula, Anna, *Was bleibt*, in: Harry Rowohlt, *Und tschüs. Nicht weggeschmissene Briefe III*, Zürich, Berlin 2016, S. 7–9.

Milne, Alan Alexander, *Pu der Bär*, München 2007, S. 16. Aus dem Englischen von Harry Rowohlt.

Möckel, Margret, *Erläuterungen zu Bernhard Schlink, „Der Vorleser"*, Hollfeld 2004.

Neubauer, Jochen, *Türkische Deutsche, Kanakster und Deutschländer: Identität und Fremdwahrnehmung in Film und Literatur: Fatih Akin, Thomas Arslan, Emine Sevgi Özdamar, Zafer Şenocak und Feridun Zaimoğlu*, Würzburg 2011.

Nickel, Artur, *Zwischen literarischer Tradition und existentiellem Neubeginn: Wolfdietrich Schnurres Kontroversen mit Manfred Hausmann und Walter Kolbenhoff*, in: Walter Erhart/Dirk Niefanger (Hrsg.), *Zwei Wendezeiten: Blicke auf die deutsche Literatur 1945 und 1989*, Tübingen 1997, S. 71–94.

o. A., *Der Krieg ist längst vorbei: Heiratsfreudige Poilus*, in: *Der Spiegel*, Nr. 1/1947, S. 2.

O'Sullivan, Emer, *Winnie-the-Pooh und der erwachsene Leser: die Mehrfachadressiertheit eines kinderliterarischen Textes im Übersetzungsvergleich*, in: Hans-Heino Ewers/Gertrud Lehnert/Emer O'Sullivan (Hrsg.), *Kinderliteratur im interkulturellen Prozess. Studien zur Allgemeinen und Vergleichenden Kinderliteraturwissenschaft*, Stuttgart, Weimar 1994, S. 131–153.

Oels, David, *Rowohlts Rotationsroutine. Markterfolge und Modernisierung eines Buchverlags vom Ende der Weimarer Republik bis in die fünfziger Jahre*, Essen 2013.

Olschewski, Berit, *„Freunde" im Feindesland. Rote Armee und deutsche Nachkriegsgesellschaft im ehemaligen Großherzogtum Mecklenburg-Strelitz 1945–1953*, Berlin 2009.

Parkes, Stuart, *Writers and Politics in Germany 1945–2008*, New York 2009. Übersetzt von Tomasz Małyszek.

Pflaum, Hans Günther/Prinzler, Hans Helmut, *Film in der Bundesrepublik Deutschland. Der neue deutsche Film. Von den Anfängen bis zur Gegenwart. Mit einem Exkurs über das Kino der DDR*, Bonn 1992.

Raddatz, Fritz J., *Jahre mit Ledig: Eine Erinnerung*, Reinbek bei Hamburg 2015.

Reimann, Kerstin E., *Schreiben nach der Wende – Wende im Schreiben? Literarische Reflexionen nach 1989/90*, Würzburg 2008.

Rowohlt, Ernst, *Memorandum, März 1946*, in: Hermann Gieselbusch/Dirk Moldenhauer/Uwe Naumann/Michael Töteberg (Hrsg.), *100 Jahre Rowohlt. Eine illustrierte Chronik*, Reinbek bei Hamburg 2008.

Rowohlt, Harry, *„Die Flüchtigen" von Francis Véber*, in: Harry Rowohlt, *Pooh's Corner. Meinungen eines Bären von sehr geringem Verstand. Gesammelte Werke 1989–1996*, Zürich, Berlin 2009/2015, S. 502–503.

Rowohlt, Harry, Brief an Giangiacomo Feltrinelli (05.07.1968), in: Harry Rowohlt, *Der Kampf geht weiter! Nicht weggeschmissene Briefe I*, Zürich, Berlin 2017, S. 42.

Rowohlt, Harry, *‚Typisch, 'ne Fünf in Mathe'*, in: Harry Rowohlt, *Pooh's Corner. Meinungen eines Bären von sehr geringem Verstand. Gesammelte Werke 1989–1996*, Zürich, Berlin 2009/2015, S. 561–579.

Rowohlt, Harry, *„Als wäre Milne über ihn gekommen"*, in: Harry Rowohlt, *Pooh's Corner. Meinungen eines Bären von sehr geringem Verstand. Gesammelte Werke 1997–2009*, Zürich 2010, S. 227–232.

Rowohlt, Harry, *„Auf Wiedersehen Amerika" von Jan Schütte*, in: Harry Rowohlt, *Pooh's Corner. Meinungen eines Bären von sehr geringem Verstand. Gesammelte Werke 1989–1996*, Zürich, Berlin 2009/2015, S. 550–552.

Rowohlt, Harry, *„Checking out" von David Leland*, in: Harry Rowohlt, *Pooh's Corner. Meinungen eines Bären von sehr geringem Verstand. Gesammelte Werke 1989–1996*, Zürich, Berlin 2009/2015, S. 487–488.

Rowohlt, Harry, *„Club der toten Dichter" von Peter Weir*, in: Harry Rowohlt, *Pooh's Corner. Meinungen eines Bären von sehr geringem Verstand. Gesammelte Werke 1989–1996*, Zürich, Berlin 2009/2015, S. 489–491.

Rowohlt, Harry, *„Das Geheimnis meines Erfolges" von Herbert Ross*, in: Harry Rowohlt, *Pooh's Corner. Meinungen eines Bären von sehr geringem Verstand. Gesammelte Werke 1989–1996*, Zürich, Berlin 2009/2015, S. 504–505.

Rowohlt, Harry, *„Die Aufklärungsrolle: Als die Liebe laufen lernte" von Michael Strauven*, in: Harry Rowohlt, *Pooh's Corner. Meinungen eines Bären von sehr geringem Verstand. Gesammelte Werke 1989–1996*, Zürich, Berlin 2009/2015, S. 471–474.

Rowohlt, Harry, *„Die Braut des Prinzen" von Rob Reiner*, in: Harry Rowohlt, *Pooh's Corner. Meinungen eines Bären von sehr geringem Verstand. Gesammelte Werke 1989–1996*, Zürich, Berlin 2009/2015, S. 485–486.

Rowohlt, Harry, „*Die Falken*“ *von Robert Ellis Miller*, in: Harry Rowohlt, *Pooh's Corner. Meinungen eines Bären von sehr geringem Verstand. Gesammelte Werke 1989–1996*, Zürich, Berlin 2009/2015, S. 500–501.

Rowohlt, Harry, „*Drachenfutter*“ *von Jan Schütte*, in: Harry Rowohlt, *Pooh's Corner. Meinungen eines Bären von sehr geringem Verstand. Gesammelte Werke 1989–1996*, Zürich, Berlin 2009/2015, S. 492–493.

Rowohlt, Harry, „*Erst die Arbeit und dann?*“ *von Detlev Buck*, in: Harry Rowohlt, *Pooh's Corner. Meinungen eines Bären von sehr geringem Verstand. Gesammelte Werke 1989–1996*, Zürich, Berlin 2009/2015, S. 497–499.

Rowohlt, Harry, „*Greystoke. Die Legende von Tarzan*“ *von Hugh Hudson*, in: Harry Rowohlt, *Pooh's Corner. Meinungen eines Bären von sehr geringem Verstand. Gesammelte Werke 1989–1996*, Zürich, Berlin 2009/2015, S. 506–509.

Rowohlt, Harry, „Ich bin der Hauptpenner!“, Interview: Björn Achenbach, in: Harry Rowohlt, *Pooh's Corner. Meinungen eines Bären von sehr geringem Verstand. Gesammelte Werke 1989–1996*, Zürich, Berlin 2009/2015, S. 580–589.

Rowohlt, Harry, „*Jumpin' Jack Flash*“ *von Penny Marshall*, in: Harry Rowohlt, *Pooh's Corner. Meinungen eines Bären von sehr geringem Verstand. Gesammelte Werke 1989–1996*, Zürich, Berlin 2009/2015, S. 516–517.

Rowohlt, Harry, „*Liebes-Traum*“ *von Charles Finch*, in: Harry Rowohlt, *Pooh's Corner. Meinungen eines Bären von sehr geringem Verstand. Gesammelte Werke 1989–1996*, Zürich, Berlin 2009/2015, S. 520–521.

Rowohlt, Harry, „*Light of Day*“ *von Paul Schrader*, in: Harry Rowohlt, *Pooh's Corner. Meinungen eines Bären von sehr geringem Verstand. Gesammelte Werke 1989–1996*, Zürich, Berlin 2009/2015, S. 522.

Rowohlt, Harry, „*Slam Dance*“ *von Wayne Wang*, in: Harry Rowohlt, *Pooh's Corner. Meinungen eines Bären von sehr geringem Verstand. Gesammelte Werke 1989–1996*, Zürich, Berlin 2009/2015, S. 533–534.

Rowohlt, Harry, „*Sodbrennen*“ *von Mike Nichols*, in: Harry Rowohlt, *Pooh's Corner. Meinungen eines Bären von sehr geringem Verstand. Gesammelte Werke 1989–1996*, Zürich, Berlin 2009/2015, S. 535–536.

Rowohlt, Harry, „*Subway*“ *von Luc Besson*, in: Harry Rowohlt, *Pooh's Corner. Meinungen eines Bären von sehr geringem Verstand. Gesammelte Werke 1989–1996*, Zürich, Berlin 2009/2015, S. 537–538.

Rowohlt, Harry, ‚*Typisch, 'ne Fünf in Mathe*‘, in: Harry Rowohlt, *Pooh's Corner. Meinungen eines Bären von sehr geringem Verstand. Gesammelte Werke 1989–1996*, Zürich, Berlin 2009/2015, S. 561–579.

Rowohlt, Harry, „*Werner – Beinhart*“ *von Gerhard Hahn, Michael Schaack, Niki List u. v. a.*, in: Harry Rowohlt, *Pooh's Corner. Meinungen eines Bären von sehr geringem Verstand. Gesammelte Werke 1989–1996*, Zürich, Berlin 2009/2015, S. 539–542.

Rowohlt, Harry, Absage an Michaela Karl, Autorin einer Biografie über Dorothy Parker (13.11.2011), in: Harry Rowohlt, *Und tschüs. Nicht weggeschmissene Briefe III*, Zürich, Berlin 2016, S. 204.

Rowohlt, Harry, *Ach, Jochen*, in: Harry Rowohlt, *Pooh's Corner. Meinungen eines Bären von sehr geringem Verstand. Gesammelte Werke 1997–2009*, Zürich 2010, S. 87–90.

Rowohlt, Harry, *Alfred Polgar: „Kleine Schriften I"*, in: Harry Rowohlt, *Pooh's Corner. Meinungen eines Bären von sehr geringem Verstand. Gesammelte Werke 1989–1996*, Zürich, Berlin 2009/2015, S. 429–430.

Rowohlt, Harry, *Alles wächst irgendwie zu und nach*, in: Harry Rowohlt, *Pooh's Corner. Meinungen eines Bären von sehr geringem Verstand. Gesammelte Werke 1989–1996*, Zürich, Berlin 2009/2015, S. 141–144.

Rowohlt, Harry, *Atropin und weiße Rosen*, in: Harry Rowohlt, *Pooh's Corner. Meinungen eines Bären von sehr geringem Verstand. Gesammelte Werke 1989–1996*, Zürich, Berlin 2009/2015, S. 156–163.

Rowohlt, Harry, *Auf die Schnauze*, in: Harry Rowohlt, *Pooh's Corner. Meinungen eines Bären von sehr geringem Verstand. Gesammelte Werke 1997–2013*, Zürich, Berlin 2009/2015, S. 94–99.

Rowohlt, Harry, *Breaking in*, in: Harry Rowohlt, *Pooh's Corner. Meinungen eines Bären von sehr geringem Verstand. Gesammelte Werke 1989–1996*, Zürich, Berlin 2009/2015, S. 86–87.

Rowohlt, Harry, Brief an „Die Zeit" (21.03.1986), in: Harry Rowohlt, *Der Kampf geht weiter! Nicht weggeschmissene Briefe I*, Zürich, Berlin 2017, S. 88.

Rowohlt, Harry, Brief an Antje Kunstmann (08.09.2007), in: Harry Rowohlt, *Gottes Segen und Rot Front. Nicht weggeschmissene Briefe II*, Zürich 2009, S. 137–139.

Rowohlt, Harry, Brief an Christine Eichel, Schriftstellerin (07.03.1998), in: Harry Rowohlt, *Der Kampf geht weiter! Nicht weggeschmissene Briefe I*, Zürich, Berlin 2017, S. 261–263.

Rowohlt, Harry, Brief an Christopher Milne (16.08.1990), in: Harry Rowohlt, *Der Kampf geht weiter! Nicht weggeschmissene Briefe I*, Zürich, Berlin 2017, S. 181–182.

Rowohlt, Harry, Brief an Christopher Milne (25.10.1990), in: Harry Rowohlt, *Der Kampf geht weiter! Nicht weggeschmissene Briefe I*, Zürich, Berlin 2017, S. 187.

Rowohlt, Harry, Brief an Christopher Milne, Schriftsteller (16.08.1990), in: Harry Rowohlt, *Der Kampf geht weiter! Nicht weggeschmissene Briefe I*, Zürich, Berlin 2017, S. 179–180.

Rowohlt, Harry, Brief an Christopher Milne, Schriftsteller (26.07.1990), in: Harry Rowohlt, *Der Kampf geht weiter! Nicht weggeschmissene Briefe I*, Zürich, Berlin 2017, S. 176–177.

Rowohlt, Harry, Brief an Dan McCall (30.10.1974), in: Harry Rowohlt, *Der Kampf geht weiter! Nicht weggeschmissene Briefe I*, Zürich, Berlin 2017, S. 76–77.

Rowohlt, Harry, Brief an Daniel Kampa, Hoffmann und Campe (14.02.2014), in: Harry Rowohlt, *Und tschüs. Nicht weggeschmissene Briefe III*, Zürich, Berlin 2016, S. 332.

Rowohlt, Harry, Brief an Daniel Kehlmann (19.11.2007), in: Harry Rowohlt, *Gottes Segen und Rot Front. Nicht weggeschmissene Briefe II*, Zürich 2009, S. 157.

Rowohlt, Harry, Brief an Daniela Dahn, Schriftstellerin (26.10.1989), in: Harry Rowohlt, *Der Kampf geht weiter! Nicht weggeschmissene Briefe I*, Zürich, Berlin 2017, S. 144.

Rowohlt, Harry, Brief an David Cramer (18.05.2006), in: Harry Rowohlt, *Gottes Segen und Rot Front. Nicht weggeschmissene Briefe II*, Zürich 2009, S. 96–97.

Rowohlt, Harry, Brief an den Hanser Verlag (03.11.2011), in: Harry Rowohlt, *Und tschüs. Nicht weggeschmissene Briefe III*, Zürich, Berlin 2016, S. 200–201.

Rowohlt, Harry, Brief an den Leser F. K. (25.10.2010), in: Harry Rowohlt, *Und tschüs. Nicht weggeschmissene Briefe III*, Zürich, Berlin 2016, S. 60–61.

Rowohlt, Harry, Brief an den Schreibmaschinenhändler (15.02.2010), in: Harry Rowohlt, *Und tschüs. Nicht weggeschmissene Briefe III*, Zürich, Berlin 2016, S. 21.

Rowohlt, Harry, Brief an die WEVD Radio Station, German Language Dept., New York (02.11.1969), in: Harry Rowohlt, *Der Kampf geht weiter! Nicht weggeschmissene Briefe I*, Zürich, Berlin 2017, S. 43–45.

Rowohlt, Harry, Brief an Eckhard Henscheid (29.04.1995), in: Harry Rowohlt, *Der Kampf geht weiter! Nicht weggeschmissene Briefe I*, Zürich, Berlin 2017, S. 241–242.

Rowohlt, Harry, Brief an eine Hörerin (01.03.2006), in: Harry Rowohlt, *Gottes Segen und Rot Front. Nicht weggeschmissene Briefe II*, Zürich 2009, S. 86–89.

Rowohlt, Harry, Brief an eine Leserin (27.10.2012), in: Harry Rowohlt, *Und tschüs. Nicht weggeschmissene Briefe III*, Zürich, Berlin 2016, S. 286.

Rowohlt, Harry, Brief an eine Leserin (30.04.2011), in: Harry Rowohlt, *Und tschüs. Nicht weggeschmissene Briefe III*, Zürich, Berlin 2016, S. 113–115.

Rowohlt, Harry, Brief an eine Pu-der-Bär-Freundin (04.08.2001), in: Harry Rowohlt, *Der Kampf geht weiter! Nicht weggeschmissene Briefe I*, Zürich, Berlin 2017, S. 311.

Rowohlt, Harry, Brief an eine Veranstalterin (18.06.2011), in: Harry Rowohlt, *Und tschüs. Nicht weggeschmissene Briefe III*, Zürich, Berlin 2016, S. 139–140.

Rowohlt, Harry, Brief an eine Veranstalterin (27.06.2012), in: Harry Rowohlt, *Und tschüs. Nicht weggeschmissene Briefe III*, Zürich, Berlin 2016, S. 273.

Rowohlt, Harry, Brief an einen Bittsteller (02.08.2005), in: Harry Rowohlt, *Gottes Segen und Rot Front. Nicht weggeschmissene Briefe II*, Zürich 2009, S. 46.

Rowohlt, Harry, Brief an einen Freund (14.04.2014), in: Harry Rowohlt, *Und tschüs. Nicht weggeschmissene Briefe III*, Zürich, Berlin 2016, S. 336.

Rowohlt, Harry, Brief an einen Veranstalter (15.09.2012), in: Harry Rowohlt, *Und tschüs. Nicht weggeschmissene Briefe III*, Zürich, Berlin 2016, S. 280–281.

Rowohlt, Harry, Brief an einen Veranstalter (17.11.2005), in: Harry Rowohlt, *Gottes Segen und Rot Front. Nicht weggeschmissene Briefe II*, Zürich 2009, S. 72.

Rowohlt, Harry, Brief an einen Verleger (05.11.2012), in: Harry Rowohlt, *Und tschüs. Nicht weggeschmissene Briefe III*, Zürich, Berlin 2016, S. 288–289.

Rowohlt, Harry, Brief an Eva Koralnik (14.07.2003), in: Harry Rowohlt, *Der Kampf geht weiter! Nicht weggeschmissene Briefe I*, Zürich, Berlin 2017, S. 365.

Rowohlt, Harry, Brief an Friedrich Schoenfelder, Schauspieler und Synchronsprecher (19.06. 2003), in: Harry Rowohlt, *Der Kampf geht weiter! Nicht weggeschmissene Briefe I*, Zürich, Berlin 2017, S. 357–364.

Rowohlt, Harry, Brief an Gregor Gysi (17.04.2005), in: Harry Rowohlt, *Gottes Segen und Rot Front. Nicht weggeschmissene Briefe II*, Zürich 2009, S. 32.

Rowohlt, Harry, Brief an Gunnar Hansen (03.08.2005), in: Harry Rowohlt, *Gottes Segen und Rot Front. Nicht weggeschmissene Briefe II*, Zürich 2009, S. 52.

Rowohlt, Harry, Brief an Gunter Schäble, seiner Zeit Redakteur des Südwestfunks (21.08.1989), in: Harry Rowohlt, *Der Kampf geht weiter! Nicht weggeschmissene Briefe I*, Zürich, Berlin 2017, S. 141.

Rowohlt, Harry, Brief an Horst Wandrey, den Lektor des Henschel Verlags, Berlin (11.03.1988), in: Harry Rowohlt, *Der Kampf geht weiter! Nicht weggeschmissene Briefe I*, Zürich, Berlin 2017, S. 116.

Rowohlt, Harry, Brief an Inge Feltrinelli (11.06.2012), in: Harry Rowohlt, *Und tschüs. Nicht weggeschmissene Briefe III*, Zürich, Berlin 2016, S. 267.

Rowohlt, Harry, Brief an Inge Jens (01.11.2007), in: Harry Rowohlt, *Gottes Segen und Rot Front. Nicht weggeschmissene Briefe II*, Zürich 2009, S. 147.

Rowohlt, Harry, Brief an Ingo Schulze (11.05.2011), in: Harry Rowohlt, *Und tschüs. Nicht weggeschmissene Briefe III*, Zürich, Berlin 2016, S. 119.

Rowohlt, Harry, Brief an Irene Fischer, Schauspielerin und Drehbuchautorin *(Lindenstraße)* (20.04.1998), in: Harry Rowohlt, *Der Kampf geht weiter! Nicht weggeschmissene Briefe I*, Zürich, Berlin 2017, S. 264.

Rowohlt, Harry, Brief an Jan Neumann, Autor von *Knolls Katzen* (08.01.2011), in: Harry Rowohlt, *Und tschüs. Nicht weggeschmissene Briefe III*, Zürich, Berlin 2016, S. 80.

Rowohlt, Harry, Brief an Joachim Gauck (20.02.2012), in: Harry Rowohlt, *Und tschüs. Nicht weggeschmissene Briefe III*, Zürich, Berlin 2016, S. 225.

Rowohlt, Harry, Brief an Judith Schalansky (08.09.2011), in: Harry Rowohlt, *Und tschüs. Nicht weggeschmissene Briefe III*, Zürich, Berlin 2016, S. 162.

Rowohlt, Harry, Brief an Jürgen Hess (16.08.2001), in: Harry Rowohlt, *Der Kampf geht weiter! Nicht weggeschmissene Briefe I*, Zürich, Berlin 2017, S. 312.

Rowohlt, Harry, Brief an Jürgen W. Möllemann (17.10.1999), in: Harry Rowohlt, *Der Kampf geht weiter! Nicht weggeschmissene Briefe I*, Zürich, Berlin 2017, S. 284.

Rowohlt, Harry, Brief an Klaus Wagenbach (29.01.2012), in: Harry Rowohlt, *Und tschüs. Nicht weggeschmissene Briefe III*, Zürich, Berlin 2016, S. 215–216.

Rowohlt, Harry, Brief an Kurt Vonnegut (16.02.2005), in: Harry Rowohlt, *Gottes Segen und Rot Front. Nicht weggeschmissene Briefe II*, Zürich 2009, S. 17.

Rowohlt, Harry, Brief an Kurt Vonnegut (24.10.1998), in: Harry Rowohlt, *Der Kampf geht weiter! Nicht weggeschmissene Briefe I*, Zürich, Berlin 2017, S. 275.

Rowohlt, Harry, Brief an Leonie (21.02.2011), in: Harry Rowohlt, *Und tschüs. Nicht weggeschmissene Briefe III*, Zürich, Berlin 2016, S. 95.

Rowohlt, Harry, Brief an Loriot (20.06.2011), in: Harry Rowohlt, *Und tschüs. Nicht weggeschmissene Briefe III*, Zürich, Berlin 2016, S. 148–149.

Rowohlt, Harry, Brief an Manfred Bissinger (18.10.2005), in: Harry Rowohlt, *Gottes Segen und Rot Front. Nicht weggeschmissene Briefe II*, Zürich 2009, S. 59.

Rowohlt, Harry, Brief an Marcel Faust (23.06.1966), in: Harry Rowohlt, *Der Kampf geht weiter! Nicht weggeschmissene Briefe I*, Zürich, Berlin 2017, S. 37–39.

Rowohlt, Harry, Brief an Martin Mosebach (22.06.2012), in: Harry Rowohlt, *Und tschüs. Nicht weggeschmissene Briefe III*, Zürich, Berlin 2016, S. 270.

Rowohlt, Harry, Brief an Michael Naumann (19.12.2007), in: Harry Rowohlt, *Gottes Segen und Rot Front. Nicht weggeschmissene Briefe II*, Zürich 2009, S. 169.

Rowohlt, Harry, Brief an Michael Naumann, Chefredakteur und Hrsg. „Die Zeit" (29.01.2002), in: Harry Rowohlt, *Der Kampf geht weiter! Nicht weggeschmissene Briefe I*, Zürich, Berlin 2017, S. 324.

Rowohlt, Harry, Brief an Nikolaus Heidelbach (2011), in: Harry Rowohlt, *Und tschüs. Nicht weggeschmissene Briefe III*, Zürich, Berlin 2016, S. 194–195.

Rowohlt, Harry, Brief an Nikolaus Heidelbach (27.05.2008), in: Harry Rowohlt, *Gottes Segen und Rot Front. Nicht weggeschmissene Briefe II*, Zürich 2009, S. 186–187.

Rowohlt, Harry, Brief an Olaf Kramer, Jury „Hörbuch des Monats" (21.07.2001), in: Harry Rowohlt, *Der Kampf geht weiter! Nicht weggeschmissene Briefe I*, Zürich, Berlin 2017, S. 309–310.

Rowohlt, Harry, Brief an Peter Hacks (28.07.2002), in: Harry Rowohlt, *Der Kampf geht weiter! Nicht weggeschmissene Briefe I*, Zürich, Berlin 2017, S. 336-337.

Rowohlt, Harry, Brief an Peter Rühmkorf (10.11.2007), in: Harry Rowohlt, *Gottes Segen und Rot Front. Nicht weggeschmissene Briefe II*, Zürich 2009, S. 153.

Rowohlt, Harry, Brief an Pfarrer Mertens (21.01.2011), in: Harry Rowohlt, *Und tschüs. Nicht weggeschmissene Briefe III*, Zürich, Berlin 2016, S. 85.

Rowohlt, Harry, Brief an Roger Boylan (27.04.2005), in: Harry Rowohlt, *Gottes Segen und Rot Front. Nicht weggeschmissene Briefe II*, Zürich 2009, S. 34.

Rowohlt, Harry, Brief an Roger Boylan (27.12.2003), in: Harry Rowohlt, *Der Kampf geht weiter! Nicht weggeschmissene Briefe I*, Zürich, Berlin 2017, S. 385–387.

Rowohlt, Harry, Brief an Ror Wolf (15.08.2008), in: Harry Rowohlt, *Gottes Segen und Rot Front. Nicht weggeschmissene Briefe II*, Zürich 2009, S. 207.

Rowohlt, Harry, Brief an Siegfried Lenz (20.03.2006), in: Harry Rowohlt, *Gottes Segen und Rot Front. Nicht weggeschmissene Briefe II*, Zürich 2009, S. 89–90.

Rowohlt, Harry, Brief an Thomas Bodmer, seinerzeit Lektor beim Haffmans Verlag (06.02.1989), in: Harry Rowohlt, *Der Kampf geht weiter! Nicht weggeschmissene Briefe I*, Zürich, Berlin 2017, S. 132.

Rowohlt, Harry, Brief an Thomas Kapielski, Schriftsteller (09.07.2001), in: Harry Rowohlt, *Der Kampf geht weiter! Nicht weggeschmissene Briefe I*, Zürich, Berlin 2017, S. 308.

Rowohlt, Harry, Brief an Tino Hanekamp, zu dessen Roman „So was von da" (18.06.2011), in: Harry Rowohlt, *Und tschüs. Nicht weggeschmissene Briefe III*, Zürich, Berlin 2016, S. 141–143.

Rowohlt, Harry, Brief an Ursula Vogel (17.07.2006), in: Harry Rowohlt, *Gottes Segen und Rot Front. Nicht weggeschmissene Briefe II*, Zürich 2009, S. 102.

Rowohlt, Harry, Brief aus dem Suhrkamp Verlag (21.04.1966), in: Harry Rowohlt, *Der Kampf geht weiter! Nicht weggeschmissene Briefe I*, Zürich, Berlin 2017, S. 33.

Rowohlt, Harry, Brief/Auf eine Anfrage (30.10.2012), in: Harry Rowohlt, *Und tschüs. Nicht weggeschmissene Briefe III*, Zürich, Berlin 2016, S. 287.

Rowohlt, Harry, Brief/Auf eine Anfrage der DVA (03.06.2010), in: Harry Rowohlt, *Und tschüs. Nicht weggeschmissene Briefe III*, Zürich, Berlin 2016, S. 35.

Rowohlt, Harry, Brief/Auf eine Anfrage von 3SAT (31.10.2009), in: Harry Rowohlt, *Und tschüs. Nicht weggeschmissene Briefe III*, Zürich, Berlin 2016, S. 65.

Rowohlt, Harry, *Buchmesse (geschwänzt)*, in: Harry Rowohlt, *Pooh's Corner. Meinungen eines Bären von sehr geringem Verstand. Gesammelte Werke 1997–2013*, Zürich, Berlin 2009/2015, S. 120–124.

Rowohlt, Harry, *Carte blanche*, in: Harry Rowohlt, *Pooh's Corner. Meinungen eines Bären von sehr geringem Verstand. Gesammelte Werke 1989–1996*, Zürich, Berlin 2009/2015, S. 252–255.

Rowohlt, Harry, *Dankrede*, in: *Deutsche Akademie für Sprache und Dichtung. Jahrbuch 1999*, Göttingen 2000, S. 34–40.

Rowohlt, Harry, *Das tägliche Brot des Franz von Assisi*, in: Harry Rowohlt, *Pooh's Corner. Meinungen eines Bären von sehr geringem Verstand. Gesammelte Werke 1989–1996*, Zürich, Berlin 2009/2015, S. 70–73.

Rowohlt, Harry, *Der Kampf geht weiter! Nicht weggeschmissene Briefe I*, Zürich, Berlin 2017, S. 13–19.

Rowohlt, Harry, *Der Laden brummt*, in: Harry Rowohlt, *Pooh's Corner. Meinungen eines Bären von sehr geringem Verstand. Gesammelte Werke 1989–1996*, Zürich, Berlin 2009/2015, S. 280–284.

Rowohlt, Harry, *Die Braut des Prinzen* von Rob Reiner, in: Harry Rowohlt, *Pooh's Corner. Meinungen eines Bären von sehr geringem Verstand. Gesammelte Werke 1989–1996*, Zürich, Berlin 2009/2015, S. 485–486.

Rowohlt, Harry, *Die Indianereinstellung*, in: Harry Rowohlt, *Pooh's Corner. Meinungen eines Bären von sehr geringem Verstand. Gesammelte Werke 1989–1996*, Zürich, Berlin 2009/2015, S. 62–65.

Rowohlt, Harry, *Die Scham ist weg*, in: Harry Rowohlt, *Pooh's Corner. Meinungen eines Bären von sehr geringem Verstand. Gesammelte Werke 1997–2009*, Zürich 2010, S. 250–263.

Rowohlt, Harry, *Die Zweithymne*, in: Harry Rowohlt, *Pooh's Corner. Meinungen eines Bären von sehr geringem Verstand. Gesammelte Werke 1997–2013*, Zürich, Berlin 2009/2015, S. 35–40.

Rowohlt, Harry, *Dor'mund*, in: Harry Rowohlt, *Pooh's Corner. Meinungen eines Bären von sehr geringem Verstand. Gesammelte Werke 1997–2013*, Zürich, Berlin 2009/2015, S. 162–167.

Rowohlt, Harry, *Ein unsouveränes Volk*, in: Harry Rowohlt, *Pooh's Corner. Meinungen eines Bären von sehr geringem Verstand. Gesammelte Werke 1989–1996*, Zürich, Berlin 2009/2015, S. 49–52.

Rowohlt, Harry, *Ein virtueller Schundroman*, in: Harry Rowohlt, *Pooh's Corner. Meinungen eines Bären von sehr geringem Verstand. Gesammelte Werke 1997–2013*, Zürich, Berlin 2009/2015, S. 41–44.

Rowohlt, Harry, *Eine kleine Buchmesse*, in: Harry Rowohlt, *Pooh's Corner. Meinungen eines Bären von sehr geringem Verstand. Gesammelte Werke 1997–2013*, Zürich, Berlin 2009/2015, S. 28–31.

Rowohlt, Harry, *Fanpost aus Paris*, in: Harry Rowohlt, *Pooh's Corner. Meinungen eines Bären von sehr geringem Verstand. Gesammelte Werke 1989–1996*, Zürich, Berlin 2009/2015, S. 200–203.

Rowohlt, Harry, *Fortsetzung Filmfestival*, in: Harry Rowohlt, *Pooh's Corner. Meinungen eines Bären von sehr geringem Verstand. Gesammelte Werke 1997–2013*, Zürich, Berlin 2009/2015, S. 186–189.

Rowohlt, Harry, *Freiheit für Mumia Abu-Jamal!*, in: Harry Rowohlt, *Pooh's Corner. Meinungen eines Bären von sehr geringem Verstand. Gesammelte Werke 1997–2013*, Zürich, Berlin 2009/2015, S. 106–109.

Rowohlt, Harry, *Gesicht zeigen!*, in: Harry Rowohlt, *Pooh's Corner. Meinungen eines Bären von sehr geringem Verstand. Gesammelte Werke 1997–2013*, Zürich, Berlin 2009/2015, S. 103–105.

Rowohlt, Harry, *Girls, Girls, Girls*, in: Harry Rowohlt, *Pooh's Corner. Meinungen eines Bären von sehr geringem Verstand. Gesammelte Werke 1997–2013*, Zürich, Berlin 2009/2015, S. 235–239.

Rowohlt, Harry, *Ham-, Frei- und wieder Hamburg*, in: Harry Rowohlt, *Pooh's Corner. Meinungen eines Bären von sehr geringem Verstand. Gesammelte Werke 1997–2013*, Zürich, Berlin 2009/2015, S. 53–61.

Rowohlt, Harry, *Im Speisewagen mit Jutta Ditfurth*, in: Harry Rowohlt, *Pooh's Corner. Meinungen eines Bären von sehr geringem Verstand. Gesammelte Werke 1989–1996*, Zürich, Berlin 2009/2015, S. 271–274.

Rowohlt, Harry, *Irland, in den Augen von Flann O'Brien gesehen*, in: Harry Rowohlt, *Pooh's Corner. Meinungen eines Bären von sehr geringem Verstand. Gesammelte Werke 1989–1996*, Zürich, Berlin 2009/2015, S. 311–334.

Rowohlt, Harry, *Kulturgeschichten*, in: Harry Rowohlt, *Pooh's Corner. Meinungen eines Bären von sehr geringem Verstand. Gesammelte Werke 1997–2009*, Zürich 2010, S. 290–292.

Rowohlt, Harry, *Leitbache (Rauschig)*, in: Harry Rowohlt, *Pooh's Corner. Meinungen eines Bären von sehr geringem Verstand. Gesammelte Werke 1997–2013*, Zürich, Berlin 2009/2015, S. 71–74.

Rowohlt, Harry, Leserbrief an „Die Zeit" (21.03.1986), in: Harry Rowohlt, *Der Kampf geht weiter! Nicht weggeschmissene Briefe I*, Zürich, Berlin 2017, S. 88–89.

Rowohlt, Harry, *Man sieht sich ja so selten. Beitrag zur Festschrift von Manfred Bissingers 65. Geburtstag*, in: Harry Rowohlt, *Pooh's Corner. Meinungen eines Bären von sehr geringem Verstand. Gesammelte Werke 1997–2009*, Zürich 2010, S. 274–275.

Rowohlt, Harry, *Mit Vonnegut auf Tingeltour*, in: Harry Rowohlt, *Pooh's Corner. Meinungen eines Bären von sehr geringem Verstand. Gesammelte Werke 1997–2013*, Zürich, Berlin 2009/2015, S. 45–50.

Rowohlt, Harry, *Möchte ich mich wiedervereinigen?*, in: Harry Rowohlt, *Pooh's Corner. Meinungen eines Bären von sehr geringem Verstand. Gesammelte Werke 1989–1996*, Zürich, Berlin 2009/2015, S. 45–48.

Rowohlt, Harry, *Nieder mit Neuschreib!*, in: Harry Rowohlt, *Pooh's Corner. Meinungen eines Bären von sehr geringem Verstand. Gesammelte Werke 1997–2013*, Zürich, Berlin 2009/2015, S. 24–27.

Rowohlt, Harry, *Pu bei den Parlamentariern. Einige Auszüge aus dem Plenarprotokoll des Nordrhein-Westfälischen Landtags vom 8. Mai 1996*, in: Harry Rowohlt, *Pooh's Corner. Meinungen eines Bären von sehr geringem Verstand. Gesammelte Werke 1989–1996*, Zürich, Berlin 2009/2015, S. 393–400.

Rowohlt, Harry, *Pu im Hundertsechzig-Morgen-Wald*, in: Harry Rowohlt, *Pooh's Corner. Meinungen eines Bären von sehr geringem Verstand. Gesammelte Werke 1989–1996*, Zürich, Berlin 2009/2015, S. 285–288.

Rowohlt, Harry, *Rätselhaftes Dramolett*, in: Harry Rowohlt, *Pooh's Corner. Meinungen eines Bären von sehr geringem Verstand. Gesammelte Werke 1997–2013*, Zürich, Berlin 2009/2015, S. 65–67.

Rowohlt, Harry, *Reichlich Bratz*, in: Harry Rowohlt, *Pooh's Corner. Meinungen eines Bären von sehr geringem Verstand. Gesammelte Werke 1997–2013*, Zürich, Berlin 2009/2015, S. 303–306.

Rowohlt, Harry, *Rein in den Wald und wieder raus aus dem Wald*, in: Harry Rowohlt, *Pooh's Corner. Meinungen eines Bären von sehr geringem Verstand. Gesammelte Werke 1989–1996*, Zürich, Berlin 2009/2015, S. 179–182.

Rowohlt, Harry, *Ru(h)m für Bären & Poeten*, in: Harry Rowohlt, *Pooh's Corner. Meinungen eines Bären von sehr geringem Verstand. Gesammelte Werke 1989–1996*, Zürich, Berlin 2009/2015, S. 301–310.

Rowohlt, Harry, *Sauerkraut aus Rotkohl*, in: Harry Rowohlt, *Pooh's Corner. Meinungen eines Bären von sehr geringem Verstand. Gesammelte Werke 1997–2013*, Zürich, Berlin 2009/2015, S. 114–117.

Rowohlt, Harry, *Selbstanzeige*, in: Harry Rowohlt, *Pooh's Corner. Meinungen eines Bären von sehr geringem Verstand. Gesammelte Werke 1997–2013*, Zürich, Berlin 2009/2015, S. 205–208.

Rowohlt, Harry, *Und tschüs. Nicht weggeschmissene Briefe III*, Zürich, Berlin 2016.

Rowohlt, Harry, *Vier Soldaten*, in: Harry Rowohlt, *Pooh's Corner. Meinungen eines Bären von sehr geringem Verstand. Gesammelte Werke 1989–1996*. Zürich, Berlin 2009/2015, S. 37–40.

Rowohlt, Harry, *Vorwort*, in: Harry Rowohlt, *Pooh's Corner. Meinungen eines Bären von sehr geringem Verstand. Gesammelte Werke 1989–1996*, Zürich, Berlin 2009/2015, S. 15–19.

Rowohlt, Harry, *Weinerlich: Mein anderer Lieblingskommunist*, in: Harry Rowohlt, *Pooh's Corner. Meinungen eines Bären von sehr geringem Verstand. Gesammelte Werke 1989–1996*, Zürich, Berlin 2009/2015, S. 117–120.

Rowohlt, Harry, *Wenn ich nicht so ekelhaft bescheiden wäre*, in: Harry Rowohlt, *Pooh's Corner. Meinungen eines Bären von sehr geringem Verstand. Gesammelte Werke 1997–2013*, Zürich, Berlin 2009/2015, S. 168–176.

Rowohlt, Harry, *What a mess! Die Frankfurter Buchmesse oder: Vom Wertewandel in unserer Zeit*, in: Harry Rowohlt, *Pooh's Corner. Meinungen eines Bären von sehr geringem Verstand. Gesammelte Werke 1989–1996*, Zürich, Berlin 2009/2015, S. 349–357.

Rowohlt, Harry, *Who is Pooh? Auf Bärenfang in Sussex*, in: Harry Rowohlt, *Pooh's Corner. Meinungen eines Bären von sehr geringem Verstand. Gesammelte Werke 1989–1996*, Zürich, Berlin 2009/2015, S. 20–34. Rowohlt, Harry, *Wie ich mich einmal jeden Tag auf Roger Boylan freute*, in: Harry Rowohlt, *Pooh's Corner. Meinungen eines Bären von sehr geringem Verstand. Gesammelte Werke 1997–2009*, Zürich 2009, S. 212–218.

Rowohlt, Harry/Gut, Peter, *John Rock oder der Teufel*, Zürich 2004.

Rowohlt, Harry/Sotscheck, Ralf, *In Schlucken-zwei-Spechte. Harry Rowohlt erzählt Ralf Sotscheck sein Leben von der Wiege bis zur Biege*, Berlin 2009.

Rowohlt, Harry/Trier, Walter, *Der lustige Dampfer*, Hamburg 2009.

Rückert, Joachim, *Abschiede von Unrecht. Zur Rechtsgeschichte nach 1945*, Tübingen 2015.

Schädlich, Hans Joachim, *„Tallhover" – ein weites Feld. Autobiographische Notiz*, in: Andrea Bartl/Jürgen Eder/Harry Fröhlich/Klaus Dieter Post/Ursula Regener (Hrsg.), *„In Spuren gehen …". Festschrift für Helmut Koopmann*, Tübingen 1998, S. 41–50.

Schlink, Bernhard, *Heimat als Utopie*, Frankfurt am Main 2000.

Schmidt, Maike, *Vorwort*, in: Maike Schmidt (Hrsg.), *Gegenwart oder Konservatismus in Literatur, Literaturwissenschaft und Literaturkritik*, Kiel 2013, S. 9–18.

Schmitt, Tobias, *Die Verlage S. Fischer und Rowohlt im Vergleich: Belletristik und Verlegerpersönlichkeiten im Wandel der Zeit*, Hamburg 2013.

Schnell, Ralf, *Geschichte der deutschsprachigen Literatur seit 1945*, 2. Auflage, Stuttgart 2003.

Schrenck-Notzing, Caspar von, *Charakterwäsche. Die Re-education der Deutschen und ihre bleibenden Auswirkungen*, Graz 2015.

Schrenck-Notzing, Caspar von, *Der Moralist*, in: Caspar von Schrenck-Notzing, *Konservative Publizistik. Texte aus den Jahren 1961 bis 2008*, Berlin 2011, S. 452–455.

Sedaris, David, *Naked*. Aus dem Amerikanischen von Harry Rowohlt, München 2005.

Spinner, Kaspar H./Standke, Jan (Hrsg.), *Erzählende Kinder- und Jugendliteratur im Deutschunterricht: Textvorschläge – Didaktik – Methodik*, Paderborn 2016.

Stanišić, Saša, *Herkunft*, München 2019.

Stein, Stephan, *Sprechen über Sterben und Tod zwischen Euphemismen und Dysphemismen. Zum Sprachgebrauch in Textsorten im Umfeld von Tod und Trauer*, in: Enrico Garavelli/Hartmut E. H. Lenk (Hrsg.), *Verhüllender Sprachgebrauch: Textsorten- und diskurstypische Euphemismen*, Berlin 2017, S. 83–118.

Stolz, Wolfgang, *Der Begriff der Schuld im Werk von Heinrich Böll*, Frankfurt am Main 2009.

Streul, Irene Charlotte, *Westdeutsche Literatur in der DDR. Böll, Grass, Walser und andere in der offiziellen Rezeption 1949–1985*, Stuttgart 1988.

Süskind, Patrick, *Deutschland, eine Midlife-crisis*, in: *Der Spiegel*, Nr. 38/1990, S. 116–125.

Tacke, Alexandra, *Bilder von Baader. Leander Scholz „Rosenfest" & Christopher Roth „Baader"*, in: Inge Stephan/Alexandra Tacke (Hrsg.), *NachBilder der RAF*, Köln, Weimar, Wien 2008, S. 63–87.

Tatar, Maria, *Grimms Märchen*, in: Etienne François/Hagen Schulze (Hrsg.), *Deutsche Erinnerungsorte I*, München 2009, S. 275–289.

Thiele, Martina, *Publizistische Kontroversen über den Holocaust im Film*, Berlin 2007.

Tilmann, Elisabeth, *Palaver und Parlando. Harry Rowohlts erzählte, geschriebene und gelesene Anekdoten*, in: Christian Moser/Reinhard M. Möller (Hrsg.), *Anekdotisches Erzählen: Zur Geschichte und Poetik einer kleinen Form*, Berlin, Boston 2022, S. 361–377.

Turan, Canan, *„Darf die Subalterne lachen?" Ehrenmord in Die Fremde (2010) versus tragikomisches Generationentreffen in Almanya – Willkommen in Deutschland (2011)*, in: Ömer Alkin (Hrsg.), *Deutsch-Türkische Filmkultur im Migrationskontext*, Wiesbaden 2017, S. 335–358.

Unsere Russen, Unsere Deutschen: Bilder vom Anderen 1800 bis 2000, hrsg. von dem Deutsch-Russischen Museum Berlin-Karlshorst e. V., Berlin 2007.

Wagner, Hans-Ulrich, *Über den „Sitzplatz eines Autors". Inszenierung von Autorschaft und Werk als Medienereignis bei Siegfried Lenz*, in: Christine Künzel/Jörg Schönert (Hrsg.), *Autorinszenierungen, Autorschaft und literarisches Werk im Kontext der Medien*, Würzburg 2007, S. 111–128.

Weidermann, Volker, *Lichtjahre. Eine kurze Geschichte der deutschen Literatur von 1945 bis heute*, München 2007.

Weinberg, Manfred, *Erinnern/Erzählen – Literatur/Film. Mit Anmerkungen zum Film „Fight Club"*, in: Antonius Weixler/Lukas Werner (Hrsg.), *Zeiten erzählen: Ansätze – Aspekte – Analysen*, Berlin, Boston 2015, S. 527–560.

Weiß, Christoph, *„... eine gesamtdeutsche Angelegenheit im äußersten Sinne ...". Zur Diskussion um Peter Weiss' „Ermittlung" im Jahre 1965*, in: Stephan Braese/Holger Gehle/Doron Kiesel/Hanno Loewy (Hrsg.), *Deutsche Nachkriegsliteratur und Holocaust*, Frankfurt am Main, New York 1998, S. 53–70.

Wildt, Michael, *„Der Untergang": Ein Film inszeniert sich als Quelle*, in: *Zeithistorische Forschungen*, Nr. 2/2005, S. 131–142.

Winkler, Willi, *Der Fürst von Eppendorf*, in: *Der Große Bär und seine Gestirne. Freunde und Weggefährten grüßen, dichten und malen zum 60. Geburtstag von Harry Rowohlt*, hrsg. von Anna Mikula, Zürich 2005, S. 264.

Wirtz, Irmgard, *Joseph Roths Fiktionen des Faktischen: Das Feuilleton der zwanziger Jahre und „Die Geschichte von der 1002. Nacht" im historischen Kontext*, Berlin 1997.

Wittstock, Uwe, *So abenteuerlich ging es bei Rowohlt zu*, in: https://www.welt.de/kultur/article1780822/So-abenteuerlich-ging-es-bei-Rowohlt-zu.html (Zugriff am 25.06.2022).

Zaimoğlu, Feridun, *Der Wert der Worte*. Zit. nach: Matthias Alexander Schmidt, *Auf dem Altar der Worte*, in: *Christ in der Gegenwart*, Nr. 28/2018, S. 311–312.

Zemanek, Evi/Krones, Susanne, *Eine Topographie der Literatur um 2000. Einleitung*, in: Evi Zemanek/Susanne Krones (Hrsg.), *Literatur der Jahrtausendwende. Themen, Schreibverfahren und Buchmarkt um 2000*, Bielefeld 2008, S. 11–24.

Zils, Harald, *Autonomie und Tradition. Innovativer Konservatismus bei Rudolf Borchardt, Harold Bloom und Botho Strauß*, Würzburg 2009.

Zimmer, Dieter E., *Frißt die Revolution ihre Verleger? – Unter- und Hintergründe einer Affäre im Hause Rowohlt*, in: *Die Zeit*, Nr. 39, 26. September 1969, S. 16–17.

Zwei Stimmen für Marx und Engels, in: Harry Rowohlt, *Pooh's Corner: Meinungen eines Bären von sehr geringem Verstand. Gesammelte Werke 1997–2009*, Zürich 2010, S. 233–249.

Personenregister

Abu-Jamal, Mumia *156*
Achternbusch, Herbert *44*
Adamic, Louis *19*
Adenauer, Konrad *29, 45*
Aladağ, Feo *166, 167*
Amendt, Günter *47*
Amis, Kingsley *124*
Andersch, Alfred *18, 19*
Ardagh, Philip *72, 132, 133*
Armstrong, Louis *29*
Augstein, Franziska *12*
Aust, Stefan *139*

Baader, Andreas *59, 61, 63, 64, 139*
Bachmann, Ingeborg *109*
Baker, Steve *175*
Bamm, Peter *86*
Bates, Katharine Lee *172*
Bauer, Walter *86*
Becher, Johannes R. *18, 19, 53*
Beck, Rufus *96*
Becker, Jurek *69*
Becker, Susanne *62*
Beckett, Samuel *68*
Behler, Gabriele *122*
Bender, Hans *86*
Benedictus, David *96, 148, 150*
Benn, Gottfried *15*
Bernhard, Thomas *68*
Besson, Luc *80*
Bienek, Horst *44*
Bierbichler, Josef *142*
Biermann, Wolf *55, 56, 69, 170*
Bissinger, Manfred *12, 45, 112, 113, 123*
Bittermann, Klaus *88*
Bode, Sabine *135*
Bodmer, Thomas *11, 65*
Böhlich, Bernd *132*
Böll, Heinrich *36, 47, 51, 63, 66, 112, 138*

Borchardt, Rudolf *82*
Borchert, Wolfgang *29*
Botero, Fernando *181*
Boylan, Roger *72, 83, 144, 145, 157, 165*
Brando, Marlon *60*
Brandt, Matthias *137*
Brandt, Willy *66*
Brasch, Thomas *69*
Braun, Volker *69, 76*
Brecht, Bertolt *18, 25, 32, 45, 68*
Brüder Grimm (eigtl.: Jacob und Wilhelm Grimm) *115, 126*
Bruen, Ken *72, 133*
Bruhn, Matthias *181*
Brussig, Thomas *107, 108*
Büchner, Georg *34, 141, 171*
Buck, Detlev *78, 142*
Busch, Wilhelm *160, 180*

Camus, Albert *18, 19*
Cardenal, Ernesto *168*
Carlos (eigtl.: Ilich Ramírez Sánchez) *75*
Carow, Heiner *103*
Castro, Fidel *27, 75, 162*
Ceram, C. W. (eigtl.: Kurt W. Marek) *24, 33, 34*
Chaplin, Charlie *35, 81*
Christo (eigtl.: Christo Wladimirow Jawaschew) *107*
Clune, Anne *12*
Cohn-Bendit, Daniel *47*
Cramer, David *148*
Crumb, Robert *72, 74*

Dahn, Daniela *115*
Depardieu, Gérard *78*
Dietrich, Marlene *44*
Droste, Wiglaf *12*
Dunbar, Geoff *132*

Dürrenmatt, Friedrich *34, 112*
Dutschke, Rudi *47, 52, 139*

Ebert, Wolfgang *86*
Ebinger, Hans-Bernd *80*
Edel, Uli *139*
Eichel, Christine *115*
Eichel, Manfred *143*
Eichinger, Bernd *136*
Engel, Thomas *31*
Erlbruch, Wolf *181*
Ewers, Hans-Heino *95*

Faber, Dieter *175*
Fassbinder, Franz Jakob *54*
Fassbinder, Klara Marie *54*
Fassbinder, Rainer Werner *53, 54, 55*
Fast, Howard *19*
Faust, Marcel *55, 56*
Felten, Grete *178*
Feltrinelli, Giangiacomo *51*
Fest, Joachim *136*
Finch, Charles *79*
Fischer, Irene *116*
Fleckhaus, Wilhelm August „Willy“ *45*
Flegel, Frank *71*
Flimm, Jürgen *113*
Frank, Arno *88*
Friedrich, Jörg *135*
Frisch, Max *34, 35, 36, 68, 69, 112*

Ganz, Bruno *137*
Gauck, Joachim *98, 99, 160, 161, 169*
Gauß, Carl Friedrich *137*
Gauweiler, Peter *37*
Geißendörfer, Hans W. *102, 113*
Gerhardt, Paul *168*
Gernhardt, Robert *92, 118, 160*
Ginsburg, Jewgenija *49*
Goebbels, Josef *162*
Goethe, Johann Wolfgang von *69, 100, 108*
Goldt, Max *82, 83*
Gottschalk, Joachim *23*
Gottschalk, Meta *23*
Grahame, Alastair *62*
Grahame, Kenneth *42, 62, 72*
Grashof, Manfred *139*
Grass, Günter *36, 37, 45, 63, 84, 111, 112, 113, 135, 138, 164*
Green, Graham *19*
Gremliza, Hermann L. *115*
Griem, Helmut *132*
Gröbe, Kurt *161*
Grönebaum, Wolfgang *116*
Guevara, Ernesto „Che“ *60*
Gut, Peter *153*
Gysi, Gregor *96, 104, 116, 143, 144, 170*

Habermas, Jürgen *43*
Hacks, Peter *69, 70, 71*
Haffmans, Gerhard *11, 115, 124, 150, 180*
Hage, Volker *146*
Hahn, Gerhard *80*
Haley, Bill *164*
Hamm, Heinz *71*
Handke, Peter *44, 60, 61, 83*
Haneke, Michael *141*
Hansen, Gunnar *143*
Harlan, Veit *29*
Hartmann, Walter *178*
Hauff, Wilhelm *31*
Heckmann, Herbert *125, 126*
Heidelbach, Nikolaus *142*
Heiduczek, Werner *103*
Hein, Christoph *164*
Heine, Heinrich *160*
Hemingway, Ernest *19*
Hendrix, Jimi *172, 173*
Henkels, Walter *87*
Henscheid, Eckhard *84, 85, 87, 91, 92*
Herzog, Roman *37*
Hess, Jürgen *133*
Hinze, Peter *37*
Hirschbiegel, Oliver *136*
Hitler, Adolf *37, 49, 136, 137*
Hochhuth, Rolf *50, 51, 63, 106, 107*

Hoff, Benjamin *150*
Hoffmann, Heinrich *136*
Hofmannsthal, Hugo von *141*
Honecker, Erich *60, 99*
Honecker, Margot *170*
Hoppe, Felicitas *171*
Hudson, Hugh *79*
Humboldt, Alexander von *137*
Hurzlmeier, Rudi *153, 154, 155, 180, 181*

Ilf, Ilja *171*
Ilfang, Erika *150*
Illies, Florian *134*

Jandl, Ernst *140*
Jeanne-Claude (eigtl.: Jeanne-Claude Denat de Guillebon) *107*
Jens, Inge *146, 147*
Jens, Walter *100, 146, 163*
Johannes Paul II. *167*
Johnson, Uwe *36, 37, 38, 45*
Junge, Traudl *136*
Jurjew, Oleg *160*

Kampa, Daniel *117*
Kapielski, Thomas *130*
Kappacher, Walter *141*
Karasek, Hellmuth *176*
Karl, Michaela *117*
Kasack, Hermann *22*
Kästner, Erich *22, 31, 106, 157*
Kavanagh, Dan *124*
Kehlmann, Daniel *137, 141, 173, 174*
Kemal, Yaşar *37*
Kennedy, John F. *45*
Kieseritzky, Ingomar von *69, 147*
King, Martin Luther *45*
Kipphardt, Heinar *38*
Kirsch, Sarah *69*
Kluge, Alexander *44*
Kohl, Helmut *76*
Konsalik, Heinz Günther *105*
Kopp, Magdalena *75*
Koralnik, Eva *165*
Kramer, Olaf *131*
Kropotkin, Pjotr *56, 166*
Krüger, Horst *87*
Kuh, Anton *65*
Kunert, Günter *69, 100*
Kunstmann, Antje *92*
Kunze, Reiner *69*

Lathey, Gillian *94*
Laxness, Halldór Kiljan *127*
Ledig-Rowohlt, Heinrich Maria *9, 19, 20, 25, 34, 41, 46, 48, 75, 114, 134*
Lee, Laurence Edward Alan „Laurie“ *177*
Lehrburger, Ursula *96*
Leland, David *77*
Lenz, Siegfried *49, 50, 115*
Lionni, Leo *72, 74*
List, Niki *80*
Lodge, David *124*
Lofting, Hugh John *62*
Loriot (eigtl.: Bernhard Victor Christoph Carl von Bülow) *163*
Lösch, Conny *70*
Lukács, György *51*
Lutrand, Edmond *41, 43*

Maetzig, Kurt *23*
Maintz, Christian *37, 160*
Mark Twain (eigtl.: Samuel Langhorne Clemens) *21, 175*
Marshall, Penny *79*
Marx, Karl *30, 96, 97, 103, 116, 120, 144, 162, 178, 179*
May, Karl *22, 44, 77, 83, 156*
McCall, Dan *10, 11, 60*
McCartney, Paul *132*
McCourt, Frank *110, 111, 125, 129, 130, 157*
McEwan, Ian *11*
Meinhof, Ulrike *59, 60, 61, 64, 139*
Meins, Holger *63, 139*
Merck, Ernst *164*
Merkel, Angela *65*

Metz, Oliver *67*
Meyer, Hans *84*
Meyer-Kalkus, Reinhart *154*
Mikula, Anna *27, 113, 142, 159, 164, 175, 176*
Miller, Arthur *51*
Miller, Robert Ellis *78*
Milne, Alan Alexander *9, 24, 25, 42, 43, 62, 94, 95, 96, 117, 120, 121, 147, 150, 151, 152, 180*
Milne, Christopher Robin *24, 43, 117, 118, 119, 120, 121, 123, 125, 147, 148, 151, 152*
Milošević, Slobodan *60*
Möllemann, Jürgen W. *116*
Monroe, Marilyn *33, 108*
Morgan, Robin *166*
Morgenstern, Christian *160*
Morrison, Toni *127, 128*
Mosebach, Martin *141, 167*
Muir, Frank *72, 99*
Müller, Heiner *66*
Müller, Herta *137, 140*

Naumann, Michael *131*
Neill, Alexander Sutherland *42, 61, 72, 177,*
Neumann, Jan *163, 164, 180*
Nichols, Mike *80*
Novy, Beatrix *147, 150*

O'Brien, Flann (eigtl.: Brian Ó Nuallain) *12, 64, 72, 73, 93, 125, 127, 129, 134, 179*
O'Sullivan, Emer *93, 94, 95*
Oels, David *16, 146*
Osten-Sacken, Maria von der *31*
Özdamar, Emine Sevgi *109, 110*

Paganini, Niccolò *8, 9, 157, 164, 165*
Palm, Kurt *73*
Pape, Walter *69*
Pastior, Oskar *140*
Penzoldt, Ernst *87*
Perpich, Mike *172*
Petrow, Jewgeni *171*
Petzold, Christian *169*
Pierenkämper, Franz *104*
Pierenkämper, Maria *16, 25, 28*
Pius XII. *50*
Platen, August von *84*
Plievier, Theodor *18*
pociao *178*
Podehl, Peter *31*
Podgorny, Nikolaj *51, 63*
Polgar, Alfred *37, 38, 64, 81, 87, 89, 90, 91*
Powell, Padgett *72, 81, 82, 179*
Presley, Elvis *35*

Raddatz, Fritz J. *47, 49*
Radecki, Sigismund von *87*
Ramsey, Bill *126*
Rawlings, Marjorie Kinnan *22*
Reich, Asher *114*
Reich-Ranicki, Marcel *84, 85, 90*
Reiner, Rob *77*
Reinl, Harald *83*
Richard, Pierre *78*
Richter, Hans Werner *18, 22*
Rickelt, Martin *113*
Ringelnatz, Joachim *131, 160*
Roedel, Urban *17*
Röhl, Klaus Rainer *56*
Röhl, Wolfgang *40*
Rowohlt, Ernst *16, 17, 19, 20, 21, 25, 34, 49, 97, 103, 120, 121, 131, 140, 145, 146, 152, 162*
Rowohlt, Ulla *39, 40, 41*
Rühmkorf, Peter *160*
Rupp, Max *25*
Russell, Bertrand *51*

Sartre, Jean-Paul Charles Aymard *18, 19, 51, 63, 64*
Schaack, Michael *80*
Schäble, Gunter *69*
Schabowski, Günter *86*
Schalansky, Judith *162*
Scheck, Denis *179, 180*
Schiffer, E. L. *93, 94, 96*
Schleich, Carl Ludwig *145*

Schlink, Bernhard *108*
Schmidt, Arno *179*
Schmidt, Helmut *161*
Schneider, Peter *63*
Schoenfelder, Friedrich *90, 131*
Schössow, Peter *153, 174*
Schrader, Paul *80*
Schrenck-Notzing, Caspar von *106*
Schröder, Gerhard *113*
Schulze, Ingo *137, 138*
Schumacher, Katrin *129*
Schütte, Jan *78, 81*
Sebald, W. G. *116*
Sedaris, David *72, 111, 124, 125, 127*
Seghers, Anna *18*
Shakespeare, William *50, 66, 113*
Skasa-Weiß, Eugen *87*
Solschenizyn, Alexander *51, 68*
Sotscheck, Ralf *9, 10, 12, 51, 91, 130, 143, 181*
Springer, Axel Cäsar *139, 140, 162*
Stadler, Arnold *141*
Stalin (eigtl.: Josef Wissarionowitsch Dschugaschwili) *19, 20, 30, 53*
Stanišić, Saša *8*
Stanton, Andy *72, 157, 158*
Steinfest, Bruno *148*
Stifter, Adalbert *17*
Storch, Wenzel *102, 134*
Strauven, Michael *77*
Struck, Karin *64, 65, 66*
Süskind, Patrick *98*

Tellkamp, Uwe *137, 164*
Thalbach, Anna *181*
Tilmann, Elisabeth *10, 87, 88, 89, 141*
Timm, Uwe *63*
Tolkien, John Ronald Reuel *62*
Trier, Walter *157*
Troll, Thaddäus *87*
Tse-tung, Mao *49, 55*
Tucholsky, Kurt *122*
Turner, William O. *154*

Ulbricht, Walter *60, 162*
Unseld, Siegfried *45, 114*

Véber, Francis *78*
Verhoeven, Michael *100, 101*
Vesper, Bernward *63*
Vilsmaier, Joseph *105*
Vogel, Ursula *177*
Voigt, Friedrich Wilhelm *79*
Vonnegut, Kurt *72, 73, 115, 116, 126, 127, 133, 172, 174*
Voß, Johann Heinrich *114, 125*

Wagenbach, Klaus *164*
Walser, Martin *44, 45, 50, 63, 67*
Wandrey, Horst *97*
Wang, Wayne *80*
Weir, Peter *77, 78*
Weiss, Peter *45*
Wenders, Wim *60, 83, 84*
Weyrauch, Wolfgang *87*
Wied, Thekla Carola *132*
Wiede, Anna *70*
Wiegrefe, Klaus *146*
Wildt, Michael *136*
Williams, Robin *77*
Winkler, Josef *141*
Witter, Ben *87*
Wolf, Christa *69*
Wolf, Ror *37*
Wolff, Theodor *46*
Wollschläger, Hans *82*

Zaimoğlu, Feridun *109, 110*
Zeh, Juli *138*
Zils, Harald *82*
Zimmer, Dieter E. *46*
Zuckmayer, Carl *79*